2013 최신 시사상식 사전

2013 최신
시사상식
사전

New Dictionary of
Current Issues

아젠다리서치그룹 지음
(1등 시사상식포털)

21세기북스

머리말

한국인만큼 시사에 관심 있는 민족도 드물다. 신문이나 텔레비전 뉴스 등 언론보도를 통해 하루에도 수많은 기사를 접하고 출퇴근길에는 너나 할 것 없이 한 손에 무가지 신문을 들고 있다. 하루하루 쫓기며 살아가는 일상에서 며칠만 이슈에 관심을 두지 않아도 어느새 그 흐름을 놓칠 때가 많다.

그렇다고 지난 신문을 뒤질 수는 없는 법. 막상 누구한테 물어보려 해도 쉽지 않을 때 확인해볼 만한 곳이 있다. 정치, 경제, 사회, 문화, 외교, 안보 등 우리 사회 모든 부문의 주요 이슈를 총망라해 각 이슈의 배경과 경과, 논란 및 쟁점, 그간의 일지, 추후 전망 등을 객관적 관점에서 종합 정리해 제공해주는 아젠다넷이 바로 그곳이다.

이 책 『대한민국에서 가장 쉬운 2013 최신 시사상식 사전』을 통해 독자들은 국내외 정치·경제의 움직임을 이해하는 데 필요한 시사용어뿐 아니라 오늘의 문화·과학기술에 관한 새로운 상식, 학술용어, 신조어, 외래어 등을 익힐 수 있다.

　이뿐만 아니라 시사이슈에 관한 용어들에 대해 그 개념과 함께 유래, 관련 동향, 특징, 기대효과 등을 심층적으로 분석하고 있다.

　이 책은 면접을 준비 중인 대입 수험생, 취업 준비생, 공무원 승진시험 준비자들에게 유용하게 활용될 것으로 기대된다. 통찰력을 갖춘 오피니언 리더가 되고 싶은 분들께 이 책을 적극 추천한다.

2013년 1월

㈜아젠다리서치그룹

이 책의 구성과 특징

❶ 압축적 소제목 구성으로 내용 파악을 빠르게

표제어 본문 서술을 그 내용에 따라 압축적 소제목으로 구분해줌으로써 내용을 빠르고 체계적으로 파악할 수 있도록 구성했습니다(예: 개념-특징-의의-기대효과-최근 동향 등).

❷ 직관적 약호 활용으로 지루한 서술 탈피

표제어를 설명하는 기본 해설문, 그 해설문을 설명하는 보조 설명문, 그 설명문의 세부 사항을 기술하는 세부 설명문을 직관적 약호를 사용해 서술함으로써 속도감 있게 내용을 파악할 수 있도록 구성했습니다.

❸ 본문 요약이나 체크포인트를 별도의 그림으로 배치

각 표제어 말미에 내용 요약이나 핵심 키워드를 그림으로 구성함으로써 내용을 쉽게 기억할 수 있도록 했습니다(예: Key Point, Timeline).

❹ 도표를 적극 활용한 세부내용 처리

다른 사전류와 달리 표제어 설명에 도표를 적극 활용함으로써 참고 사항이나 세부 내용을 한눈에 파악할 수 있도록 했습니다.

❺ 분야별 상징 아이콘 적용으로 시각적이며 통일감 있는 장 구성

본문 페이지 바탕 디자인에 장별(분야별) 상징 아이콘을 적용함으로써 주제의 통일성을 부여했습니다.

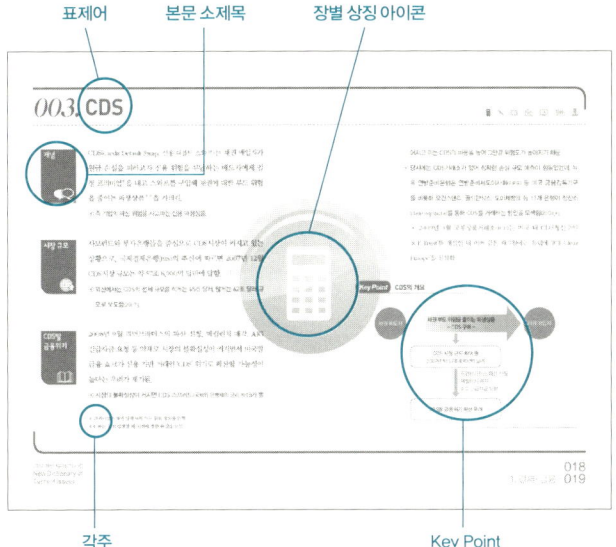

표제어   본문 소제목   장별 상징 아이콘

각주   Key Point

일러두기

1. 각 표제어의 배열은 숫자–영문–한글 순서이고, 영문 표제어는 ABC 순, 한글 표제어는 가나다 순으로 배열했습니다.

2. 각 표제어는 한글이나 영문 중 하나를 기록했고, 그 기준은 한국에서 통상적으로 많이 사용하는 것을 기본으로 했습니다. 단, 표제어외 의미를 분명히 드러내기 위해 그 기준을 따르지 않은 것도 있습니다.

3. 우리말 표기는 국립국어원의 맞춤법 규정을 원칙으로 하되, 표제어나 법률 용어는 의미 파악이 어려운 경우를 제외하고는 전부 붙여 썼고 전문 용어나 기타 시사 용어 등은 의미 단위로 띄어 썼습니다.

4. 외국어의 한글 표기는 원칙적으로 국립국어원 외래어 표기법에 따랐으나, 통일된 표기가 마련되지 않았거나 표기법에 따를 때 부자연스러운 경우에는 일반적으로 많이 사용하는 표기를 따랐습니다. 또 본문에 외국어가 등장할 때는 따옴표나 괄호를 사용하는 것을 원칙으로 하되 약어이거나 통상적으로 사용되는 용어일 때 또는 가독성을 해치는 경우 등에는 이 원칙을 따르지 않은 것도 있습니다.

5. 약호 사용 기준: ⊙ 표제어의 기본 해설문을 그 하위 단계로 설명할 때, · 앞의 약호를 가진 해설문을 그 하위 단계로 설명할 때, 『 』 단행본 도서, 《 》 잡지, 신문, 학술지 등의 정기·부정기 간행물과 연속 간행 도서, 여러 권으로 이루어진 전집류 등, 「 」 신문기사나 책·잡지 등의 단편, 보고서, 논문, 음악의 각 곡 등.

1. 경제·금융

3. IT·방송통신

4. 지역·부동산

5. 과학 · 환경

6. 정치 · 사법

7. 외교·안보

1

New Dictionary of
Current Issues

경제 · 금융

001. Bail-Out

'Bail-Out(구제금융)'은 파산 위기에 처한 부실기업에 공적자금을 지원해 정상화시키는 방법을 가리키는 말임.

⊙ IMF나 미국 등 선진국이 개도국이나 후진국에 금융지원을 하는 것도 넓은 의미의 베일아웃에 포함됨.

부실금융기관에 공적자금 투입 시 예금주와 채권자 등은 보호를 받을 수 있게 되나, 결국 이 모든 투입비용은 국민 부담으로 귀결.

⊙ 이뿐 아니라 부실에 책임을 져야 할 주주·채권자 등 당사자들이 구제를 받음으로써 '도덕적 해이' 논란이 불거져 나오며, 금융시스템의 효율성을 떨어뜨릴 수 있다는 문제도 제기됨.

2008년 들어 미국 정부가 베어스턴스, 패니매·프레디맥, AIG, 씨티그룹 등에 구제금융 지원.

미국의 대표적 구제금융 사례

구분	대표적 구제금융 대상
1979년	지미 카터 행정부 시 크라이슬러(Chrysler Corp.) 구제
1984년	미국의 8대 은행인 콘티넨털일리노이(Continental Illinois) 은행 구제
1980년대 말	주택대부조합에 1,230억 달러 투입
1998년	롱텀캐피털매니지먼트(LTCM; Long-Term Capital Management)
2008년	• 베어스턴스(Bear Stearns), 패니매·프레디맥(Fannie Mae and Freddie Mac), AIG, 씨티그룹(Citigroup) 등에 구제금융 지원 • 버크셔헤셔웨이(Berkshire Hathaway)가 골드먼삭스(Goldman Sachs)에 구제금융 지원 • 미쓰비시도쿄UFJ은행(The Bank of Tokyo-Mitsubishi UFJ)이 모건스탠리(Morgan Stanley) 구제금융 지원 • 긴급경제안정법(Emergency Economic Stabilization Act of 2008)

002. BIS 자기자본비율

개념

BIS(국제결제은행) 자기자본비율(Capital Adequacy Ratio)*은 국제결제은행이 정한 은행위험자산(부실채권) 대비 자기자본비율을 의미함.

BIS 규제

은행의 건전성과 안전성 확보를 위해 은행이 위험자산에 대해 일정 비율 이상의 자기자본을 보유하도록 하는 것.

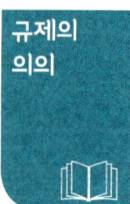

규제의 의의

과거의 단순 자기자본비율(총자산 대비 자기자본비율) 규제방식에서 위험가중자산 대비 자기자본비율 규제방식으로 전환해 은행시스템의 건전성과 안정성을 확보하고 은행 간 경쟁조건상의 형평을 기함.

비율 산식

(자기자본÷위험가중자산)×100

⊙ 자기자본의 범위: 기본자본(납입자본금, 자본준비금, 이익잉여금)+보완자본(재평가적립금, 유가증권평가이익의 45%, 대손충당금)−공제항목(영업권, 연결조정차)

＊ 1988년 국제결제은행(BIS; Bank for International Settlements) 산하 바젤은행감독위원회는 은행의 자본적정성 확보를 위해 만든 금융기관 건전성지표인 'BIS 기준'이라는 '자기자본비율규제안'을 발표했고, 1996년에는 시장 위험을 감안한 'BIS 자기자본비율'을 만들어 보유 자산의 신용 리스크뿐만 아니라 시장 리스크까지 반영.

국내 도입

1995년 말부터 은행들에게 BIS 자기자본비율을 8% 이상 의무적으로 유지하도록 하고 있으며, 2002년 1월부터 시장 리스크를 반영한 수정 BIS 비율을 적용해 시행.

Key Point BIS 자기자본비율의 개요

| BIS 산하 바젤은행감독 위원회 | → | 1988년 규제안 발표 | → | 1996년 BIS 자기자본비율 발표 |

보유 자산 신용 리스크와 시장 리스크까지 반영 ➡ 의의
- 위험가중자산 대비 자기사본 비율 규제빙식
- 은행시스템의 선전성, 안징싱 확보
- 은행 간 경쟁조건

| 1995년 은행 BIS 자기자본비율 8% 이상 유지 의무화 | → | 2002년 시장 리스크 반영한 수정 BIS 비율 적용 시행 |

003. CDS

개념

CDS(Credit Default Swap, 신용 디폴트 스와프)는 채권 매입자가 원금 손실을 피하고자 신용 위험을 부담하는 매도자에게 일정 프리미엄*을 내고 스와프를 구입해 채권에 대한 부도 위험을 줄이는 파생상품**을 가리킴.

⊙ 즉 기업의 파산 위험을 사고파는 신용 파생상품.

시장 규모

사모펀드와 투자은행들을 중심으로 CDS시장이 커지고 있는 상황으로, 국제결제은행(BIS)의 추산에 따르면 2007년 12월 CDS시장 규모는 약 57조 8,900억 달러에 달함.

⊙ 외신에서는 CDS의 전체 규모를 적게는 45조 달러, 많게는 62조 달러 규모로 보도함(2007.).

CDS발 금융위기

2008년 9월 리먼브라더스의 파산 신청, 메릴린치 매각, AIG 긴급자금 요청 등 악재로 시장의 불확실성이 커지면서 미국발 금융 쇼크가 신용 기반 거래인 'CDS' 위기로 확산할 가능성이 높다는 우려가 제기됨.

⊙ 시장의 불확실성이 커지면 CDS 스프레드(국채와 은행채의 금리 차이)가 벌

* 프리미엄은 채권 발행자의 부도 위험 정도를 반영.
** 부도 등이 발생할 때 사전에 정한 손실을 보상.

어지고 이는 CDS의 비용을 높여 그만큼 위험도가 높아지기 때문.

⊙ 당시에는 CDS거래소가 없어 정확한 손실 규모 예측이 힘들었는데, 뉴욕 연방준비은행은 연방준비제도이사회(FRB) 등 미국 금융감독기구를 비롯해 모건스탠리, 골드만삭스, 도이체방크 등 17개 은행이 청산소(clearinghouse)를 통해 CDS를 거래하는 방안을 모색함(2008. 9.).

• 2009년 3월 국제상품거래소(ICE)는 미국 내 CDS청산소인 'ICE Trust'를 개설한 데 이어 같은 해 7월에는 유럽에 'ICE Clear Europe'을 신설함.

Key Point CDS의 개요

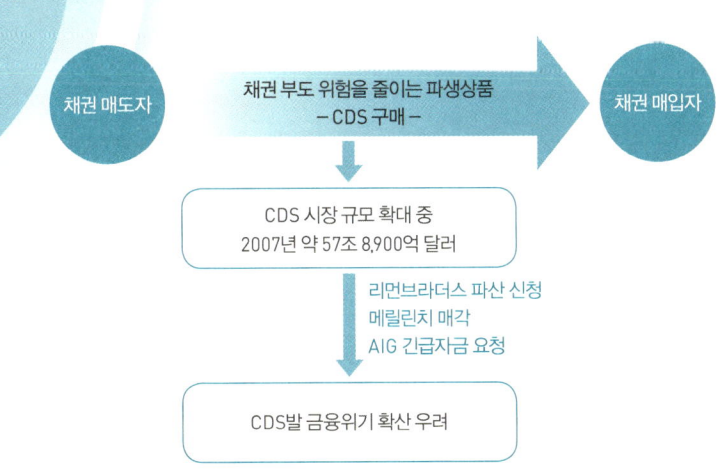

채권 매도자 → 채권 부도 위험을 줄이는 파생상품 – CDS 구매 – → 채권 매입자

CDS 시장 규모 확대 중
2007년 약 57조 8,900억 달러

리먼브라더스 파산 신청
메릴린치 매각
AIG 긴급자금 요청

CDS발 금융위기 확산 우려

004. FTSE 지수

개념

FTSE 지수는 런던 증권거래소와 영국 《FT(파이낸셜타임스)》가 공동으로 설립한 FTSE인터내셔널이 작성·발표하는 주가지수. 주로 유럽계 펀드 운용에서 기준으로 사용되는 등 유럽계 투자 자금의 벤치마크 대상이 되고 있음.

- ⊙ 미국계 운용에서 사용되는 '모건스탠리캐피털인터내셔널' 지수(MSCI)와 함께 세계 2대 투자지표로 꼽힘.

FTSE 국가 분류

FTSE의 국가 분류는 시장 규모와 수준에 따라 선진시장(Developed), 선진신흥시장(Advanced Emerging), 신흥시장(Secondary Emerging), 프론티어시장(Frontier)으로 구분.

한국 상황

한국은 '선진신흥시장'에서 2008년 9월 '선진시장'으로 승격.

- ⊙ 2007년까지 3년 연속 선진시장 편입에 실패하다가 2008년 9월에 FTSE 선진국지수 편입이 결정됨. 발효일은 2009년 9월 18일.

편입 기대효과

FTSE 선진지수 편입 절차 완료 시 외국인 투자 자금의 국내 유입 기대.

자금 규모

FTSE 지수를 따르는 글로벌 자금 규모는 약 4조 달러(약 4,400조 원)로 추정.

Key Point FTSE 지수의 개요

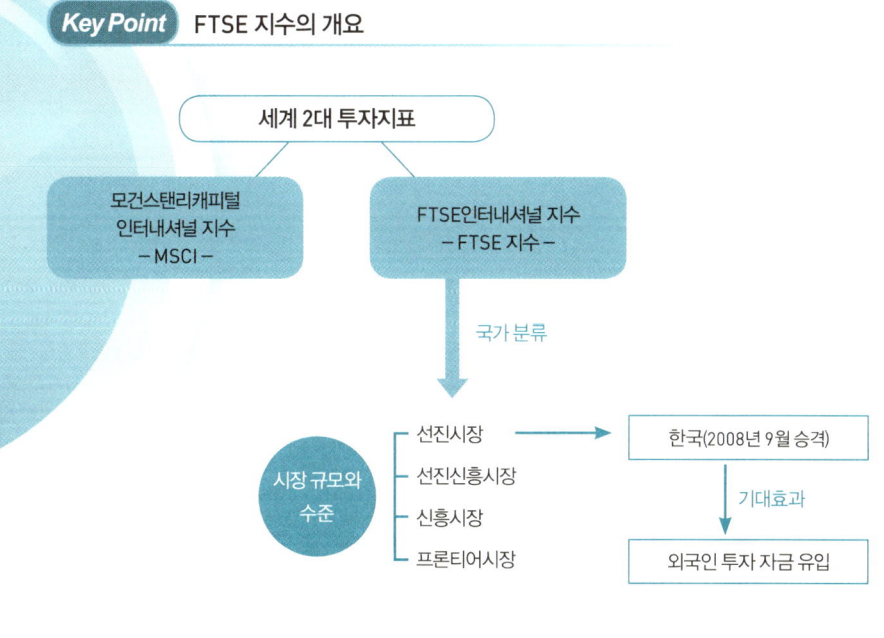

005. **G20**

개념

G20은 'Group of 20'의 약자로 세계 19대 경제국과 유럽연합 (EU)을 포함한 선진·신흥 20개국을 의미하며 다자간 금융 협력을 위해 결성됨.

G20 국가 현황

미국, 일본, 캐나다, 영국, 독일, 프랑스, 이탈리아 등 선진 경제국(G7)과 한국, 중국, 오스트레일리아, 브라질, 인도, 인도네시아, 멕시코, 러시아, 사우디아라비아, 남아프리카공화국, 터키, 아르헨티나 등 신흥 경제국을 모두 아우르는 선진·신흥 20개국.

⊙ G20 국가들은 전 세계 총생산의 90%, 국제 교역의 80%(EU 국가 간 교역 포함), 세계 인구의 2/3를 차지하며 경제적으로 매우 큰 영향력을 가짐.

G20 국가 현황

구분		국가
G7(선진 7개국)		미국, 일본, 캐나다, 영국, 독일, 프랑스, 이탈리아
신흥국가	아·태지역(5)	한국, 중국, 인도, 인도네시아, 오스트레일리아
	중남미(3)	아르헨티나, 브라질, 멕시코
	유럽 등(5)	러시아, 터키, EU 의장국, 남아프리카공화국, 사우디아라비아
국제기구(3)		IMF, 세계은행, 유럽중앙은행

경과

1999년 12월 독일 베를린에서 독일과 캐나다 재무장관들의 주도로 첫 회의가 열린 이래 연례 재무장관 회의만 개최. G20 회의에는 G20 국가들뿐만 아니라 IMF, 세계은행, 유럽중앙은행 등 국제기구도 참여해오다 2008년 11월 15일 처음으로 미국 워싱턴에서 G20 정상회의가 열림.

⊙ 글로벌 금융위기 상황으로 각국 정상들까지 소집.

006. GDP

개념

GDP(Gross Domestic Product, 국내총생산)는 한 나라의 경제적 영역 내에 거주하는 가계, 기업, 정부 등 모든 경제주체가 일정 기간 생산활동에 참여해 만들어낸 부가가치를 시장가격으로 합산한 것임.

◉ GDP는 영토를 기준으로 한 나라의 국경 내에서 발생한 소득이 얼마인가를 계산.

　• 외국인이 한국에서 생산한 것은 GDP에는 계상되지만 GNP에는 포함되지 않음.

　• 한국인이 외국에서 생산한 것은 GNP에는 포함되지만 GDP에는 포함되지 않음.

　• GDP=GNP(국민총생산)−국외로부터의 순소득.

활용

어느 한 나라의 순전한 국내 경제활동의 지표로 쓰이며, 한 국민경제의 경기변동이나 경제성장의 대외 비교에 이용.

특징

각 부문의 생산활동은 물론 소비, 투자, 수출 등 수요동향까지도 살펴볼 수 있는 종합적 지표.

◉ 영국, 독일 등 GNP 가운데 국외에서의 순소득 비중이 많은 나라에서 국내 경제활동의 동향을 조사하려면 GNP보다도 GDP를 사용하는 것이 적당.

한계

GDP 통계는 당해 연도 또는 분기가 끝나고 상당 기간(약 2~3개월)이 지난 후 추계가 가능하므로 이를 통해 신속히 현재의 경기 상황을 판단하거나 장래의 경기 흐름을 예측하기 어려움.

Key Point GDP의 개요

- 국내 경제활동의 종합적 지표
- 국민경제 경기변동, 경제성장 대외 비교

↑ 활용

국민총생산
GNP — 국외로부터의
순소득 = 국내총생산
GDP

↓ 한계

- 신속한 현재의 경기 상황 판단 어려움
- 장래의 경기 전망 어려움

007. GNI

GNI(Gross National Income, 국민총소득)는 한 나라의 국민이 생산활동에 참여한 대가로 받은 소득의 합계임.

- ⊙ 여기에는 국외에 거주하는 국민이 벌어들인 소득(국외수취요소소득)은 포함하되, 국내에 거주하는 외국인이 벌어들인 소득(국외지급요소소득)은 제외.
- ⊙ GNI=GDP+국외순수취요소소득(국외수취요소소득−국외지급요소소득).
- ⊙ GNI는 국민을 기준으로 따져 국내외에서 그 나라 국민이 발생시킨 소득을 계산.

국민소득의 세 가지 측면 중 지출 측면을 강조한 것으로 GNP가 국내총생산(GDP)에다 국외로부터의 순요소소득을 합산한 것이라면, GNI는 불변가격 기준 국내총생산(GDP)에다 교역조건 변동에 따른 무역손익을 더한 후 실질국외순수취요소소득*을 합친 것.

- ⊙ 교역조건 변동에 따른 무역손익이란 어떤 물건을 국내에 팔지 않고 국내와 똑같은 가격으로 국외에 내다 팔 때 얻는 실질손익과 국외 상품을 국외 현지가격과 똑같은 가격으로 국내에 수입할 때 얻는 실질손익을 더한 것으로 이른바 교역조건 효과를 의미.
- ⊙ 순수취요소소득이란 국내총지출(총소비지출+총자본형성) 디플레이트로 지출 측면에서 나타난 국민소득의 과대평가분을 차감해내는 것을 의미.

세부 구분

실질국민총소득과 명목국민총소득으로 나뉨.

◉ 실질국민총소득: 실질국내총생산(GDP)에 교역조건의 변화에 따른 실질

무역손실과 실질국외순수취요소소득을 더해 산출.

◉ 명목국민총소득: 명목국내총생산에 국외순수취요소소득을 더해 산출.

＊ 한 나라의 국민이 국외에서 벌어들인 국외수취요소소득에서 국내의 외국인이 생산활동에
참여함으로써 발생한 국외지급요소소득을 차감한 것을 의미.

008. GNP

개념

GNP(Gross National Product, 국민총생산)는 한 나라의 거주자가 일정 기간에 생산한 모든 재화와 용역을 시장가격으로 평가한 것으로 생산과정에서 마손된 고정자산의 소모분(고정자본소모충당금)을 포함한 개념이며, 시장가격으로 평가됐다는 점에서 '시장가격에 의한 국민총생산'이라고 함.

- 거주자의 생산이라 함은 한 나라의 거주자가 국내는 물론 국외에 제공한 생산요소에 기인한 생산을 뜻하는 것으로 비거주자의 생산요소 공급에 의한 생산은 포함하지 않음.
- 생산의 의미는 총산출액에서 각 산업에 투입된 중간 생산물을 공제한 최종 생산물의 총액을 의미.

특징

국민총생산은 이중계산을 피하기 위해 최종 생산물에 포함된 원재료·중간재의 가격이 공제돼 있으므로 부가가치라고 할 수 있음.

- 국민총생산에서 이 기간에 감가한 자본설비의 상각비를 공제한 것이 국민순생산(NNP; Net National Product)임.

각 경제부문에서 사용하고 있는 국민총생산은 국민총지출
(GNE; Gross National Expenditure)을 의미하며, 국민총생산은
국민총지출수요와 같은 액수.

⊙ GNE(국민총지출)=C(가계지출)+I(민간투자지출)+G(정부의 재화·서비스 구
입)+E(수출 등)−M(수입 등)=GNP

일반적으로 국민총생산 또는 국민소득은 국민경제의 복지 수
준을 생각하는 데 유용.

⊙ 국내총생산은 국민경제의 경기변동이나 경제성장을 고찰하는 데 중요.

009. MMF

개념

MMF(Money Market Fund, 머니마켓펀드)는 고객이 증권사나 은행에 돈을 맡기면 증권사나 은행이 그 돈을 다시 운용사에 맡겨 단기투자상품에 투자, 고객에게 단기 고수익을 돌려주는 것으로 투자 기간 30일 이내의 초단기 고수익 금융상품을 가리킴.

⊙ MMF는 예금보험 보호 대상이 아님.

특장점

투자 금액에 제한이 없어 초기 자금에 대한 부담이 없으며, 예치된 금액을 수시로 넣었다 뺐다 할 수 있어 단 하루만 예치해 놓아도 투자 실적에 따라 이익금을 받을 수 있음.

⊙ 이뿐만 아니라, 투자 실적을 매일 공시해 고객 스스로 자금을 회수해야 할 시기를 판단할 수 있음.

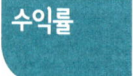

수익률

수익률=매도할 때의 기준가÷매수할 때의 기준가.

주의점

금리가 급등하거나 투자 기업이 부도나는 경우 그에 따른 손실을 볼 수 있으며, 경우에 따라서는 원금마저도 회수하지 못할 수 있음.

Key Point MMF의 개요

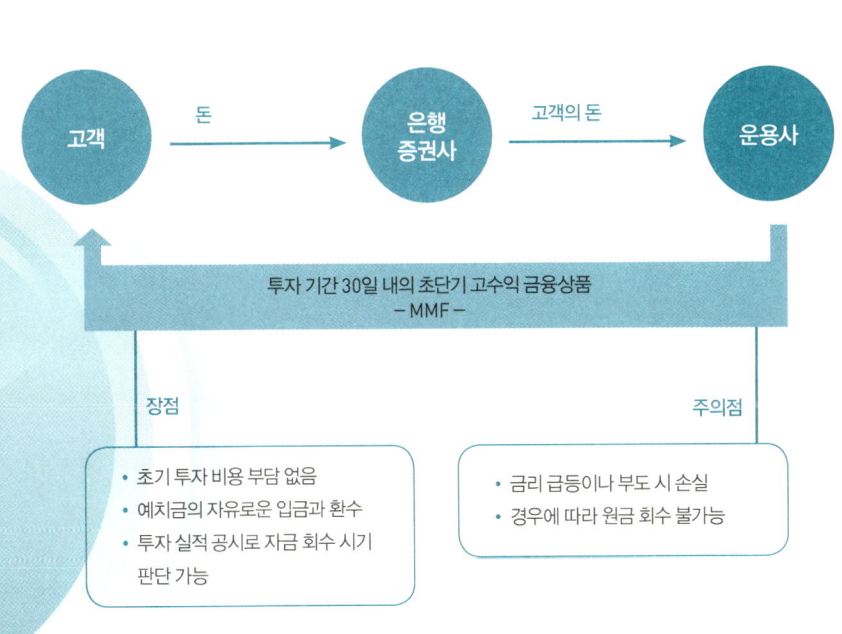

고객 —돈→ 은행 증권사 —고객의 돈→ 운용사

투자 기간 30일 내의 초단기 고수익 금융상품
– MMF –

장점
- 초기 투자 비용 부담 없음
- 예치금의 자유로운 입금과 환수
- 투자 실적 공시로 자금 회수 시기 판단 가능

주의점
- 금리 급등이나 부도 시 손실
- 경우에 따라 원금 회수 불가능

010. MSCI 선진지수

개념

MSCI 선진지수는 미국 투자은행인 모건스탠리의 자회사 MSCI(Morgan Stanley Capital International)가 작성해 발표하는 세계 주가지수 중 하나로 미국·유럽 등 23개국 선진국시장을 대상으로 함.

⊙ 그 외 전 세계 49개국을 대상으로 하는 세계지수(ACWI; All Country World Index Free)와 아시아·중남미 등 28개국 신흥시장을 대상으로 하는 신흥시장지수(EMF; Emerging Market Free Index)가 있음.

지수 산출

각국 주식시장 전체 시가총액의 60%를 반영하는 종목을 선정한 다음 이들 종목의 시가총액을 합해 이뤄지며, 국가별 편입 비중은 주가 등락과 환율 변동에 따라 매일 변함.

지수 편입 장단점

자본시장에 대한 신뢰도가 제고돼 외국 자금 유입이 늘어날 가능성이 커지지만, 외국 자금 유입으로 대형주와 중소형주 사이의 격차가 벌어지면서 시장이 왜곡될 가능성이 있고 주가 불안정성이 높아질 수도 있음.

관련 동향

2011년 10월 한국거래소와 MSCI가 지수정보 이용료 협상을 타결했음에도 불구하고 2009년 이후 선진지수 편입에 네 차례나 실패.

⊙ MSCI 선진지수를 작성하는 MSCI 바라 사는 연례 시장 재분류 심사를 통해 한국과 대만 증시에 대해 신흥시장 지위를 유지하기로 결정(2012. 6. 21.)

Key Point MSCI 선진지수의 개요

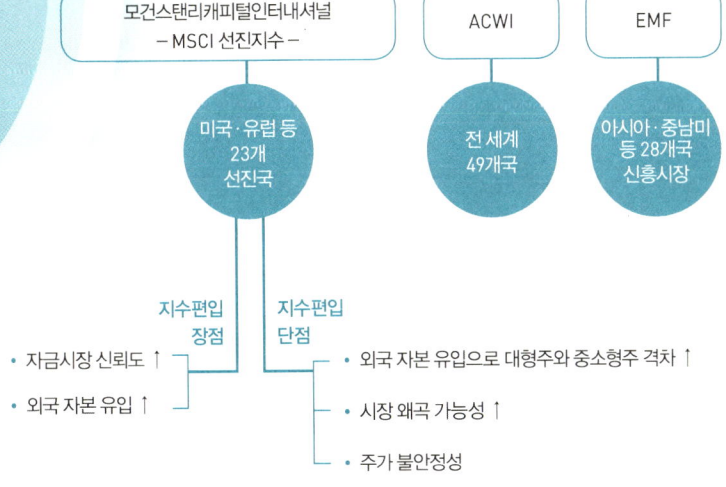

011. 경기선행지수

개념

경기선행지수(CLI; Composite Leading Indicator)는 6개월 후의 경기 흐름을 예측하는 경기전망지표로 통계청이 지난 1981년 3월부터 매월 조사하고 있음.

지수가 전월보다 상승(플러스)하면 경기상승을, 하락(마이너스) 하면 경기하강을 의미.

활용

경기의 방향을 가늠하는 것으로 절대수치보다 전년 동월 대비 증감률이 큰 의미를 지니며, 경기선행지수가 반년 연속 하락하면 경기가 꺾일 가능성이 큰 것으로 해석.

도출 방법

건축허가 면적, 기계수주액 등 미래 경제활동에 영향을 주는 10개 지표를 가중평균해 계산.

- 10개 지표: ①건축허가 면적 ②기계수주액(국내 선박 제외) ③건설용 중간재 생산지수(이상은 투자 관련 지수) ④예금은행 대출금(통화금융) ⑤제조업 재고율지수(재고) ⑥중간재 출하지수(생산) ⑦수출신용장 내도액 ⑧수입 승인액(무역 관련 지수) ⑨통총유동성(M3) ⑩구인구직 비율(고용) 등.

관련 동향

미국발 금융위기 당시 OECD(경제협력개발기구)는 한국의 3월 경기선행지수가 전월 대비 2.2포인트 오른 96.8을 기록해 29개 회원국 가운데 가장 빠른 회복세를 보일 것이라고 전망 (2009. 6.).

⊙ OECD 경기선행지수는 산업활동과 주택, 소득 동향 등을 복합적으로 계산한 것으로 지난 2006년 2월분부터 한국의 경기선행지수를 전체 선행지수에 포함.

012. 경제민주화

개념

경제민주화란 각자가 자율과 창의를 최대로 발휘해 경쟁이 이뤄지고 민주적 절차에 따라 자신의 이익을 충족하는 '자율, 공정, 균형' 경제 실현을 의미함.

◉ 노태우 정부의 집권 초기인 1988년 경제기획원이 발간한 『우리경제의 현황과 과제』 책자에서 경제민주화를 이처럼 정의.

◉ 일각에서는 순환출자* 금지와 출자총액 제한** 등 '재벌의 지배구조개선(재벌개혁)'을 경제민주화의 핵심으로, 또 다른 한편에서는 '보편적 복지'의 실현을 쟁점 과제로 제시하는 등 관점과 방법론에 따라 다양한 개념적 해석이 대두하고 있음.***

유래

과거 독일에서 노동자의 공동참여권을 보장해야 한다는 취지로 등장. 국내에서는 지난 1987년 6월항쟁의 결과물로 헌법에 등장.

◉ 헌법을 통해 국가가 경제민주화 실현을 위해 자유시장경제 원칙****에서 발생하는 부의 편중 등 부작용을 방지하고 균형 있는 경제를 위해 국가의 규제와 조정 권한을 부여.

• 우리나라 헌법 119조 2항에서 "국가는 균형 있는 국민경제의 성장 및 안정과 적정한 소득의 분배를 유지하고, 시장의 지배와 경제력의 남용을 방지하며 경제주체 간의 조화를 통해 '경제의 민주화'

를 위하여 경제에 관한 규제와 조정을 할 수 있다"고 규정.

관련 동향

대선을 앞두고 경제 분야의 주요 화두로 부상(2012. 10.).

⊙ 일각에서는 '경제민주화'라는 용어가 원래 의미와 달리 폭넓게 해석되면서 국내에서 온갖 의미로 오용, 사회적 혼란을 일으킨다고 주장.

＊ 재벌들이 계열기업에 대한 지배력을 높이기 위해 동원하는 변칙적 출자방법으로 세 개 이상의 계열사가 연쇄적으로 출자해 자본금을 늘리는 것을 뜻함. (→ 74쪽)

＊＊ 한 기업이 회사 자금으로 다른 회사의 주식을 매입해 보유할 수 있는 총액을 제한하는 것. (→ 104쪽)

＊＊＊ 현재 한국 사회에서 '경제민주화'는 재벌개혁, 순환출자금지, 식량안보 등 수십 가지 의미가 붙어 있어 다소 불명확.

＊＊＊＊ 우리나라 헌법 119조 1항은 "대한민국 경제 질서는 개인과 기업의 경제상 자유와 창의를 존중함을 기본으로 한다"(자유시장경제 원칙)고 적시.

013. 공매도

개념 공매도(Short Selling)는 주식이나 채권을 가지고 있지 않은 상태에서 행사하는 매도 주문임. 즉 소유하지 않은 주식을 빌려서 비쌀 때 팔고 싸졌을 때 사서 갚는 것으로 하락장에서 돈을 버는 금융 기법을 말함.

문제점 약세장에서 단기 차익을 얻기 위해 헤지펀드 등과 같은 투기 자본이 이용하면서 주식시장의 불확실성을 높여 주가의 급등락을 부채질함.

급증 원인 최근 공매도 급증 추세는 하락장이 계속되는 가운데 신고 없이 거래가 가능한 공매도 금액을 상향 조정하는 등 규제 완화에 따른 것.

⊙ 2007년 12월 신고를 하지 않아도 되는 공매도 금액이 100억 원 이하에서 500억 원 이하로 조정됨.

규모 2008년 1월부터 8월까지 27조 4,000억 원가량 거래됐으며, 이는 전년 동기 대비 128%나 급증한 수치.

⊙ 이 중 외국인의 거래 비중은 90%가 넘음.

외국의 금지 사례

미국 증권거래위원회(SEC)는 공매도의 일종으로 없는 주식을 파는 'Naked Short-Selling'을 전 종목에 걸쳐 금지하고 주식을 빌려 매도하는 'Covered Short-Selling'을 한시적으로 금지했으며, 영국 금융청(FSA)도 공매도를 금지.

Key Point 공매도의 개념과 문제점

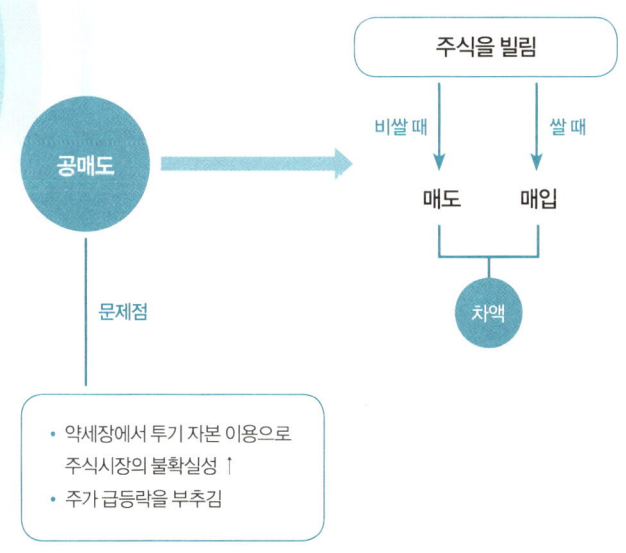

014. 국채

개념

국채(Government Bond)는 예산상의 세입 부족을 보충하기 위해 국가가 발행하는 채권으로 정부가 원리금 지급을 보장하므로 기업들이 발행하는 회사채에 비해 안전성이 높다는 장점이 있음.

⊙ 국채금리는 국가에서 발행되는 채권의 이자금액 또는 이자율을 의미.

활용

국채금리 하락은 국채 안전도가 높은 평가를 받아 외국인의 투자수요가 증가했다는 것을 뜻하며, 국채금리 상승은 외국인의 투자수요 감소를 의미.

종류

국고채권(국고채), 외국환평형기금채권(외평채), 국민주택채권 1·2종 등이 대표적 국채이며, 3년 만기 국고채 유통수익률이 우리나라 기준금리로 사용되고 있음.

⊙ 지방자치단체 또는 정부투자기관에서 발행하는 여타 채권은 각각 지방채, 특수채 등으로 분류.

발행

국고채와 외평채는 경쟁입찰을 통해 시장의 실세금리로 발행되며, 기타 채권은 주택이나 차량 등을 구매할 때 의무적으로 매입해야 하는 첨가소화 방식으로 발행됨.

Key Point 국채의 개요

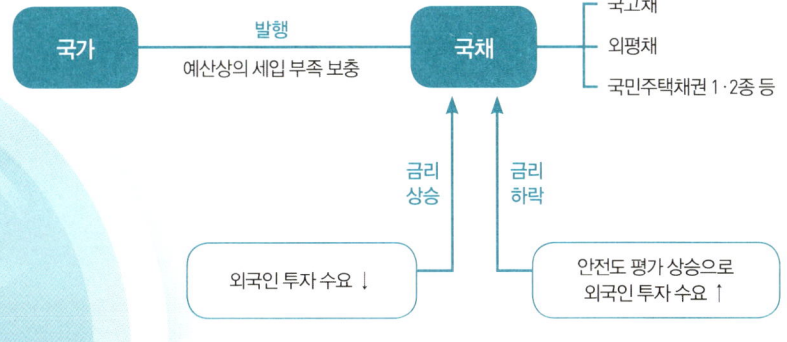

015. 규제일몰제

개념

규제 일몰제(Sun-Set Law)는 일정 기한까지 규제 존치의 필요성을 입증하지 못하면 자동 폐지되는 제도를 기리킴.

도입 시기

1997년 신설됐으나 등록 규제 중 극히 일부만 적용되는 등 제대로 운영되지 못하다가 이명박 정부 들어 '모든 신설 규제'에 대해 원칙적으로 존속기한을 사전에 규정하는 '규제일몰제(日沒制)'를 적용하기로 함.

◉ 2008년 7월 말 기준으로 총 5,247개의 등록 규제 중 47건만 적용.

◉ 국가경쟁력강화위원회는 2008년 8월 28일 청와대에서 열린 6차 회의에서 향후 모든 신설 규제에 일몰제를 적용하고, 규제 완화·폐지·존치 여부를 판단하기 어려운 기존 규제에 대해서는 일몰제를 적용해 신속하게 규제를 정비하기로 함. 이어 2009년 1월 29일에는 8,100여 건에 달하는 각종 정부 규제에 대해 모두 일몰제를 도입하는 방안을 추진하기로 함.

적용 대상

시장 진입, 거래, 가격 등을 제한하는 경제규제를 포함, 글로벌 스탠더드(국제 기준)에 맞지 않는 규제들을 대상으로 규제일몰제를 적용.

외국 사례

미국, 영국 등 주요국에서는 규제일몰제 적용을 확대하고 이에 대한 사후관리가 이루어지도록 재검토 지침을 제도화하면서 담당기관을 운영함.

국가별 사례

- 미국: 1976년에 콜로라도 주가 최초로 규제일몰제를 제정했으며, 2011년 행정명령 13,563호를 발표해 기존 규제에 대한 검토를 제도화함.

- 영국: 2011년 이후 법제화되는 규제에는 필수적으로 규제일몰제를 적용하도록 함.

- 독일: 주 정부가 대부분 규제일몰제를 운용하고 있으며, 법제의 전체 또는 일부에 일반적 한시조항을 두고 그 기간이 지나면 재검토를 하도록 의무화하거나 자동으로 실효토록 함.

- 오스트레일리아: 연방 수준에서 모든 규제에 대해 규제일몰제를 적용함.

- 일본: 1990년대 이후 개별 법률 부칙에 재검토 조항을 둠.

016. 기업경기전망(실사)지수

개념

기업경기전망(실사)지수(BSI; Business Survey Index)는 기업활동의 실적·계획·경기동향 등에 대해 기업가들의 의견을 직접 조사, 이를 지수화한 것으로 기업의 경영 상황에 대한 심리와 전반적 경기동향을 파악하는 지표임.

◉ 기업가들의 경기 판단, 장래 전망 등을 설문지를 통해 조사하며 중요한 경기예측지표로 사용.

계산법

BSI는 '긍정, 보통, 부정'이란 3점 척도에 따라 계산되며 그 값은 0~200.

◉ BSI={(긍정적 응답업체 수-부정적 응답업체 수)÷전체 응답업체 수}× 100+100

• BSI가 100을 넘으면 경제 상황에 대한 기업의 심리가 낙관적, 100 미만이면 비관적.

구분

조사기관에 따라 대기업을 대상으로 하는 전경련(전국경제인연합회)BSI, 중소기업을 대상으로 하는 중기협(중소기업중앙회)BSI, 기업 규모와 관계없이 모든 기업을 조사하는 상공회의소BSI, 한국은행BSI 등이 있음.

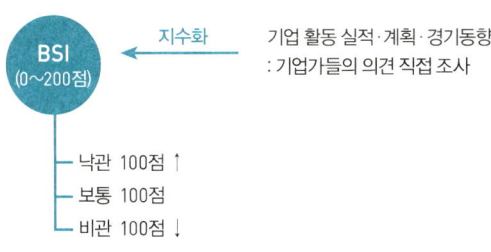

Key Point BSI의 개요

BSI
(0~200점)

지수화 ←

기업 활동 실적·계획·경기동향
: 기업가들의 의견 직접 조사

├ 낙관 100점 ↑
├ 보통 100점
└ 비관 100점 ↓

017. 더블딥

개념

더블딥은 경기침체가 발생한 후에 회복되는 듯이 보이다가 또다시 경기침체로 빠져드는 이중침체(double dip) 현상을 말하며 'W자형' 경제구조라고도 불림.

◉ 경기침체가 두 번 계속된다는 뜻으로, 일반적으로 경기침체로 규정되는 2분기 연속 마이너스 성장 직후 잠시 회복 기미를 보이다가 다시 2분기 연속 마이너스 성장으로 추락하는 것을 말함.

최초 사용

2001년 미국 모건스탠리 증권의 스테판 로치가 미국경제를 진단하며 '더블딥'이라는 표현을 처음으로 사용.

◉ 스테판 로치에 의하면 과거 여섯 번의 미국 경기침체 중 다섯 번의 더블딥이 있었다고 함.

◉ 미국의 경제구조에 대해 그동안 'U자형', 'V자형'으로 설명했으나 2001년에 이르자 기존 방식으로는 설명할 수 없는 부분이 많아 'W자형(더블딥)'이라는 신조어가 만들어짐.

• 'U자형'은 침체가 저점에 도달한 뒤 바로 회복세를 타지 못하고 일정 기간 침체를 유지하다가 완만하게 상승세에 들어서는 경제구조.

• 'V자형' 경제구조는 경기침체가 저점에 도달한 뒤 바로 상승세로 치달을 때 사용.

관련 동향

2008년 9월에 닥친 미국발 금융위기로 세계경제가 경기침체에 놓였으나, 2009년 11월경에 이르러 서서히 회복세를 보이면서 출구전략* 시행 여부와 함께 더블딥 위험성에 대한 논란이 일었음.

---

* 경기침체기에 경기를 부양하기 위해 시행했던 각종 완화정책을 경제에 부작용을 남기지 않게 하면서 서서히 거둬들이는 전략.

018. 디스인플레이션

개념

디스인플레이션(Disinflation)은 물가수준이 꾸준히 높아지고 있으나 상승률이 줄어드는 경우를 의미함.

- 인플레이션을 종식하기 위해 점차 통화를 수축시켜 가격의 상승률을 낮추는 정책을 뜻하기도 함. 이때 판매는 부진하고 소매업자는 고객에게 높은 가격을 떠맡길 수 없게 됨.
  - 물가상승률이 높은 상태에서 낮은 상태로 이행해가는 과정을 의미하기도 함.

역사

2차 세계대전 후 세계적인 인플레이션의 수렴 과정에서 영국에서 처음으로 사용된 용어.

비교

물가상승률이 0보다 커서 물가수준이 지속적으로 상승하는 현상인 인플레이션(Inflation)이나, 반대로 물가상승률이 0보다 작아서 물가수준이 떨어지는 디플레이션(Deflation)과는 다른 개념.

관련 동향

인터넷 논객 '미네르바'의 「옥중 경제 전망」에서 디스인플레이션이 언급되면서 이슈화됨(2009. 3. 12.).

- 미국, 일본, 중국은 디플레이션 초기 대응전략으로 기조가 가고 있지만

한국의 경우는 디플레이션이 아닌 디스인플레이션이라는 상황적 인식하에 경기하강과 −2%∼−4% 이하의 성장률을 겪는 이색적인 체험의 시간이 될 것이다. (미네르바의「옥중 경제 전망」내용 발췌)

Key Point 디스인플레이션 − 인플레이션/디플레이션 비교

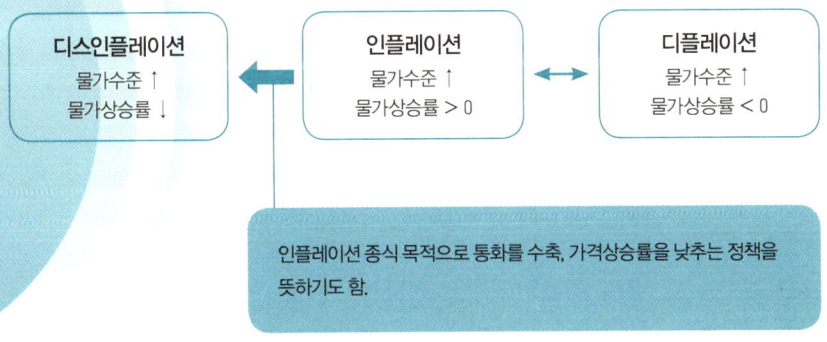

019. 디플레이션

개념

디플레이션(Deflation)은 인플레이션(Inflation)의 반대개념으로 경기가 하강하는 가운데 장기간 폭넓게 물가가 하락하는 현상을 일컬음.

⊙ 인플레이션이 주로 초과수요로 발생한다면 디플레이션은 주로 초과공급으로 발생하며, 2년 정도 물가 하락을 지속해 경기가 침체되는 상태로 정의.

구분

디플레이션은 크게 호경기에서 불경기로 넘어가는 과도기에 생산능력과 수요 사이의 불균형으로 발생하는 '순환적 디플레이션'과 과도한 물가 상승을 억제하기 위한 총수요억제정책 시행 과정에서 나타나는 '정책적 디플레이션'으로 구분.

문제점

수요 감소 때문에 발생하는 가격 하락은 기업의 매출을 줄여 기업의 고용 축소를 촉발시키고 이 때문에 발생하는 고용 감소는 수요가 줄어들게 하는 악순환의 고리를 형성, 경제에 큰 타격을 줌.

⊙ 디플레이션 메커니즘: 호경기를 거치면서 생산능력이 크게 확충돼 공급은 풍부하지만 경기부진이 예상되면서 일반의 소비(수요)가 위축됨. 이는 기업의 수지 악화, 실업 증가, 임금 하락을 가져오고 이것이 다시 소비 위축으로 이어지면서 경제가 축소됨.

영향

자산가치의 하락과 물가수준 하락으로 경제가 '장기불황' 국면에 접어들 가능성이 존재.

⊙ 수요부진 또는 광범위한 공급초과로 디플레이션 발생 시 기업의 수익이 줄면서 경제가 전반적으로 후퇴.

Key Point 디플레이션과 인플레이션의 차이

```
        디플레이션 ◄──────────► 인플레이션

    초과공급                      초과수요
  물가 하락-경기 침체         화폐 가치 하락-물가 상승

      구분

순환적 디플레이션          정책적 디플레이션
· 호경기와 불경기 과도기에   · 과도한 물가 상승 억제를
  생산과 수요 사이의          위한 총수요억제정책 시행
  불균형으로 발생            과정에서 발생
```

020. 리디노미네이션

개념

리디노미네이션(Redenomination)은 화폐액면절하를 뜻하는 용어로 'Currency Reform(화폐개혁, 통화개혁)'이라고도 하며, 어떤 목적을 달성하기 위해 인위적으로 화폐의 가치를 조절하는 일을 의미함.

⊙ 1950년대와 대한민국에서 시행될 때는 디노미네이션(Denomination)이라고 했는데 이는 화폐권 자체를 가리키는 말이며, 현재는 다시 명명한다는 뜻의 리디노미네이션(Re-denomination)이라는 말을 사용.

목적

보통 극심한 인플레이션으로 경제량을 화폐적으로 표현하는 숫자가 많아서 국민의 계산상, 지급상 불편을 초래하는 데 이를 해소할 목적으로 실시.

장점

리디노미네이션 실시 시 거래 편의 제고, 통화의 대외적 위상 제고, 인플레이션 기대심리 억제, 지하 퇴장자금의 양성화 촉진 가능성 등이 있음.

단점

새 화폐 제조와 컴퓨터시스템·자동판매기·장부 변경 등에 대한 큰 비용, 물가 상승 우려, 불안심리 초래 가능성 등의 문제가 있음.

국내 사례

1953년에 100원을 1환으로, 1961년에는 10환을 1원으로 각각 변경.

북한 사례

북한당국이 2009년 11월 30일 자로 화폐개혁을 전격 단행했으며, 교환 비율은 현금일 때 100:1, 은행에 저금한 몫일 때 10:1이었음.

Key Point 리디노미네이션의 개요

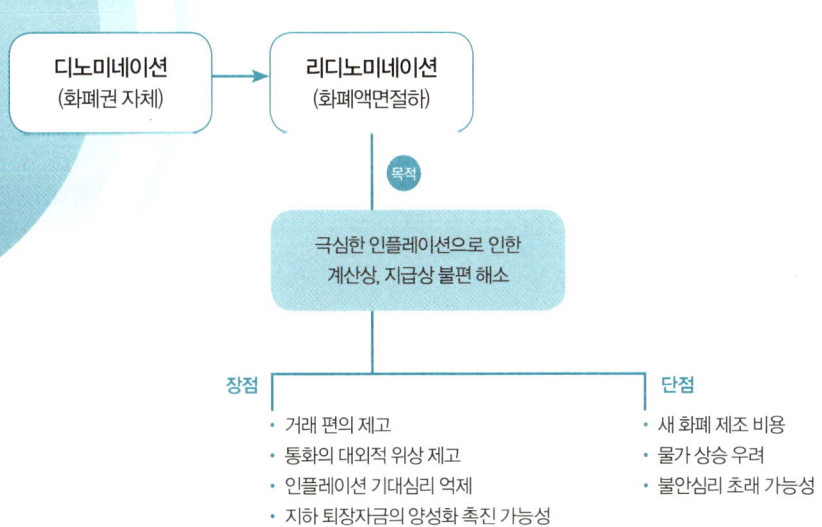

디노미네이션
(화폐권 자체)

리디노미네이션
(화폐액면절하)

목적

극심한 인플레이션으로 인한
계산상, 지급상 불편 해소

장점
· 거래 편의 제고
· 통화의 대외적 위상 제고
· 인플레이션 기대심리 억제
· 지하 퇴장자금의 양성화 촉진 가능성

단점
· 새 화폐 제조 비용
· 물가 상승 우려
· 불안심리 초래 가능성

021. 모라토리엄

개념

모라토리엄(Moratorium)은 '채무지불정지' 또는 '채무지급(상환)유예'란 의미로, 부채를 갚을 시기가 됐지만 부채가 너무 많아 상환을 일시 연기하는 것을 말함.

◉ 국제수지 적자가 엄청나게 불어난 국가가 외채 이자 지급불능 상황이 되면 모든 채무의 지급을 일시 정지하기로 선언하는 것임.

- 국가가 모라토리엄을 선언하면, 기업의 부도 선고 시 법정관리에 들어가는 것처럼 국가도 리스케줄링(Rescheduling) 작업에 들어감.
- 리스케줄링은 국가 간 채무재조정 작업을 하는 것으로 보통 채무삭감, 이자감면, 상환기간유예 등의 협상을 하게 되며, 협상 기간이 상당히 김.

대표 사례

1982년 멕시코가 국제수지 적자 심화로 모라토리엄을 선언하면서 리스케줄링에 들어감.

관련 동향

2009년 11월, 두바이의 국영기업 '두바이월드'가 모라토리엄을 선언.

◉ 두바이 자치정부 재무부는 2009년 11월 25일 발표한 성명에서 두바이월드와 자회사인 나힐의 채무상환을 2010년 5월 30일까지 6개월 동안 유예해주도록 요청.

- 두바이월드 부채 규모는 590억 달러로 두바이 전체 부채(800억 달러)의 75%에 달했는데, 이 때문에 두바이는 사실상 국가부도 사태(디폴트, Default)를 맞은 것으로 보임.

  • 디폴트는 '채무불이행'이라는 뜻으로, 공사채나 은행융자 등에 대해 원리금을 지불할 수 없는 상황을 의미. 모라토리엄은 채무를 상환할 의사가 있는 상태이나, 디폴트는 모라토리엄과는 다르게 대외 지불능력을 상실했다고 보기 때문에 디폴트 선언 시 실질적 국가부도 사태에 직면했다고 표현함.

Key Point 모라토리엄 리스케줄링

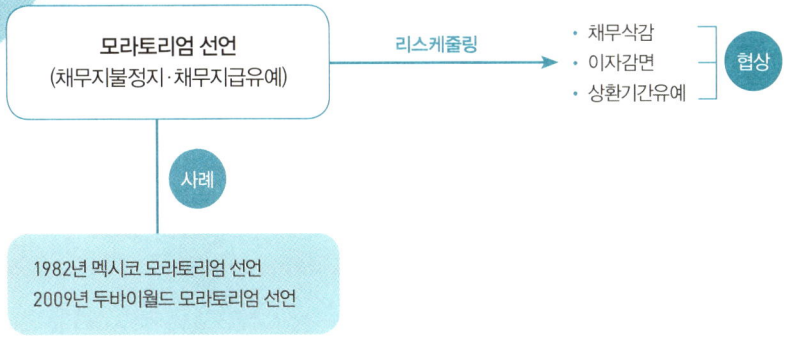

022. 미소금융

개념 미소금융(Smile Micro Credit)은 제도권 금융회사 이용이 곤란한 금융 소외계층을 대상으로 창업·운영자금 등 자활자금을 무담보·무보증으로 지원하는 소액대출사업을 가리킴.

운영 현황 2012년 현재 금융위원회와 미소금융중앙재단에서 모든 사업을 총괄하고 있으며 각 기업·은행계 미소금융재단과 미소금융중앙재단에서 지점을 설치해 사업을 운영하고 있음.

미소금융 지원 종류

구분	최고 한도	대출 기간	이자율	연체 이율
프랜차이즈 창업자금	5천만 원	1년 이내* 거치 5년 상환	연 4.5%	연 9.0%
창업 임차자금	5천만 원	1년 이내* 거치 5년 상환		
운영자금	1천만 원	6개월 이내 거치 5년 상환		
시설 개선자금	1천만 원	6개월 이내 거치 5년 상환		
무등록사업자 대출	5백만 원	6개월 이내 거치 5년 상환	연 2.0%	

* 1천만 원 이상 대출 시 6개월 이내 거치.

지원 대상

신용등급이 7등급* 이하인 저신용·저소득계층.

설립 현황

2009년 12월 15일부터 기업·은행계 미소금융재단과 미소금융중앙재단 지역지점의 설립이 이어져 2012년 3월 20일까지 150개 지점이 설립됨.

* 신용평가 3사(KIS, NICE, KCB)의 신용등급 중 하나라도 해당하는 경우.

023. 배드뱅크

개념 배드뱅크(Bad Bank)는 부실화한 금융기관으로부터 부실자산이나 채권을 별도로 사들여 전문적으로 처리하는 구조조정 기구를 가리킴.

- 부실금융기관은 부실자산을 배드뱅크에 매각함으로써 우량채권과 자산만 가지고 있는 굿뱅크(Good Bank)로 전환돼 정상적 영업이 가능해짐.
- 그간 부실채권은 한국자산관리공사에서 처리하게 돼 있어 기존의 은행들이 건진 자산이나 채권만을 보유·운용하는 굿뱅크로 전환되는 경우는 없었음. 이 때문에 IMF의 구제금융 당시에 부실은행들이 속출함으로써 빅딜 또는 외국 자본에 매각되는 사태가 벌어지기도 함.

운영 사례 IMF 구제금융의 여파로 개인 신용불량자가 급증하자 한국자산관리공사는 2004년 5월 20일부터 11월 20일까지 한시적으로 1차 배드뱅크 '한마음금융'을 운영*했으며, 2차 배드뱅크**가 2005년 5월 16일부터 시행됨.

- 이후 부실채권 처리를 전담할 민간 배드뱅크 '연합자산관리주식회사(UAMCO)'가 2009년 10월 1일 정식 출범.
- 국민·우리·신한·하나·기업은행과 농협 등 6개 은행이 총 1조 원을 출자해 설립.

관련 동향

📖

금융감독원을 중심으로 부동산 PF(프로젝트파이낸싱) 부실을 해결하기 위해 2011년 6월 안으로 제2의 민간 배드뱅크 설립 (2011. 6.).

◉ 금융감독원은 PF대출 규모에 따라 금융회사들이 일정 금액을 출자해 특수목적회사 형태의 배드뱅크를 설립하는 방향으로 추진함.

• 그러나 부실채권 전문처리회사인 연합자산관리(유암코) 산하에 사모펀드(PEF) 형태로 설립돼 2011년 상반기 19개 사업장 1조 2,000억 원 규모의 PF채권을 인수함(2011.12.).

✳ 2개 이상의 금융기관에 연체채무와 정상채무, 담보채무 등 총 연체금액이 5,000만 원 미만인 신용불량자가 대상이며 최장 8년의 변제기간 내에 연 6%의 금리로 상환하고 원금 감면은 없음.

✳✳ 1차 배드뱅크인 '한마음금융'을 신청한 대상자를 제외한 나머지 다중채무 연체자를 구제하고 추심 효율성도 높이기 위해 '희망모아'라는 이름으로 정부가 추가 신용불량자 대책의 하나로 설립.

024. 뱅크런

개념

뱅크런(Bank Run, 대규모 인출사태)은 은행 건전성에 문제가 있다고 인식한 예금자들이 은행에서 예금을 인출하기 위해 몰려드는 현상을 뜻함.

- 대규모 인출로 은행이 예금자들에게 돌려줄 돈이 바닥나 은행의 파산으로 이어질 수 있음.

유래

은행을 뜻하는 'bank'와 달린다는 의미의 'run'이 합쳐져 만들어진 용어로 예금을 찾기 위해 앞다퉈 은행으로 달려가는 상황에서 유래.

국내 보호법

예금보험공사는 뱅크런으로 인한 은행의 위기를 막기 위해 은행이 문을 닫더라도 5,000만 원까지는 보호해주는 예금자보호법을 시행하고 있음(1995년 예금자보호법 제정).

- 예금자보호법은 금융기관이 파산과 같은 사유로 고객의 예금을 지급할 수 없을 때 이를 보호하고 예금보험제도 등을 효율적으로 운영해 금융제도의 안정성을 유지하기 위해 만든 제도임. 이를 위해 예금보험공사는 은행 등의 금융기관들로부터 예금보험료를 받아 예금보험기금을 적립하고, 금융기관이 파산하면 그 금융기관을 대신해서 고객에게 예금을 지급함.
  - 특정 금융기관이 파산했는데도 예금보험공사의 예금보험 재원

만으로는 고객의 예금을 전부 보호할 수 없다면 예금보험공사가 예금보험기금채권 등을 발행해 재원을 조달함으로써 예금을 지급함.

• 예금보험공사에 예금보험료를 내는 금융기관을 '부보금융기관'이라고 하며, 여기에는 은행, 보험회사, 종합금융회사, 상호신용저축은행, 투자매매업자·투자중개업자 등 5대 금융권이 포함됨. 농·수·축협중앙회나 외국은행 지점은 여기에 포함되나, 농·수·축협의 단위조합이나 새마을금고, 신용협동조합은 여기에 포함되지 않음. 이들 금융기관은 각각의 중앙회 자체 기금으로 예금자를 보호함.

대표 사례

1907년 구리 투기에 나섰다가 실패한 미국 뉴욕의 니커보커 회사의 수표를 은행들이 받지 않자 니커보커의 예금자들이 돈을 찾기 위해 몰려들면서 뱅크런 발생.

⊙ 미국은 청문회를 통해 1913년, 미국 연방준비제도이사회(FRB)의 전신인 연방준비제도(FRS)를 창설함.

025. 버핏세

개념

버핏세(Buffett Rule)는 2010년 부유층 증세를 공개 촉구한 미국의 투자자 워런 버핏 버크셔해서웨이 회장의 이름을 딴 것으로 일종의 '부유세'를 말함.

- 오바마 미국 대통령이 재정적자 감축의 일환에서 부유세를 추진하고 있으며, 연간 100만 달러(약 11억 원) 이상의 소득에 적용되는 실효세율이 적어도 중산층보다는 높도록 세율 하한선을 정하는 방안.

배경과 외국 사례

부자들이 가진 순자산에 세금을 매기는 본래 의미의 부유세는 일부 유럽 국가에서 명맥만 유지하다가, 글로벌 금융위기와 재정위기가 터지면서 유럽 국가들에서 세수를 늘리기 위해 변형된 부유세를 도입해야 한다는 논의가 시작됨.

- 1910년 스웨덴에서 시작된 부유세는 북유럽 국가들이 도입해 복지국가의 상징처럼 여겨졌으나, 1997년 네덜란드와 독일에서 위헌 결정 이후 폐지되기 시작.
  - 2006년 핀란드, 2008년 스웨덴에서도 부유세가 폐지돼 현재 노르웨이, 프랑스 등 일부 국가에서만 부유세가 존재함.

관련 동향

참여연대가 법인세 최고구간의 세율을 올리고 소득세에 최고 구간을 신설하는 내용을 담은 법인세·소득세법 개정 입법청원을 제출했다고 밝힘(2011.11.14.).

◉ 법인을 포함한 고소득자의 실질세율을 높이는 이른바 '한국판 버핏세'에 대해 당시 민주노동당과 민주당 일부, 한나라당 쇄신파 의원들이 도입의 필요성을 주장함(2011.11.).

Timeline 부유세의 역사

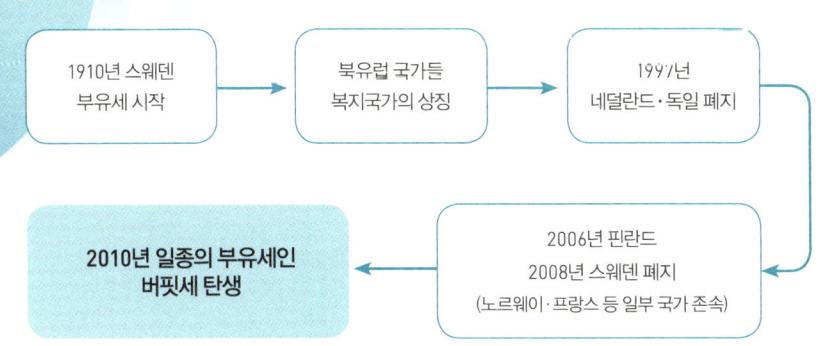

참여연대가 제안한 법인세·소득세법 개정 세부내용

⊙ 법인세법의 과표구간을 현행 2구간에서 4구간으로 세분화하여 100억 원 이상 1,000억 원 이하(3구간), 1,000억 원 이상 초과(4구간)에 각 25%와 27%의 세율 적용.

• 우리나라의 최고구간 법인세율(22%)은 2011년 기준 OECD 34개 회원국들 가운데 16번째임.

법인세법 개정안

구분	주요 내용	과세표준	세율
2008년 세제	1구간	2억 원 이하	13%
	2구간	2억 원 초과	25%
현행 세제	1구간	2억 원 이하	10%
	2구간	2억 원 초과	22%
개혁안	1구간	2억 원 이하	10%
	2구간	2억 원 초과~100억 원 이하	22%
	3구간	100억 원 초과~1,000억 원 이하	25%
	4구간	1,000억 원 초과	27%

◉ 소득세법의 과표구간을 현행 4구간에서 5구간으로 세분화하여 과세표준 1억 2,000만 원 초과(5구간)에 42%의 세율 적용.

• 우리나라 소득세 최고세율은 2010년 기준 OECD 34개 회원국 가운데 19번째임.

소득세법 개정안

구분	주요 내용	과세표준	세율
2008년 세제	1구간	1,200만 원 이하	8%
	2구간	1,200만 원 초과~4,600만 원 이하	17%
	3구간	4,600만 원 초과~8,800만 원 이하	26%
	4구간	8,800만 원 초과	35%
현행 세제	1구간	1,200만 원 이하	6%
	2구간	1,200만 원 초과~4,600만 원 이하	15%
	3구간	4,600만 원 초과~8,800만 원 이하	24%
	4구간	8,800만 원 초과	35%
개혁안	1구간	1,200만 원 이하	6%
	2구간	1,200만 원 초과~4,600만 원 이하	15%
	3구간	4,600만 원 초과~8,800만 원 이하	24%
	4구간	8,800만 원 초과~1억 2,000만 원 이하	35%
	5구간	1억 2,000만 원 초과	42%

026. 불황형 흑자

개념

수출과 수입이 함께 둔화하면서 수입이 수출 감소량보다 더 많이 줄어들어 무역수지가 흑자로 나타나는 현상을 뜻함.

◉ 수출 감소폭의 크기에 따라 감소폭이 예년에 비해 크게 차이 나지 않는 경우 수출유지형, 수출 감소폭이 큰 경우 수출감소형으로 분류.

문제점

불황형 흑자가 지속되면 환율, 국제 원자재가격 하락 등 외부 요인으로 경제가 영향을 많이 받게 됨.

◉ 수출감소형 흑자는 수출 부진 심화로 이어질 가능성이 크고 자본재 수입 감소에 따른 투자 부진으로 성장잠재력이 급속히 하락할 수 있음.

사례

한국 경제는 1998년 IMF 사태와 2009년 글로벌 금융위기 직후에 불황형 흑자를 보였음.

◉ 우리나라의 불황형 흑자는 주로 높은 환율에 의해 나타나며, 이 때문에 외국에서 한국 기업 제품들의 가격경쟁력이 높아져 수입보다는 수출이 덜 줄어들어 전반적인 불황에도 무역수지의 흑자를 기록함.

• 2009년 수출은 전년 대비 14%가량 줄었지만 수입도 크게 줄면서 무역수지가 404억 달러 이상 흑자를 기록하며 수출감소형 흑자를 보임.

Key Point 수출유지형·수출감소형 불황형 흑자

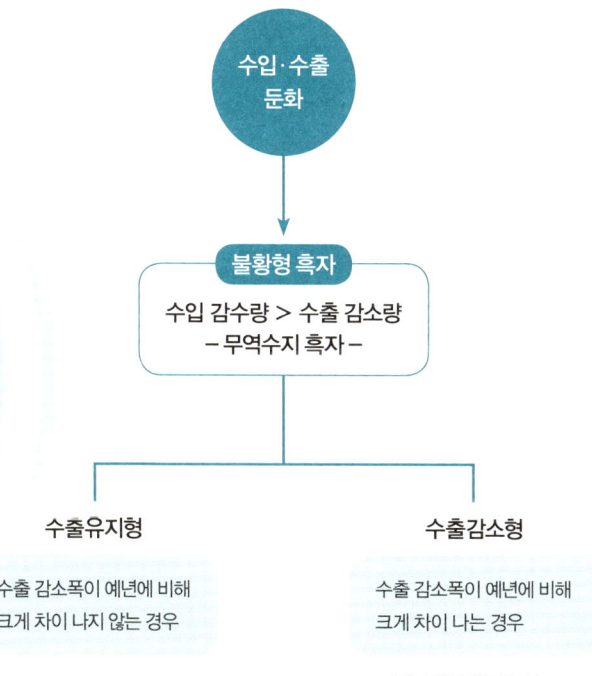

수입·수출
둔화

불황형 흑자

수입 감수량 > 수출 감소량
− 무역수지 흑자 −

수출유지형

수출 감소폭이 예년에 비해
크게 차이 나지 않는 경우

수출감소형

수출 감소폭이 예년에 비해
크게 차이 나는 경우

- 수출 부진 심화 가능성
- 성장 잠재력 급속 하락 가능성

027. 사이드카

개념

사이드카(Side Car)는 선물시장이 급변할 때 현물시장에 대한 영향을 최소화함으로써 현물시장을 안정적으로 운용하기 위해 도입한 프로그램 매매호가 관리제도를 일컬음.

⊙ 코스피 시장의 사이드카란 선물거래 종목 중 거래량이 가장 많은 종목의 가격이 5% 이상 상승 또는 하락한 상태가 1분 이상 지속할 때 프로그램 매매의 매수(또는 매도)호가의 효력을 5분간 정지시키는 것을 의미.

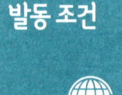

발동 조건

선물가격이 전일 종가 대비 5%(코스피), 6%(코스닥) 이상 등락해 1분 이상 계속될 때.

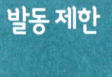

발동 제한

장 개시 5분 전인 오전 9시 5분 이전과 장 마감 40분 전인 오후 2시 20분 이후에는 발동 불가.

특징

사이드카 발동 5분이 지나면 자동 해제. 1일 1회 발동.

관련 동향

2011년 12월 1일 세계 주요 중앙은행들의 유동성 공급 공조 합의와 중국의 지급준비율 인하 등이 호재로 작용하면서 코스피는 전날보다 68.67포인트, 3.72% 오른 1916.18로 거래를 마감. 장중 한때 코스피200 선물이 5% 이상 급등하면서 매수

사이드카 발동.

- 매수 사이드카가 발동된 것은 지난 2009년 1월 28일 이후 2년 10개월 만임.

Key Point 사이드카 발동 조건과 시간

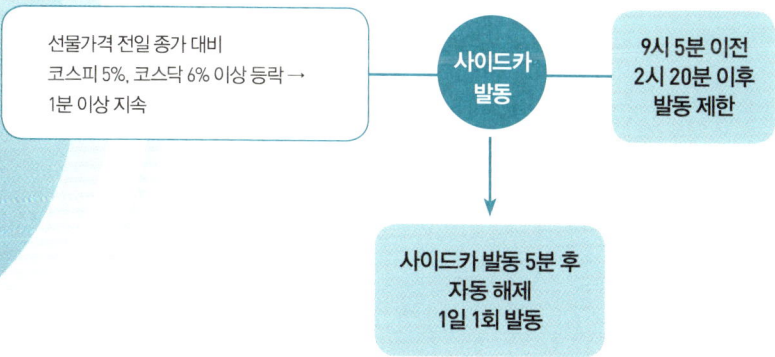

선물가격 전일 종가 대비
코스피 5%, 코스닥 6% 이상 등락 →
1분 이상 지속

사이드카
발동

9시 5분 이전
2시 20분 이후
발동 제한

사이드카 발동 5분 후
자동 해제
1일 1회 발동

028. 서킷브레이커

개념

서킷브레이커(Circuit Breakers)는 주식시장에서 주가가 갑자기 급등락하는 경우, 시장에 미치는 충격을 완화하기 위해 주식 매매를 일시 정지하는 제도로 '주식거래중단제도'라고도 함.

- 350포인트 이상이면 모든 주식의 거래를 30분간 중단하며 550포인트인 경우는 모든 주식의 거래를 1시간 이상 중단.
- 현물시장에서는 주가지수가 전일보다 10% 넘게 하락한 상태가 1분 이상 지속하는 경우 모든 주식거래를 20분간 중단.
- 선물·옵션시장에서는 선물가격이 상하 5%, 괴리율이 상하 3%인 상태가 1분간 지속하면 5분간 매매를 중단하고, 10분간 호가를 접수해 단일가격으로 처리.
- 주식시장 개장 5분 후부터 장이 끝나기 40분 전인 오후 2시 20분까지 발동할 수 있고, 하루에 한 번만 발동할 수 있음.

도입 목적

주가가 폭락하는 경우 거래를 정지함으로써 시장을 진정시키기 위해 도입.

국내 도입

한국에는 유가증권시장(옛 거래소)에 1998년 12월 7일부터 국내 주식 가격 제한폭이 상하 15%로 확대되면서 도입.

⊙ 코스닥시장은 미국의 9·11테러 발생 이후 2001년 이 제도가 도입돼 그 날 처음 발동.

⊙ 뉴욕증권거래소에서 1987년 10월 이른바 '블랙먼데이(Black Monday)'의 증시 폭락 이후 최초로 도입.

029. 수쿠크

개념

수쿠크(SuKuk)는 '원금+배당금' 형태의 이슬람채권을 가리킴.*

⊙ 수쿠크법은 서남아시아지역 오일머니의 국내 유입을 위해 이슬람채권에 면세 혜택을 주는 내용을 담은 이슬람채권법을 뜻함.

특징

'이자'를 받을 수 없도록 규정한 이슬람 율법에 따라 이자 지급이 불가능해 실물에 기반을 둔 거래(부동산 거래 등)를 통해 창출된 이익을 배분(배당)하는 구조.

⊙ 이슬람 성직자인 샤리아 율법학자들로 구성된 '샤리아위원회'에 의해서만 승인되는 등 종교적 목적이 배제되지 않고 있는 상황.

⊙ 투자 수익금의 일부(약 2.5% 정도)를 '자카트(Zakat)'란 이름으로 기부.

외국 사례

영국은 2003년 세제 개정을 통해 수쿠크에 대한 취득세를 감면했으며, 싱가포르도 2005년부터 은행의 수쿠크 거래를 허용하고 세금 감면을 제도화함.

⊙ 한편 일본은 외국 SPC(특수목적회사)를 통해 수쿠크를 발행.

관련동향

정부가 외화자금 조달창구 다변화와 기업들의 저리(低利)자금 확보 차원에서 수쿠크를 발행하고자 수쿠크에 조세특례를 부여하는 수쿠크법 도입을 추진했는데, 개신교를 중심으로 반발이 심화.

우리 정부는 2008년 글로벌 금융위기 이후 이슬람채권법 도입을 추진하고 있으나 2012년 9월 현재 국회에서 표류 중임.

⊙ '이슬람채권법안(수쿠크법안)'으로 알려진 '조세특례제한법 일부 개정안'을 놓고 개신교계와 정부 간 갈등이 심화.

＊ 보통의 채권은 원금+이자의 형식.

030. 순환출자

개념

순환출자는 재벌들이 계열기업에 대한 지배력을 높이기 위해 동원하는 변칙적 출자방법으로 세 개 이상의 계열사가 연쇄적으로 출자해 자본금을 늘리는 것을 뜻함.

- ⊙ 한 그룹 안에서 A기업이 B기업에, B기업이 C기업에, C기업은 A기업에 다시 출자하는 식으로 그룹 계열사들끼리 돌려가며 자본 규모를 확대.
- ⊙ 재벌그룹들이 계열사를 늘리고 계열사를 지배하기 위해 사용하는 주요 수단 중 하나.
- ⊙ 현행 상법과 공정거래법상 두 계열사 간의 출자(상호출자)가 금지되고 있으나 순환출자에 대해서는 규모나 내용 파악이 쉽지 않아 별도의 규정을 두고 있지 않음.*

현황

주요 재벌 중 순환출자로 총수의 지배력을 확보하는 대표적인 곳으로 삼성, 현대기아차, 현대, 현대중공업, 한진, 동부 등이 있음.

- ⊙ 삼성, 현대차 등은 총수일가 지분이 4~5% 수준임에도 순환출자로 경영권 100% 행사.

문제점

순환출자로 재벌기업들이 주요 계열사의 지배권을 장악하면서 경영권 집중 문제 발생.

⊙ 순환출자는 한 계열사가 부실해지면 출자한 다른 계열사까지 부실해지는 악순환 발생 가능성이 높음.

* 순환출자는 상호출자 금지로 생겨난 편법으로 위법은 아님. 그러나 출자총액제한제도 등으로 대기업의 순환출자를 제한하고 있음.

031. 슈퍼노트

개념

슈퍼노트(Supernote, Superdollar)는 미국 100달러짜리 지폐를 95%까지 모방해낸 정교한 위폐를 일컬음.

- ⊙ 진짜 지폐와 같은 75%의 면섬유와 25%의 마로 제작된 화폐용지를 사용하고 요판 인쇄방식으로 만들어짐.

구별 방법

육안으로는 물론 위조지폐 감식기로도 식별해내기 불가능할 정도로 정교해 적외선 감별기 또는 특수 확대경으로만 위폐 감식 가능.

- ⊙ 진폐와 차이가 나는 5%는 일반인이 찾아낼 수 없는 미세한 인쇄 상태나 비밀 표기로 조폐공사 고위 직원들만 알고 있는 특급 비밀임.
- ⊙ 슈퍼노트가 발견되면 이 정보가 미국 FBI(연방수사국)로 전달됨.

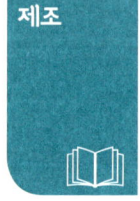

제조

제조하는 곳은 남미, 서남아시아, 필리핀, 인도, 태국을 포함한 아시아지역과 북한으로 알려짐.

- ⊙ 대개 중국을 거쳐 유입되며, 북한은 외화벌이 및 대남공작 등에 이용하기 위해 만드는 것으로 알려짐.

국내 유입 사건

2008년 11월경, 부산경찰청에서 슈퍼노트 9,904장을 적발함.

◉ 이를 확인하기 위해 미국 재무부 관계자와 특별수사관이 네 차례나 방한 한 것으로 알려짐.

Key Point 슈퍼노트의 특징과 제조국

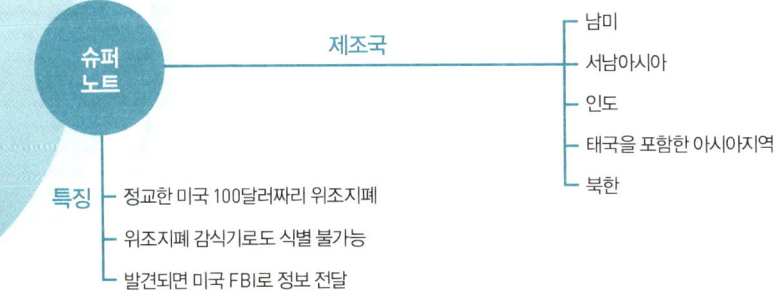

슈퍼노트

제조국
- 남미
- 서남아시아
- 인도
- 태국을 포함한 아시아지역
- 북한

특징
- 정교한 미국 100달러짜리 위조지폐
- 위조지폐 감식기로도 식별 불가능
- 발견되면 미국 FBI로 정보 전달

032. 신 브레튼우즈 체제

개념

신 브레튼우즈 체제(New Bretton Woods System)는 1944년 미국 뉴햄프셔 주의 브레튼우즈에서 만들어진 국제통화제도 협정 '브레튼우즈 체제(달러 중심의 국제금융시스템)'*를 글로벌 자본이동 시대에 맞게 유로화가 포함되는 다극기축통화 체제로 전면 개혁하자는 것으로, 영국의 고든 브라운 총리가 주창함.**

⊙ 브레튼우즈 체제는 미국 달러화를 기축통화로 하는 금환본위제도 실시, 조정 가능한 달러 기준 고정환율제도 실시, 전후 복구를 비롯한 국제경제 부흥 및 안정을 위한 국제통화기금(IMF)과 세계은행의 창설, 특별인출권(SDR; Special Drawing Rights)의 창출 등을 주요 내용으로 함.

핵심

'신 브레튼우즈 체제'의 핵심은 국제표준의 새 회계 기준 채택을 통한 투명성 확보, 국가별로 이뤄지는 현행 금융감독 체제의 개혁, IMF 브레튼우즈 협정으로 국제통화기금과 국제부흥개발은행(IBRD) 외에도 금융위기에 대처할 수 있도록 감독기능 역할이 강화된 새로운 국제금융 감시기구 창설 등임.

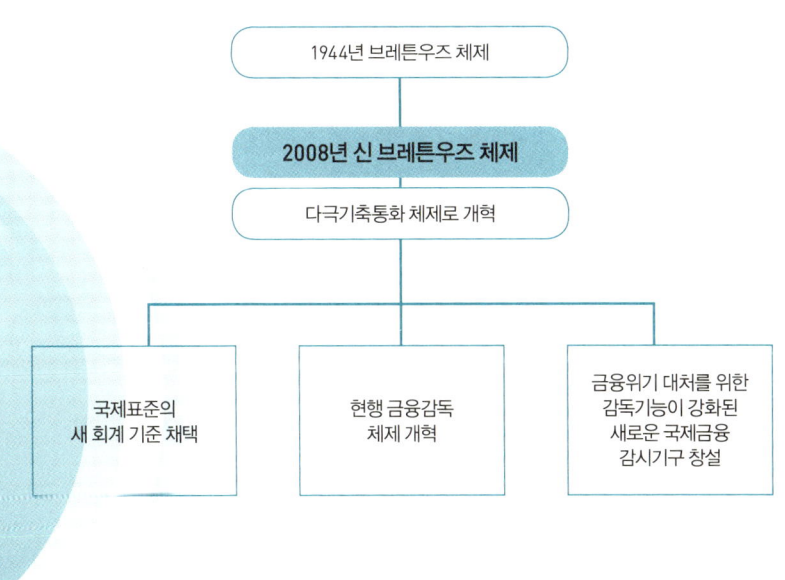

1944년 브레튼우즈 체제

2008년 신 브레튼우즈 체제

다극기축통화 체제로 개혁

국제표준의 새 회계 기준 채택

현행 금융감독 체제 개혁

금융위기 대처를 위한 감독기능이 강화된 새로운 국제금융 감시기구 창설

＊ 44개국의 정부당국자, 경제학자, 금융가, 법률가 등이 국제적 금융시스템의 안정을 도모하기 위해 만든 시스템.

＊＊ 브라운 총리는 영국 정부가 370억 파운드 규모의 금융안정책을 마련했다고 발표하면서 "국제금융에 새로운 질서가 필요하다", "브레튼우즈 체제로 복귀하자"고 제의.

033. 애그플레이션

개념

애그플레이션(Agflation)은 농업을 뜻하는 영어 '애그리컬처 (agriculture)'와 '인플레이션(inflation)'을 합성한 신조어로 농산 물가격 상승으로 발생하는 물가 상승 현상을 말함.

최초 사용

영국의 경제주간지 《이코노미스트》에서 2007년 12월에 처음 사용한 것으로 알려짐.

⊙ 《이코노미스트》에서 1845년 이후 식품값의 추이를 조사했는데, 그 결과 세계 곡물가격은 오랜 시간 낮은 수준을 지속.

- 그러나 2006년 하반기부터 급등해 2007년에는 세계 식품가격 지수가 역대 최고치를 기록했다고 분석하며 "값싼 식품의 시대가 종말을 맞고 애그플레이션 시대가 도래했다"고 보도함.

원인

지구온난화와 기상 악화로 농산물의 작황 부진에 따라 생산 량 감소 → 식용, 사료용, 에너지용 등에 곡물이 사용되면서 수요가 폭등 → 농산물가격 상승 → 곡물을 수입해서 만드는 가공식품가격 상승.

애그플레이션 흐름도

- 중국·인도 등 곡물 소비 급증
- 육식 증가로 사료수요 증가
- 최근 바이오 연료용 수요 급증
- 고유가로 물류비용 증가

▶

- 국제 곡물가격 급등
- 사료가격 급등

▶

- 라면·빵·과자 등 식품값 급등
- 우유·치즈 등 유제품값 급등

Key Point 애그플레이션의 개요

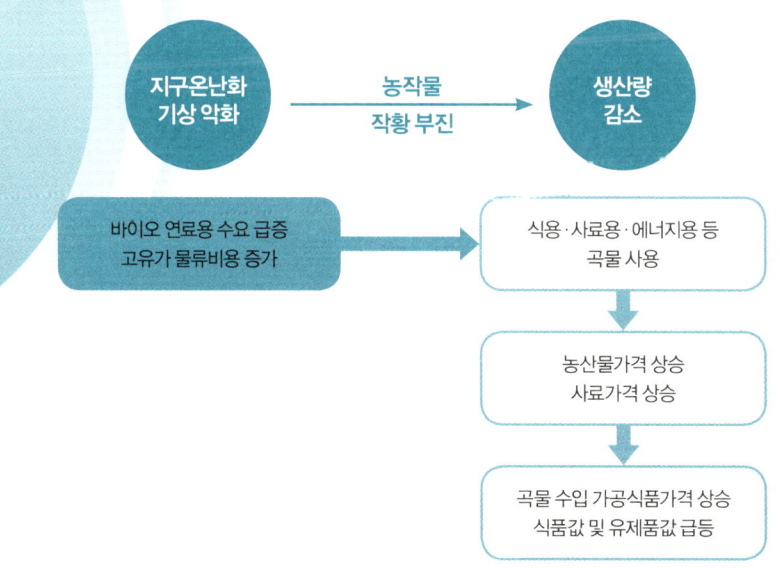

034. 어닝서프라이즈

개념

어닝서프라이즈(Earnings Surprise)는 기업의 분기(Quarterly) 또는 연례 보고(Annual Report)에서 시장의 예상치와 달리 기업이 깜짝 놀랄 만한 수준의 실적을 달성했음을 뜻하는 용어로 주로 기업실적이 예상치를 웃돌 때 쓰임.

⊙ 통상적으로 어닝서프라이즈는 기업실적이 예상치를 웃돌 때 주로 쓰이나, 기업실적이 시장 예상치와 크게 다를 때도 쓰임. 이 경우 '포지티브 어닝서프라이즈(Positve Earnings Surprise)'* 와 '네거티브 어닝서프라이즈(Negative Earnings Surprise)'** 로 구분하기도 함.

국내 사례

2008년 4월 삼성전자, 현대차 등 주요 대기업의 1분기 어닝서프라이즈가 발생.

⊙ 이들 기업의 1분기 실적이 애초 전문가들이 예상했던 수준을 훨씬 뛰어넘는 영업이익과 당기순이익을 기록.

어닝서프라이즈와 어닝시즌

구분		의미
어닝서프라이즈 "깜짝 실적"	포지티브 어닝 서프라이즈	• 기업실적이 예상치를 크게 웃돎 • 이는 주가에 호재, 주가 상승으로 이어짐 • '어닝서프라이즈' 용어 자체가 '포지티브 어닝서프라이즈' 라는 의미를 담고 있기도 함
	네거티브 어닝 서프라이즈	• 기업실적이 예상치를 크게 밑돎 • 어닝쇼크(Earning Shock)라고도 불리며, 주가 하락을 유발
어닝시즌(Earning Season)		• 기업들의 실적 발표 시기

* 시장 예상치를 크게 웃도는 깜짝 실적.

** 시장 예상치를 크게 밑돌 때 '어닝쇼크(Earning Shock)'라고도 표현하는데, 이는 기업의
부진한 실적(예상보다 저조한 실적) 발표 또는 그로 말미암은 주가 하락을 뜻함.

035. 엥겔계수

개념

엥겔계수(Engel's Coefficient)는 19세기 독일의 통계학자 엥겔이 발견한 법칙으로 전체 소비지출에서 식료품비(주류·음료 포함) 지출이 차지하는 비율을 뜻함. 즉 식료품비가 가계의 소비지출에서 차지하는 비중(비율)을 뜻함.

⊙ 엥겔계수=식료품비÷소비지출×100

추이

보통 소득수준이 올라갈수록 엥겔계수는 하락하고, 소득수준이 낮아질수록 엥겔계수는 높아지는 추이를 보임.

관련 동향

한국은행 집계에 따르면 농산물(채소와 과일)가격 급등으로 2010년 2분기 국내 엥겔계수는 9년 만에 최고치 기록(2010년 9월 기준).[*]

한편 이상기온 등으로 채소와 같은 식료품비 급등으로 저소득층 엥겔계수도 5년 만에 최고치 기록(같은 해 11월 기준).[**]

⊙ 상승폭은 저소득 가구가 고소득 가구보다 큰 것으로 나타남.

Key Point 엥겔계수 산식과 그 의미

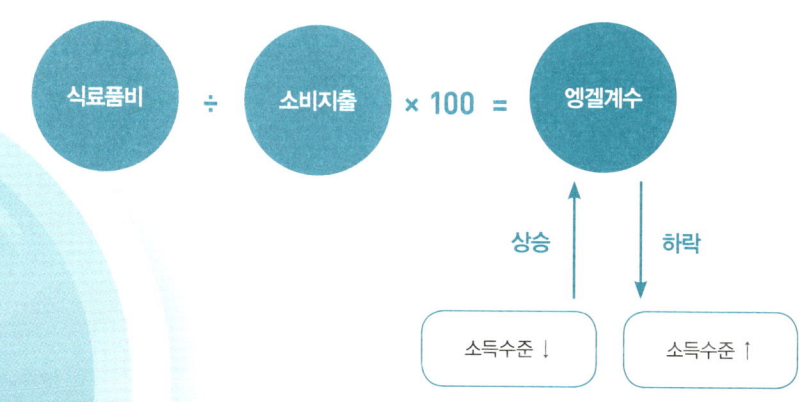

| 식료품비 | ÷ | 소비지출 | × 100 = | 엥겔계수 |

상승　　　하락

소득수준 ↓　　　소득수준 ↑

＊ 2010년도 2분기 가계의 최종 소비지출액은 145조 9,000억 원으로 이 가운데 13.3%인 19조 4,000억 원이 식음료품을 사는 데 지출된 것으로 나타남. 이는 한 달 생활비로 100만 원을 지출했다면 먹는 데 13만 3,000원을 썼다는 의미로 이는 2001년 3분기 이후 가장 높은 수준임.

＊＊ 통계청에 따르면 2010년 3분기 소득 하위 20%인 1분위 계층의 엥겔계수는 21.74%를 기록해 2005년 3분기(21.94%) 이후 5년래 최고 수준을 기록.

036. 외평기금

개념

외평기금(Exchange Equalization Fund, 외국환평형기금)은 투기적 외화 유출입에 따른 외환시장 혼란을 방지하고 자국 통화 가치 안정을 위해 정부가 직·간접으로 외환시장에 개입, 외환을 매매하기 위해 조성한 기금을 가리킴.

⊙ 미국에서는 'Exchange Stabilization Fund', 영국에서는 'Exchange Equalization Fund'라고 명명.

구분

외국환평형기금은 '외화기금계정'과 '원화기금계정'으로 구분되며 한국은행에 설치.

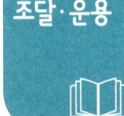

조달·운용

주로 외국환평형채권을 발행해 조달하고 있으며 이는 한국은행, 국내 외국환 은행, 외국 금융기관 등에 예치·대여하거나 외환매매 시 결제 자금으로 사용.

관련 동향

2008년 9월 당시 한국은행이 외환보유액을 이용해 스와프시장에 개입하면서 유동성을 공급하고 있었는데, 정부는 달러 유동성 부족 현상을 해결하기 위해 4년 만에 외국환평형기금을 활용해 국내 외화자금시장에 달러를 공급하기로 함.*

⊙ 공급 시점은 2008년 9월 말 또는 10월 초로 발표.

Key Point   외평기금의 개요

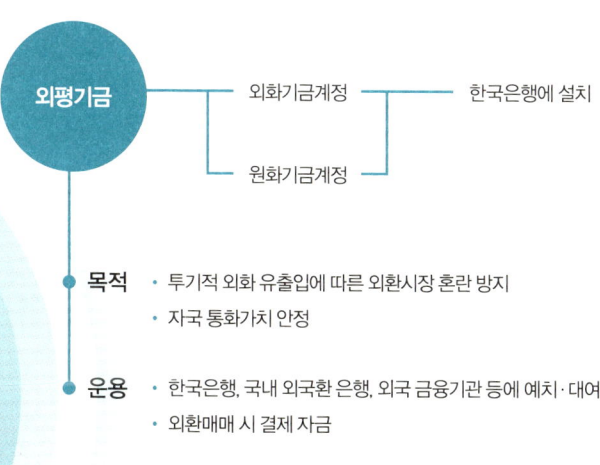

외평기금 ── 외화기금계정 ── 한국은행에 설치
              └─ 원화기금계정 ─┘

목적
- 투기적 외화 유출입에 따른 외환시장 혼란 방지
- 자국 통화가치 안정

운용
- 한국은행, 국내 외국환 은행, 외국 금융기관 등에 예치·대여
- 외환매매 시 결제 자금

＊ 이는 외환당국이 외환보유액을 이용, 현물환을 팔고 선물환을 매입하는 방식.

037. 워크아웃

개념

워크아웃(Work Out, 기업개선작업)은 부실기업의 기업회생을
위한 각종 구조조정과 경영혁신 활동을 의미함.

⊙ '기업개선작업'은 기업가치 향상을 목적으로 실행하는 사업·재무·소유·
지배 등 모든 분야의 구조조정 활동을 포함하는 광의의 개념인 동시에,
채권 금융기관의 주도로 수행되는 구조조정 작업을 의미함.
한편, '턴어라운드(Turn Around)'는 기업의 주도하에 부실기업을 회생시
키는 것을 의미함.

유사 개념

최근에 등장한 '프리워크아웃(Free-Workout)'은 기업개선작업
에 처할 가능성이 있는 기업을 미리 골라 사전에 지원함으로
써 회생시키는 절차임.

⊙ '법정관리'는 부도·파산 위기에 놓인 기업이 법원에 신청, 회생을 모색하
는 제도로서, 법원이 회생 가능성이 있다고 판단해 법정관리를 결정하면
모든 채무는 동결되고 법원이 지정한 법정관리인이 기업을 관리하게 되
는 제도임.

국내 사례

1997년 국제통화기금(IMF) 관리 체제에서 대우그룹, 고합 등
7개 그룹이 기업개선작업 대상으로 선정돼 은행을 통한 대기
업 구조조정 프로그램이 가동됨.

관련동향

금호그룹의 계열사 중 금호산업, 금호타이어가 기업개선작업 대상으로 선정돼 2012년 12월 현재 채권 금융기관인 산업은행이 구조조정 작업을 진행하고 있음.

⊙ 2009년 6월 각 채권은행이 신용공여액 500억 원 이상인 433개 대기업에 대한 신용위험 평가를 마치고 22곳을 기업개선작업(C등급: 부실징후기업) 대상으로 선정해 진행.

038. 유동성 함정

개념

유동성 함정(Liquidity Trap)은 기준금리를 낮춰도 투자와 소비가 늘지 않아 경기활성화가 이뤄지지 않는 상황을 말함.

⊙ 1929년 세계경제대공황 시절 돈을 풀어도 경기가 살아나지 않는 현상과 관련해서 케인스가 제기한 학설임.

금리 인하 기대효과

금리가 일정 수준 이하로 내려가면 기업들은 투자를 늘리고 사람들은 저축을 더하기보다는 소비를 늘리게 되면서 경기가 회복됨.

⊙ 소비와 투자가 늘어 경기가 좋아지며, 주가 상승과 함께 통화가치의 평가절하가 수반됨으로써 부의 효과와 수출을 통해 경기가 회복됨.

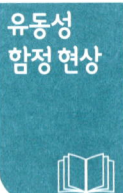

유동성 함정 현상

금리(이자율)가 일정 수준 이하로 내려가면 경기부양 효과가 나타나지 않는 현상을 의미.

⊙ 이자율이 일정 수준 이하로 내려가면 사람들은 가까운 미래에 이자율이 상승할 것으로 예상해 현금 보유를 늘리고 기업들은 투자를 하지 않음.

대표 사례

일본은 장기불황 당시 금리를 제로 수준에서 유지하는 저금리정책을 오랫동안 실시했으나, 투자로 연결되지 않고 통화량 증가분이 금융권에서만 맴도는 등 장기침체를 지속했음.

◉ 일본은 제로금리 정책으로 기업이나 개인들이 은행으로부터 손쉽게 자금을 빌릴 수 있도록 해 경기부양을 유도하려 했으나, 국민들이 경제에 대해 불안감을 가지면서 소비가 위축됨.

Key Point 기준금리 인하와 유동성 함정

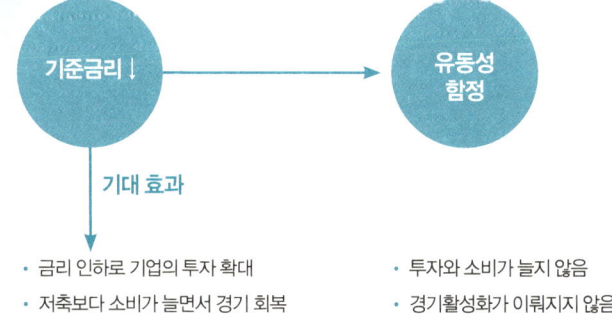

기준금리 ↓ → 유동성 함정

기대 효과

· 금리 인하로 기업의 투자 확대
· 저축보다 소비가 늘면서 경기 회복

· 투자와 소비가 늘지 않음
· 경기활성화가 이뤄지지 않음

039. 유럽재정안정기금

개념

유럽재정안정기금(EFSF)은 'European Financial Stability Facility'의 약자로 유럽연합이 재정위기에 처한 회원국에 구제금융을 지원하기 위해 설립한 특수목적 법인의 비상기금임.

⊙ 유럽연합 27개 회원국 재무장관들이 PIIGS(포르투갈·이탈리아·아일랜드· 그리스·스페인) 국가들의 재정위기가 다른 유럽 국가들로 번지는 것을 막기 위해 EFSF를 결성하기로 합의함(2010. 5. 9.).

규모

애초 2,500억 유로로 설립됐으나 유럽발 재정위기로 4,400억 유로로 증액.

⊙ 독일은 유럽재정안정기금에 대한 최대 출자국(2,100억 유로)이며, 다음으로 프랑스(1,585억 유로), 이탈리아(1,393억 유로), 스페인(925억 유로), 네덜란드(444억 유로), 벨기에(270억 유로), 오스트리아(216억 유로), 핀란드(140억 유로), 슬로바키아(77억 유로) 등의 순서임.

운영

유럽재정안정기금은 2013년까지 한시적으로 가동되고, 이후에는 영구적인 유럽안정메커니즘(ESM; European Stability Mechanism)으로 대체됨.

관련 동향

4,400억 유로의 유럽재정안정기금 중 10월 현재 남은 자금 (2,500억 유로)을 최소 3배, 최대 5배 이상으로 확충키로 결정 (2011. 11. 29.).

- 공동투자기금(공공과 민간 투자자들이 EFSF에 투자 가능) 및 EFSF로 유로존 국채 투자자의 손실을 20~30% 보전하기로 합의함.

유럽재정안정기금 확충 계획

구분	기존(4,400억 유로)	향후(1조 2,500억 유로)
구제 방법	기금이 재정위기국 국채 매입 → 재정위기국 대출	재정위기국 핵심국채 20~30% 보증 → 재정위기국 대출
목적	재정위기국 부채 경감 위해 시간 끌기	국가부도 시 투자자 손실 분산 효과

040. (협력사) 이익공유제

개념

(협력사) 이익공유제(Profit Sharing)는 대·중소기업 동반성장을 위해 대기업의 초과이익을 중소 협력사와 나누는 개념임.

⊙ 정운찬 동반성장위원장은 기업이 종업원에게 임금 외 추가급부로 이윤 일부를 배분하는 기존의 이익공유제 수준을 넘어 '협력사 이익공유제' 도입을 주장(2011. 3.).

한계

현행 법체계에 맞지 않고 강제성이 없어 이익공유제를 실시해도 대기업이 초과이익을 하도급 업체와 얼마나 제대로 나눌지는 의문.

논란

정운찬 동반성장위원장의 '(협력사) 이익공유제' 구상에 대해 재계 리더 삼성그룹의 이건희 회장이 강도 높게 비판한 가운데, 정 위원장이 이를 반박하면서 이익공유제 도입 공방 가열 (2011. 3.).

⊙ 정운찬 동반성장위원장은 삼성전자가 연말 목표 대비 초과이익 일부를 임직원에게 인센티브로 주는 '프로핏 셰어링'의 대상을 협력업체로까지 넓히는 이익공유제 시행 요구.

　• 이에 이건희 회장은 "기업가 집안에서 자랐고 경제학 공부도 해왔지만 이해가 가지 않고 무슨 말인지 모르겠다"고 언급하면서 이

익공유제 발상에 대해 반대.

• 한편 2011년 2월 말 국회 대정부 질문에 참석한 김황식 국무총리는 이익공유제 시행을 위해서는 사회적 합의를 위한 신중한 검토가 선행돼야 한다고 언급.

• 한나라당(현 새누리당) 홍준표 최고위원도 정 위원장의 (협력사) 이익공유제에 동의하지 않는다며 노사관계와 상관없이 협력사에게 이익을 주자는 것은 현행법에도 맞지 않고 세계적으로 유례가 없는 제도라 지적.

Key Point (협력사) 이익공유제와 그 한계

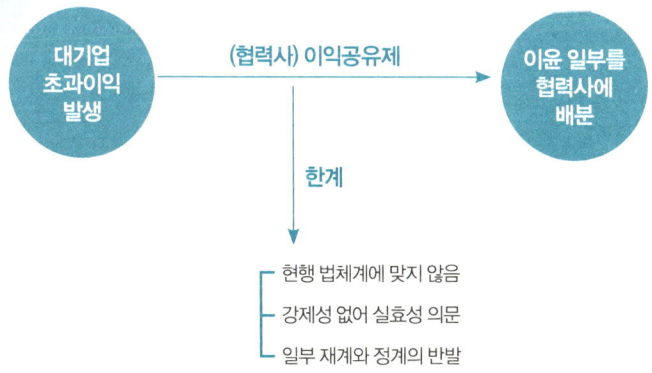

041. 재정절벽

개념

재정절벽(Fiscal Cliff)은 정부가 재정지출을 갑자기 축소해 유동성이 위축되면서 경제 전반에 충격을 주는 현상을 가리킴.

- ⊙ 조지 W. 부시 행정부 당시 모든 계층을 대상으로 도입된 감세혜택을 2012년 말로 폐지, 재정지출을 줄이면서 기업과 가계 등이 재정긴축에 접어든 사례가 대표적임.

관련 동향

최대 납세계층인 기업과 중산층이 2012년 초 감세혜택 종료 이후 세율 인상과 정부지출 감소에 대비해 고용과 투자를 점차 줄이는 추세를 보임에 따라 재정절벽에 대한 우려가 현실화함.

- ⊙ 국제통화기금(IMF)은 미국 정부와 가진 연례 협의에서 미국의 재정절벽이 성장을 위협할 수 있다며 조속한 해결책을 촉구(2012. 7.).
- ⊙ 벤 버냉키 연방준비제도이사회(FRB) 의장도 미국 의회 합동경제위원회 청문회에서 재정절벽 현상 발생 시 경기회복에 커다란 위협이 될 것이라고 경고(2012. 7. 7.).
- ⊙ 이에 버락 오바마 미국 대통령은 감세조치를 중단하는 것을 원칙으로 삼되 연소득 25만 달러 미만의 가정에 한해 감세혜택을 1년 연장해줄 것을 의회에 요청(2012. 7. 9.).

전망

재정절벽에 대비하기 위한 기업의 투자와 고용 감소는 미국의 성장률 둔화로 이어질 뿐 아니라 글로벌 경제의 또 다른 악재가 될 것으로 전망.

⊙ IMF는 2012년과 2013년 미국의 경제성장률 전망치를 하향 조정(2012. 7.).

042. 적대적 M&A

개념

적대적 M&A는 '기업인수·합병'이라고도 하며 우호적 M&A*와 반대되는 개념임. 적대적 M&A는 인수 기업이 인수 대상 기업 경영진의 동의 없이 공개매수, 주식매집, 위임장 경쟁 등을 통해 대상 기업의 소유권과 경영권을 차지하는 것을 의미함.

⊙ 주로 주가가 저평가돼 매수의 채산성이 좋거나 주식매집이 용이하거나 경영전략상 매력이 있는 기업이 인수합병 대상이 됨.

순기능

구조조정을 통한 기업가치 상승, 경영의 합리화, 선진 경영기법 유입.

역기능

경영권 방어를 위해 불필요한 자원을 동원함으로써 투자 재원 감소, 단기 차익만을 노린 투기자본이 투자 자금 조기 회수를 위해 무리하게 고액 배당됨.

대표 기업

적대적 인수 기업의 대표적 사례는 그린메일(Green Mail), 기업사냥꾼(Raiders), 턴어라운드(Turn Around), 차입매수(LBO ; Leveraged Buy Out), 토요일 밤의 기습작전(Saturday Night Special) 등.

| 방어법 | 소유구조개편, 재무구조개편, 자산구조조정(사전방어법) 등을 통해 적대적 M&A를 방어. |

- 세계 각국은 결국 적대적 M&A의 역기능적 측면에 주목해 이를 방어할 수 있는 수단을 다양하게 도입.
- 이명박 정부에서는 외국 자본에 의한 적대적 M&A[**]에 대처하기 위해 포이즌 필(Poison Pill, 신주예약권)[***]과 차등의결권제도 등을 도입하기로 하고 2009년 11월부터 추진해 왔으나 2012년 현재까지 국회 법사위에 계류 중임.

다양한 경영권 방어규제

구분	주요 내용
매수 행위자에 대한 규제	• 주식 대량 보유 신고(5% 룰) • 외국 자본의 정부 사전(승인) 규제 • 의무 공개 매수
개별 기업의 방어 수단	• 주식 법제 활용: 신주예약권(Poison Pill), 차등의결권, 황금주, 주식의 제3자 배정, 자기주식 취득 등 • 정관 변경 활용: 시차임기제, 황금낙하산, 초다수결의제 등

* 양측의 합의에 따른 M&A.

** 1998년 적대적 M&A를 전면 허용.

*** 적대적 인수 세력이 대상 회사의 발행주식을 일정 비율 이상 매집해 적대적 M&A를 시도할 때, 공격을 받는 기업이 이를 방어하는 수단 중 하나로 기존 주주에게 시가보다 더 싸게 신주를 살 수 있는 권리(신주인수권)를 부여함으로써 적대 세력의 지분 늘리기를 막아 인수 자체를 어렵게 만들거나 불이익을 인지해 인수를 포기하도록 유도하는 방식.

043. 조세피난처

개념

조세피난처(Tax Haven)는 기업과 개인의 실제 발생 소득에 세금을 부과하지 않거나 아주 낮은 세율을 적용하는 등 세제 특혜가 있는 국가 또는 지역을 가리킴.

⊙ 경제협력개발기구(OECD)의 판정 기준에 따르면 세금이 없거나 명목적 수준의 세금만 유지하는 지역 또는 국가.

특징

익명성이 보장돼 조세 회피 혹은 조세 절약의 수단으로 이용되며, 탈세·돈세탁용 자금 거래가 많음.

⊙ 과세당국은 조세피난처의 금융기관을 통해 금융거래 정보를 확인하는 것이 불가능.

규모

2009년 당시 전 세계 조세피난처 국가들은 약 7조 달러에 달하는 자산을 운용.

⊙ 이 중 스위스가 2조 달러, 룩셈부르크가 1조 달러가량의 자산을 운영하는 것으로 《로이터통신》이 보도(2009. 3.).

⊙ 전 세계 자본의 3분의 1 이상이 조세피난처를 경유하는 것으로 추정.

| 주요
조세피난처 | 카리브 해의 버뮤다·캐이먼 군도, 유럽의 스위스·오스트리아·룩셈부르크·벨기에·리히켄슈타인·안도라·모나코·건지섬·저지 섬(영국령), 아시아의 홍콩·싱가포르 등. |

⊙ 상당수 다국적 기업들은 세금을 피하거나 자금을 결집·조작하기 위해 이들 조세피난처에 자회사를 설립.

Key Point 조세피난처의 개요

조세
피난처
- 카리브 해의 버뮤다·캐이먼 군도
- 스위스·**오스트리아**·룩셈부르크 벨기에·리히켄슈바인·안도라·모나코·건지 섬·저지 섬
- 홍콩·싱가포르 등

- 세금이 없거나 명목적 수준의 세금만 유지하는 지역 또는 국가

- 조세 회피 또는 조세 절약 수단으로 이용
- 탈세·돈세탁용 자금 거래

044. 출구전략

개념

출구전략(Exit Strategy)은 경기침체기에 경기를 부양하기 위해 취했던 각종 완화정책을 경제에 부작용을 남기지 않게 하면서 서서히 거두어들이는 전략임.

⊙ 위기 극복을 위한 조치들을 부작용을 줄이면서 정상으로 되돌리는 것을 포괄적으로 지칭. 그 밖에 기업이 다른 기업을 인수·합병했다가 가장 적절한 시기에 매각함으로써 이익을 실현하는 전략도 포함.

유래

1970년대 베트남전쟁 당시 미국이 승산 없는 싸움에서 피해를 최소화하면서 군대를 철수할 방안을 모색할 때 제기된 용어로 알려짐.

딜레마

해당 정책의 효과가 충분히 발생하기도 전에 출구전략을 시행하면 정책을 철회하는 것이 되고, 너무 늦게 시행하면 타이밍에 따른 부작용이 커지게 됨.

출구전략의 단계별 예시

경기회복을 위한
재정·통화정책 실시

▶

경기회복 조짐에 따른
단계별 금리 인상 등의
정책 정상화 실시

▶

경기회복에 따른
재정·통화정책의 정상화

관련 동향

이명박 대통령은 2009년 9월 15일 과거 지나치게 빠른 출구전략을 써 다시 위기를 맞이한 경험이 있다며 2010년 상반기까지는 신중하게 임해야 한다고 강조함.

⊙ 즉, 내수 진작과 기업 투자촉진을 위해 시행 중인 각종 경기부양책의 지속 여부에 신중해야 함을 의미함.

Key Point 출구전략의 개요

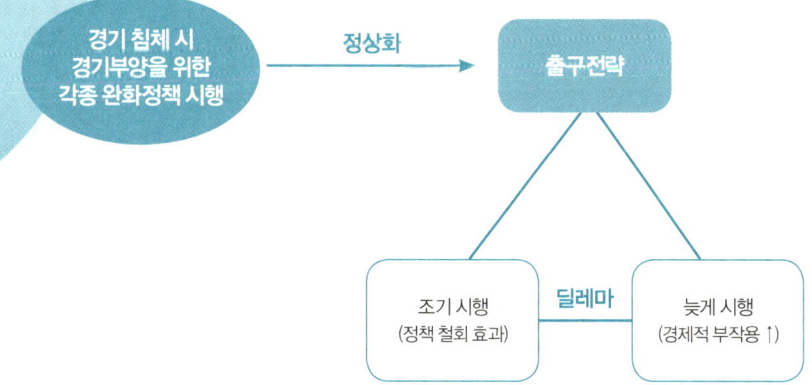

045. 출자총액제한제도

개념

출자총액제한제도는 한 기업이 회사 자금으로 다른 회사의 주식을 매입해 보유할 수 있는 총액을 제한하는 제도로 독점규제및공정거래법 10조가 해당 내용을 담음.

목적

대그룹이 회사의 자금으로 다른 회사를 손쉽게 설립하거나 타사를 인수함으로써 회사 재무구조의 부실화를 유발한다거나 대기업들이 업종 다각화 등을 통해 무분별하게 확장하는 것을 방지하기 위해 도입.

⊙ 계열사 확장을 통한 경제력 집중 억제, 업종 전문화 유도, 상호출자 금지만으로는 규제하기 어려운 순환출자*와 같은 간접적 상호출자 억제 가능.

연혁

1987년 4월에 이 제도를 도입했으나 외환위기로 1998년 일시 폐지됐다가 2001년 부활. 이명박 정부 출범 뒤인 2009년 다시 폐지됨.

출자총액제한제도의 변천사

연도	주요 내용
1987년	• 제도 도입 시점부터 1995년 3월 말까지 순자산의 40%까지 출자 허용
1995년	• 3년간의 유예기간을 두고 1998년 3월 말까지 25% 수준으로 낮춤
1998년	• IMF 직후인 1998년 2월에 폐지됨
2001년	• 30대 대규모 기업집단 소속 계열사들이 적용대상이며 한도는 순자산의 25% 이내로 결정됨
2007년	• 자산이 10조 원 넘는 기업집단에 속하며 자산이 2조 원 이상인 회사는 순자산의 40% 이상을 다른 회사에 출자하지 못하게 개정
2009년	• 이명박 정부 출범 후 폐지

✱ 재벌들이 계열기업에 대한 지배력을 높이기 위해 동원하는 변칙적 출자방법으로 세 개 이상의 계열사가 연쇄적으로 출자해 자본금을 늘리는 것을 뜻함. (→ 74쪽)

046. 취업 후 상환 학자금 대출

개념

'취업 후 상환 학자금대출'은 학자금대출을 원하는 대학생에게 등록금 실소요액 전액과 생활비를 대출해주고 상환 기준소득 이상의 소득 발생 시점부터 대출원리금을 분할해 상환하는 제도임.

- ⊙ 등록금 실소요액 전액은 1인당 정해진 한도가 없고, 생활비는 학기당 100만 원, 연간 200만 원 한도.
- ⊙ 재학 중 이자 부담은 없고 졸업 후 소득이 4인 가족 최저생계비를 넘는 시점부터 원리금을 상환해야 함.
- ⊙ 상환원금은 최초 원금과 유예이자를 합하여 상환함.
- ⊙ 유예기간 중 이자는 단리계산이며, 이자율은 채권발행금리를 감안해 매 학기 변동금리로 결정됨.
- ⊙ 대출받은 학생이 65세가 넘을 때까지 국민연금 외에 다른 소득이 없으면 대출금을 갚지 않아도 됨.

시행

취업 후 학자금 상환제의 국회 처리가 확정되면서 2010년 1학기부터 시행.

신청 절차

공인인증서를 발급해 학자금 포털사이트에 가입 후 학자금 대출에 관한 자세한 내용을 e-러닝을 통해 수강해야 대출 신청 가능.

신청 대상

신입생은 대학 및 전문대학 진학 예정자 중 소득분위 1~7분위이면서 수능 또는 내신 6등급 이상. 재학생은 대학 및 전문대학 재학생 중 소득분위 1~7분위 및 직전 학기 성적 B학점 이상, 12학점 이상 이수자.

047. 치앙마이 이니셔티브

개념

치앙마이 이니셔티브(CMI)는 국제적 위기를 대비해 아시아지역 국가 재무장관들이 태국 치앙마이에 모여 합의한 역내 금융지원제도임.

◉ 위기 발생 시 '아세안(ASEAN)+3(한·중·일)' 국가 간 역내 금융위기 해소를 위해 해당국에 다른 회원국 중앙은행의 자금을 지원해주는 시스템으로 일명 '아시아판 IMF'로 불림.

◉ 동남아시아국가연합(ASEAN) 10개 회원국으로는 브루나이, 캄보디아, 인도네시아, 라오스, 말레이시아, 미얀마, 필리핀, 싱가포르, 태국, 베트남이 있음.

역사

지난 2000년 김대중 정부 시절 아세안+3국(한·중·일)의 재무장관이 처음으로 역내 통화안정 체제 구축을 논의했으며, 2006년부터 본격적으로 구체적 논의를 시작함.

현황

우리나라는 2002년 6월 중국과 치앙마이 이니셔티브를 통해 원화를 주고 달러나 위안화로 40억 달러를 받을 수 있게 됐으며, 일본과는 치앙마이 이니셔티브에 따른 100억 달러 규모의 달러 통화스와프*를 유지하고 있음.

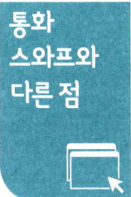

통화 스와프와 다른 점

양국 중앙은행과 체결하는 통화스와프의 경우 평상시 통화교환이 가능하지만, 치앙마이 이니셔티브는 구제금융 신청 등 비상시에만 사용 가능함.

Key Point **치앙마이 이니셔티브의 개요**

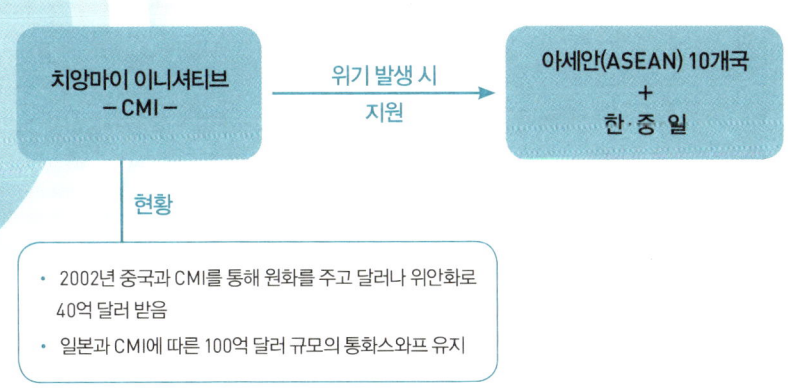

- 2002년 중국과 CMI를 통해 원화를 주고 달러나 위안화로 40억 달러 받음
- 일본과 CMI에 따른 100억 달러 규모의 통화스와프 유지

---

* 두 나라의 중앙은행이 별도의 계약을 통해 한도를 정해놓고 양국 통화를 바꾸는 것을 뜻하며, 계약일에 약정된 환율에 따라 해당 통화를 일정 시점에 서로 교환함. (→ 118쪽)

048. 캐리트레이드

개념

캐리트레이드(Carry-Trade)는 투자자가 저금리 국가에서 돈을 빌려 상대적으로 금리가 높은 나라의 주식이나 채권 또는 부동산 등에 투자하는 행위를 말함.

- 현재는 저금리로 자금을 차입해 상품이나 주식 등 자산에 투자하는 기법을 지칭하는 용어로 자주 사용됨.

달러 캐리- 트레이드

상대적으로 금리가 낮아진 미국 달러화를 빌려 다른 통화로 표기된 주식이나 채권과 같은 고수익 자산에 투자하는 것을 말함.

- 미국발 금융위기로 미국의 정책금리는 1%대의 제로금리 수준이며, 양적완화 정책 등을 경기부양책으로 쓰고 있어 미국으로부터의 달러 캐리트레이드 가능성이 높아지고 있음.

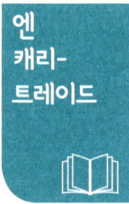

엔 캐리- 트레이드

금리가 낮은 일본의 엔화를 빌려 상대적으로 금리가 높은 국가의 자산에 투자하는 것을 말함.

- 일본 금리가 인상되거나 엔화가 강세로 돌아서면 수익을 내기 어려워지며 청산 압력이 높아짐.

엔 캐리트레이드의 역사

1998년 일본의 버블 붕괴 이후 초저금리와 취약한 실물경제로 엔화 약세가 초절정 → 1998년 10월 러시아의 디폴트 선언과 LTCM 파산으로 엔 캐리트레이드 대거 청산 → 2003년 이후 일본의 저금리 기조효과 가시화(엔 캐리트레이드 재개) → 2005년 이후 글로벌 경제성장의 여파로 주요 선진국이 금리 인상을 단행해 엔 캐리트레이드 활성화 → 2007년 10월 상품시장을 중심으로 확대 → 2008년 3월 베어스턴스 파산과 함께 엔 캐리트레이드 청산 움직임 → 2008년 중순 이후 글로벌 금융위기로 유로와 달러 등이 엔화에 대한 가치 하락 급속히 진행 → 2009년 엔 캐리트레이드 종료 움직임.

049. 컨트리리스크

개념

컨트리리스크(Country Risk, 국가위험도)는 금융기관의 외국 융자에서 융자 대상국의 신용도를 뜻함.

⊙ 보통 외국 금융기관은 신용도가 높은 나라에 비해 신용도가 낮은 나라에 높은 금리를 조건으로 융자하며, 전쟁·내란을 겪거나 기업의 국유화 조치가 시행되고 있는 국가 등의 컨트리리스크를 높게 잡음.

평가 기준

1인당 국민소득, 대외채무, 외화준비, 국제수지 등을 기초로 하면서 변제능력, 정치적 안정성, 향후 발전성 등을 종합적으로 고려해 결정.

결정 요소

한국의 컨트리리스크를 결정하는 요소로는 무디스·S&P 등 국제 신용평가사들의 국가신용평가등급, 국가경제의 펀더멘털(국가성장 잠재력 등 국가의 경제 기초체력), 외환보유액, 남북 문제 등 한반도 불안 요인(남북 긴장 수위, 북핵문제의 불안 정도) 등임.

⊙ 2009년 3월 크레딧스위스가 발표한 한국의 컨트리리스크는 세계 19위.

컨트리리스크가 가장 적은 나라 10개국

순위	국가명	점수	전년도 순위
1	룩셈부르크	99.88	1
2	노르웨이	97.47	2
3	스위스	96.21	3
4	덴마크	93.39	4
5	스웨덴	92.96	5
6	아일랜드	92.36	6
7	오스트리아	92.25	10
8	핀란드	91.95	9
8	네덜란드	91.95	8
10	미국	91.27	7

* 출처: Euromoney Country Risk(2008. 3.).

050. 쿼드러플위칭데이

개념

쿼드러플위칭데이(Quadruple Witching Day, 네 마녀의 날)는 주가지수 선물과 옵션, 개별주식의 선물과 옵션 등 네 가지 파생상품이 동시에 만기를 맞이하는 날로 네 마녀가 심술을 부리는 것과 같다 하여 이같이 불림.

⊙ 한편 트리플위칭데이는 주가지수 선물, 주가지수 옵션, 개별주식 옵션 등 세 개 파생상품시장의 만기가 겹치는 날로 3·6·9·12월 두 번째 목요일에 발생.

국내 발생

2008년 5월 개별주식 선물이 도입되면서 2008년 6월 12일 국내 최초로 네 가지 파생상품의 만기가 겹치는 쿼드러플위칭데이를 맞이함.

⊙ 2008년 4월까지는 트리플위칭데이.

⊙ 미국은 한국보다 더 빠른 지난 2002년 12월부터 '트리플위칭데이'에서 '쿼드러플위칭데이'로 변경.

주기

미국: 선물옵션 만기일이 세 번째 금요일로 정해져 있기 때문에 3·6·9·12월 세 번째 금요일이 '쿼드러플위칭데이'가 됨.

한국: 분기별 3·6·9·12월 두 번째 목요일.

⊙ 쿼드러플위칭데이에는 보통 시장의 투자심리가 위축되면서 약세장이 펼

처지는 경향이 있어 최근 진정 국면을 맞고 있는 한국 증시가 넘어야 할

또 하나의 산으로 지적되고 있음.

Key Point 쿼드러플위칭데이의 개요

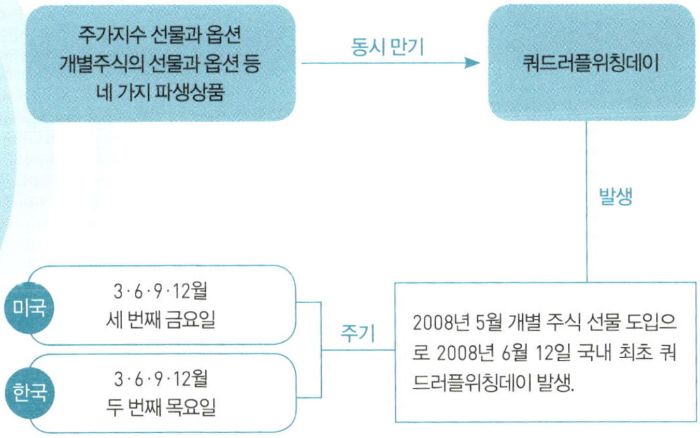

주가지수 선물과 옵션 개별주식의 선물과 옵션 등 네 가지 파생상품 → **동시 만기** → 쿼드러플위칭데이

발생

| 미국 | 3·6·9·12월 세 번째 금요일 |
| 한국 | 3·6·9·12월 두 번째 목요일 |

주기

2008년 5월 개별 주식 선물 도입으로 2008년 6월 12일 국내 최초 쿼드러플위칭데이 발생.

051. 키코

개념

키코(KIKO; Knock-In, Knock-Out)는 환율변동에 따라 손익의 폭이 달라지는 외환 파생상품을 말함.

⊙ Knock-Out 옵션은 환율이 일정 수준에 도달하면 권리가 소멸하고 Knock-In 옵션은 환율이 일정 수준에 도달하면 권리가 발생하는 조건을 가진 옵션.

위험성

환율이 약정범위 중 상한선인 'Knock-In' 환율 위쪽으로 올라서면 계약금액의 두 배를 시장가보다 낮은 행사환율로 매도하거나 그 차액만큼 원화금액을 지급해야 해 환율이 올랐음에도 손실이 발생.

⊙ 매도해야 하는 달러가 수출 대금의 두 배가 되면서 큰 손실이 발생하고 하한선(Knock-Out) 아래로 내려가면 환율 하락의 부담을 떠안는 구조.

• 단, 환율이 약정범위 내에서 움직이면 환헤지* 가능.

KIKO의 특징

조건	특징
'Knock-In' 환율 이상으로 상승 시	·상승폭의 2~3배로 손실이 확대될 수 있음
일정 구간 안	·환차손을 보상받으면서 환이익도 향유 가능
'Knock-Out' 환율 이하로 하락 시	·계약소멸로 환차손에 노출될 수 있음

＊ 환율변동으로 발생하는 리스크를 최소화하기 위해 선물환계약을 통해 투자원금에 확정환율을 미리 지정, 원화가치의 변동을 피하는 활동을 뜻함. (→ 132쪽)
예를 들자면, A사가 자사 제품을 수출한 후 3개월 뒤 5만 달러를 받기로 했다. 이때 3개월 후의 환율변화에 따라 원화금액이 달라질 수 있다. 이를 방지하기 위해 3개월 후의 달러 선물을 택해 5만 달러를 원화로 파는 계약을 하면 환차손이나 환차익을 피할 수 있다. 이를 '환헤지'라한다. (《매일경제》 경제용어 웹사이트)

052. 통화스와프

개념

통화스와프(Currency Swaps)는 두 나라의 중앙은행이 별도의 계약을 통해 한도를 정해놓고 양국 통화를 바꾸는 것을 뜻함 (계약일에 약정된 환율에 따라 해당 통화를 일정 시점에 서로 교환).

⊙ 거래당사자 간 거래 시작 시 서로 다른 통화로 표시된 원금을 교환 → 일정 기간 그 원금에 대해 계약 시점에 미리 정한 이자 지급 조건으로 이자를 교환 → 만기 시 계약 시점에 미리 약정한 환율로 원금을 재교환.

목적

외화자금 조달 시 차입비용을 절감하거나 장기차입에 **따른 환율 및 금리변동 리스크 회피가 가능.**

⊙ 또한 보유 외화자산의 수익률을 높일 때도 활용.

참고

미국의 통화스와프 협정 체결국: 2008년 10월 말 현재 미국은 유럽중앙은행, 영국, 캐나다, 일본, 오스트레일리아, 한국, 멕시코, 브라질, 싱가포르 등 12개국 중앙은행과 통화스와프 협정을 체결.

관련 동향

한국은행은 미국의 FRB(연방준비제도이사회)와 300억 달러 한도의 통화스와프(원·달러 통화 맞교환) 협정을 체결(2008. 10. 29.).

⊙ 한국이 미국과 통화스와프를 체결함으로써 달러 자금이 부족한 비상상황이 발생하면 원화를 맡기고 달러를 빌릴 수 있게 됨.

053. 파생금융상품

개념

파생금융상품은 해당 거래의 기초가 되는 자산(Underlying Asset)의 가격변동에 따라 그 가격이 결정되는 고수익·고위험(high risk—high return) 금융상품을 가리킴.

- ⊙ 환율, 이자율, 주가 등의 움직임에 따른 기초자산의 가치변동으로부터 파생돼 가치가 결정되며 원자재, 반도체, 통화 등이 주요 거래 품목.

분류

선물거래, 스와프거래, 옵션거래 등으로 분류.

현황

1972년 시카고 상품선물시장이 처음 등장한 이후 전 세계적으로 큰 성장세를 보이고 있으며, 국내에서는 지난 1996년 코스피200선물이 도입되면서 국내 파생상품시장 시대가 개막됨.

- ⊙ 파생상품은 1970년대부터 이어진 금융공학의 발달로 전성기를 맞이함.
- ⊙ 국내에서는 1996년 도입 당시 하루 계약건수가 3,000여 건에 지나지 않았지만, 2008년 들어 하루 계약건수(지수선물 계약건수)가 20만여 건을 돌파.

관련 동향

주가연계증권(ELS), 주가연계펀드(ELF) 등을 중심으로 한 국내 파생상품시장에서 개인투자자들의 큰 손실이 이어지고 있는 가운데, 국내 은행과 보험사 등 금융권은 영업조치가 취해진 리먼브러더스 서울지점과 60조 원대에 이르는 통화·이자율스와프 등 파생금융상품을 거래한 것으로 밝혀져 큰 손실이 우려됨(2008. 9.).

◉ 한편 2008년 8월 증권선물거래소의 발표에 따르면, 국내 상장기업 64곳에서 파생상품(통화옵션 거래)으로 인한 손실액이 총 1조 3,916억 원에 달함.

054. 패스트트랙

개념

패스트트랙(Fast Track, 중기지원)은 유동성 위기를 겪고 있는 중소기업을 금융사들이 신속하게 지원하기 위한 프로그램.

- 정부가 2008년 10월 1일 키코* 피해 중소기업을 포함해 중소기업 유동성지원 방안으로 내놓은 프로그램 중 하나.
- 정부의 중소기업 유동성지원 방안: 은행이 중소기업 상시평가를 통해 A~D등급으로 나누고, 이상은 없지만 경기 위축으로 자금조달에 어려움을 겪는 A, B그룹에는 '중기지원' 프로그램을, 이미 부실하지만 회생 가능한 C그룹에는 '중기 워크아웃 절차'**를 적용하기로 함.

특징

금융당국이 직접 전면에 나서기보다 민간 금융기관에서 자발적으로 중소기업을 돕도록 여건을 조성한다는 것이 특징.

지원 방안

금융감독원·주채권은행·보증기관으로 구성된 작업반이 중소기업지원 프로그램에 대한 가이드라인을 정해놓으면 각 은행이 이에 맞춰 사례에 따라 신규여신이나 출자전환, 분할상환 등을 지원.

- 패스트트랙은 비공개로 진행하는데, 그 이유는 건실한 기업이더라도 지원을 받는다는 사실이 공개적으로 알려지면 오히려 시장에서 여러 가지 어려움을 겪을 수 있다는 판단 때문.

워크아웃 절차

이미 시행 중인 기업 구조조정 협약과 채권은행 협약, 대주단 협약을 가리키는 것.

Key Point 패스트트랙 프로그램 구조

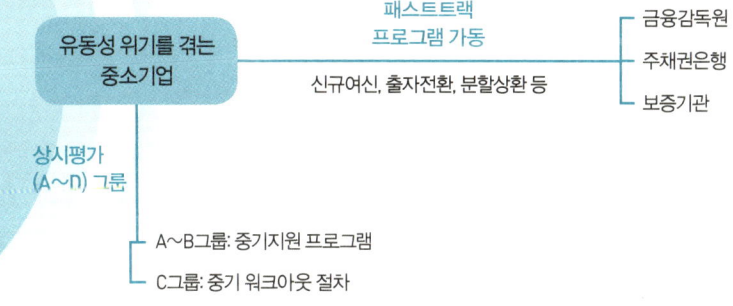

유동성 위기를 겪는
중소기업

패스트트랙
프로그램 가동 ──── 금융감독원

신규여신, 출자전환, 분할상환 등 ──── 주채권은행

──── 보증기관

상시평가
(A~D) 그룹

A~B그룹: 중기지원 프로그램

C그룹: 중기 워크아웃 절차

---

* 환율변동에 따라 손익의 폭이 달라지는 외환 파생상품을 말함. (→ 116쪽)

** 부실기업의 기업회생을 위한 각종 구조조정과 경영혁신 활동을 의미하는 것으로 기업개선작업이라고도 함. (→ 88쪽)

055. 포이즌필

개념

포이즌필(Poison Pill, 신주인수선택권)은 적대적 인수세력이 대상 회사의 발행주식을 일정 비율 이상 매집, 적대적 M&A*를 시도하려 할 때 방어하는 수단의 하나임.

- 독약을 삼킨다는 의미에서 '포이즌필'이라고 부르며, '신주인수선택권제도'라고도 일컬음.

시행 국가

미국, 일본, 프랑스 등에서 시행하고 있음.

- 미국과 일본에서는 이사회 의결만으로 도입할 수 있도록 허용하고 있음.

장점

경영자들이 경영권을 안정적으로 확보해 외부 세력의 공격에 크게 신경을 쓰지 않고 기업 경영에 집중할 수 있음.

단점

기업의 경영권을 지나치게 보호해 정상적 M&A까지 가로막음으로써 자본시장의 발전을 저해하고 비효율성을 높일 수 있음.

사례

1999년 외국계 타이거펀드가 SK그룹의 경영권을 공격한 사례와 2003년, 2004년 소버린, 칼아이칸 등이 SK그룹과 포스코 등을 공격한 사례가 있음.

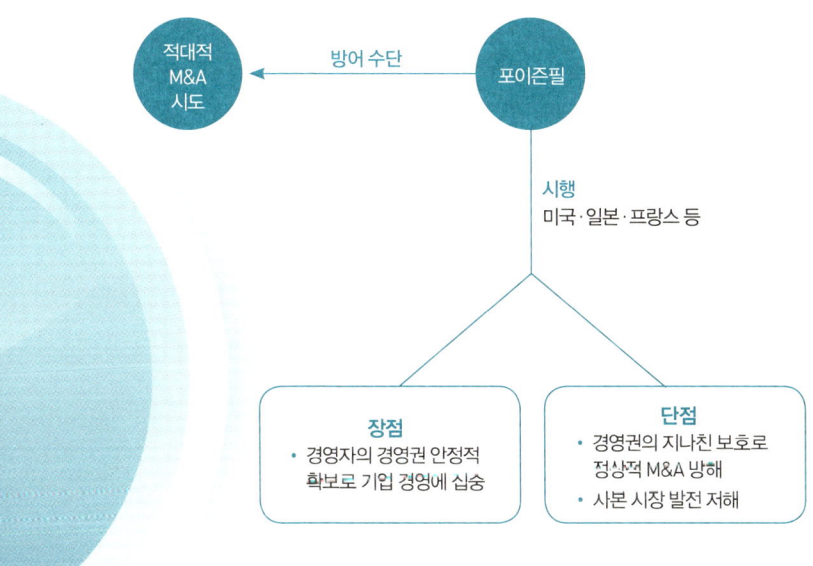

Key Point 포이즌필의 장단점

적대적 M&A 시도 ← 방어 수단 ← 포이즌필

시행
미국·일본·프랑스 등

장점
• 경영자의 경영권 안정적 확보로 기업 경영에 집중

단점
• 경영권의 지나친 보호로 정상적 M&A 방해
• 자본 시장 발전 저해

* 인수 기업이 인수 대상 기업 경영진의 동의 없이 공개매수, 주식매집, 위임장 경쟁 등을 통해 대상 기업의 소유권과 경영권을 차지하는 것을 의미하며 '기업인수·합병'이라고도 함. 주로 주가가 저평가돼 매수의 채산성이 좋거나 주식매집이 용이하거나 경영전략상 매력이 있는 기업이 인수합병 대상이 됨. (→ 98쪽)

056. 폴사인제

개념

폴사인제(Pole Sign System)는 주유소상표표시제도로, 한 주유소에서 특정 정유사의 폴사인*을 달고 해당 정유사의 석유제품만을 팔도록 규정하는 제도임.

⊙ 다른 상품과는 다르게 눈으로 제품을 확인할 수 없는 휘발유의 특성 때문에 여러 회사의 제품을 판매하면 불량제품이 난립할 가능성이 있어 소비자들이 쉽게 식별할 수 있도록 표시하는 것.

목적

거래질서 확립과 소비자 보호를 위해 특정 정유사의 폴을 단 주유소에서 판매하는 상품의 품질을 해당 정유사가 **책임진다**는 취지로 도입됨.

⊙ 1992년 4월에 도입되었으며, 1992년 7월 1일부터 본격 시행됨.

폐지

애초 정유사 간 품질경쟁을 유도한다는 목적과 달리 특정 정유사가 주유소를 지배하는 구조를 만들었다는 비판이 제기되면서 2008년 9월 공정거래위원회가 정유사들의 공급경쟁을 촉진해 기름값 인하를 유도하기 위해 폴사인제를 폐지.

⊙ 특정 정유사의 상표를 게시했다고 하더라도 혼합판매 사실을 주유소에 표시하면 타 정유사의 제품 판매 가능.

관련 동향

폴사인제가 폐지되었는데도 휘발유 등 석유제품의 가격이 내리지 않고 있음(2009. 3.).

⦿ 대부분의 주유소가 정유사 직영이거나 독점계약을 맺고 있어 복수의 정유회사 석유제품을 취급하지 못하고 있음.

＊ POP 광고의 하나로, 기둥에 붙는 면 또는 이면식의 간판으로 광고나 상호를 붙임.

057. 프리워크아웃제도

개념

프리워크아웃(Pre-Workout, 사전채무재조정)제도는 부실 징후가 있는 기업들에게 긴급 유동성 자금을 공급하고 이후에 구조조정을 이끌어내는 제도임.

⊙ 건설업체의 대주단협약과 중소기업 패스트트랙[*]을 포괄하는 개념임.

도입 배경

미국발 금융위기로 발생한 경기침체에 대비해 기업 부실에 선제적으로 대응할 수 있는 시스템을 갖추겠다는 취지로 도입됨.

⊙ 기업구조조정촉진법에서는 주채권은행이 자금지원이 필요한 기업에 599억 원 이상 신용공여를 해주는 워크아웃[**]을 추진할 수 있음(2009. 1.).

프리워크아웃제도 – 패스트트랙/워크아웃 비교

구분	프리워크아웃	패스트트랙	워크아웃
추진 집단	채권단+정부 지원	주채권은행 등 채권단	정부와 채권단
근거 법률	필요할 때 마련	–	기업구조조정촉진법
자금 조달	금융회사와 국내외 시장에서 조달 국책은행 등 지원	금융회사와 국내외 시장에서 조달	공적자금, 정부와 채권단 출자전환
대상 기업 선정	유동성 위기인 중소기업과 대기업	유동성 위기인 건설사와 중소기업	부도 위기 기업
판정 기준	패스트트랙과 유사	A, B, C, D로 구분(A, B는 자금지원, C는 워크아웃, D는 퇴출)	회생 가능성 여부

* 유동성 위기를 겪고 있는 중소기업을 금융사들이 신속하게 지원하기 위한 프로그램으로 정부가 2008년 10월 1일 키코 피해 중소기업을 포함해 중소기업 유동성 지원 방안으로 내놓은 프로그램 중 하나. (→ 122쪽)

** 부실기업의 기업회생을 위한 각종 구조조정과 경영혁신 활동을 의미하는 것으로 기업개선작업이라고도 함. (→ 88쪽)

058. 환매조건부채권

개념

환매조건부채권(RP; Repurchase Agreements)은 채권 발행자가 일정 기간 후에 정해진 가격으로 동일 채권을 되사가는 조건으로 채권을 매도해 수요자가 단기자금을 조달하는 금융거래 방식을 가리킴.

⊙ 따라서 만기일까지 채권을 보유하면 매입 시에 약속한 확정이자를 받고 만기 시에 원금을 상환받음.

목적

단기적 자금수요를 충족시키기 위해 생겼으며, 채권을 만기 이전에 현금화할 필요가 있을 때 만기 전 매매에 따른 불이익 발생을 방지하고 채권의 유동성을 높이기 위함임.

⊙ 대체로 1개월물과 3개월물 위주로 거래되는 한편 단기금융시장과 채권 유통시장을 연결해 채권 소화에 많은 기여.

거래 대상

국채, 지방채, 특수채를 비롯해 상장 및 등록법인이 발행한 회사채, 보증채 등이 거래 대상이 됨.

⊙ 만기 이전에 중도환매가 가능하며 거래금액에 제한이 없는 것이 특징.

구분

한국은행이 통화조절을 목적으로 시중은행에 판매하는 RP와 은행, 증권회사 등 금융기관이 수신상품 중 하나로 일정 기간 후 재매입하는 조건으로 고객에게 판매하는 RP 등으로 나뉨.

⊙ RP거래는 일반 채권거래와 같은 방식으로 이뤄짐.

059. 환헤지

개념

환헤지(換 Hedge, Foreign Exchange Hedging)는 환율변동으로 발생하는 리스크를 최소화하기 위해 선물환계약을 통해 투자원금에 확정환율을 미리 지정, 원화가치의 변동을 피하는 활동을 뜻함.

⊙ 환율변동 위험을 회피하기 위한 활동을 뜻하는 환헤지는 換(바꿀 환)과 '위험회피·위험분산'을 뜻하는 헤지(Hedge)가 결합한 말.

활용

외국 펀드 투자 시 환헤지를 통해 보유한 달러 자산의 가치에 대해 미래에도 현재 환율을 적용한 원화가치로 고정하게 되면, 펀드 환매 시 애초 계약한 환율에 따라 돈을 돌려받을 수 있어 환율이 급락할 때 유리.

⊙ 적립식 펀드는 자동환율분산 효과가 기대되며, 외국 펀드 투자 시 달러 환율변동에 따른 환헤지 여부가 중요.

계약기간

환헤지 계약은 펀드 가입과는 별도계약으로 이뤄지며, 계약기간은 보통 1년(또는 6개월) 단위로 수기계약과 자동해지계약 등으로 구분.

⊙ 수기계약은 1년 만기 시점에 재계약 여부를 결정하는 계약이며, 자동해지계약은 만기일에 펀드환매가 가능한 계약을 의미. 의사표시가 없는 경

우 환계약은 자동해지.

⊙ 환계약 만료 시: 환계약 만료에 따라 펀드를 환매할 때 펀드 환매분을 사전 약정한 환율로 환산해 세금(15.4%) 공제 후 정산되며, 환헤지를 연장할 때 펀드를 유지하면 환차익만 돌려받고, 1년짜리 환계약은 갱신되면서 펀드는 계속 운용됨.

• 환계약이 만료되고 펀드는 유지할 경우, 환율변동에 따른 이익금을 돌려받고 펀드는 그대로 유지됨.

060. 후순위채권

개념

후순위채권은 발행기관이 파산하면 일반사채 등 다른 채권자들의 부채가 모두 청산된 다음에 마지막으로 상환받을 수 있는 채권을 말함.

⊙ 일반사채보다는 상환 순위에서 뒤지나 우선주나 보통주보다는 우선함.

장점

사채 변제 순위가 낮은 대신 일반채권이나 정기예금보다 금리가 높아 발행기관이 망하지 않는다면 고금리 혜택을 장기간 누릴 수 있음.

⊙ 보통 7년에서 10년 만기로 발행하고, 발행 시 5년 후 상환하겠다는 콜옵션을 붙여 발행.

단점

예금자보험이 적용되지 않을 뿐 아니라, 만기가 5년 이상으로 길다는 단점을 가짐. 또 신용이 좋은 경우에만 발행받을 수 있음.

발행 경쟁

시중은행들이 앞다퉈 후순위채권을 발행하는 이유는 BIS(국제결제은행) 자기자본비율*을 8% 이상 의무적으로 유지해야 하기 때문인데, 후순위채권 발행을 BIS 자기자본비율을 끌어올리는 수단으로 사용.

⊙ 단, 5년 미만 채권은 매년 20%씩을 자기자본에서 제외하기 때문에 보통

100% 자기자본으로 인정되는 만기 5년 이상 후순위채권을 발행.[**]

Key Point 후순위채권의 개요

상환 순서

채권 발행기관 파산	→	일반사채 등의 채권자들 부채 (선순위)	→	후순위채권

장점
· 발행기관이 존속한다면
  고금리 혜택을 장기간 누림
단점
· 예금자보험 적용 안됨
· 신용이 좋아야 발행

발행 이유

· 고금리 혜택
· BIS 자기자본비율
  상승 수단

[*] 국제결제은행(BIS)이 정한 은행위험자산(부실채권) 대비 자기자본비율을 의미하는 것으로
은행의 건전성과 안전성 확보를 위해 은행이 위험자산에 대해 일정 비율 이상의 자기자본을 보
유하도록 함. (→ 16쪽)

[**] 국내 은행감독규정에 따르면 은행들이 후순위채를 발행할 때 자기자본의 50% 범위에서
채권발행액 전액을 자기자본으로 인정.

2

New Dictionary of Current Issues

사회·교육

061. 교과교실제

개념 교과교실제는 중·고교에서 교사가 이동하는 현행 수업방식이 아니라, 교과목에 맞게 특성화된 교실에 교사가 상주하고 학생들이 이동하면서 수준별 맞춤형 수업을 듣는 교과운영 형태임.

- ◉ 시도교육청 차원에서는 2009년 5월 당시 33개교에서 시범운영하고 있었음.

시행 시기 국가 차원에서는 교과교실제로 전환하기를 희망하는 학교의 신청을 받아 45개 내외의 학교를 선정해 2010년 3월부터 시범 실시.

- ◉ 2009년 5월 21일, 교육과학기술부는 '교과교실제 추진 계획'을 발표.

유형 교과교실제 부분 도입형인 일부 과목 중점형과 두 가지 유형의 수준별 수업 확대형으로 병행 추진.

- ◉ 교과교실제 도입이 시행 초기 단계라는 점을 고려하고 추후 교과교실제 학교를 점진적으로 확대하기 위해 학교의 여건과 특성에 따라 도입.

교과교실제 도입 현황

지원 유형			학교 수 · 평균지원액
전면 도입	선진형	교과목 대부분을 교과교실제로 운영	45교 내외/교당 15억 원
부분 도입 (기반조성형)	과목 중점형	수학·과학·영어 과목 교과교실제 운영	240~260교/교당 5억 원
	수준별 수업형	기존 수준별 이동수업을 확대·강화	350~370교/교당 3억 원

선정 방법

교과교실제 선정 학교에 대해서는 해당 시도교육감이 초중등 교육법시행령 제105조에 의한 자율학교로 지정.

062. 교장공모제

개념

교장공모제는 정부가 공모를 통해 학교 현장과 지역사회가 원하는 유능한 학교장을 임용하고 교장 선발에 영향을 주는 교육감의 권한을 축소, 교육 비리를 근절하기 위해 도입함.

⊙ 2007년 9월, 1차 시범 적용학교 62개교에 도입 시행됨.[*]

추진 현황

2007년 9월 1차 시범운영을 시작으로 5차에 걸쳐 총 392개의 학교에서 교장공모제를 실시하는 등 전체 학교 중 5% 선에서 시범 운영 중.[**]

⊙ 2010년 2월 제6차 교장공모제 시범운영 계획에 따른 교장공모 대상자로 최종 134명을 확정했으며, 민간 출신 교장 네 명을 임용하기로 함.

• 제6차 시범운영에 선발된 공모교장의 임기는 4년(2010. 3. 1.~2014. 2. 28.).

⊙ 한편 교장공모제를 모든 초·중·고에 도입하는 내용의 교육공무원법과 초·중등교육법 일부개정법률안을 입법 예고(2009. 11. 18.).

• 개정안은 응모자격을 '교장자격증 소지자'로 제한해 각 분야 전문가나 일반교사에게 문호를 개방한다는 취지로 추진된 교장공모제의 애초 취지를 무색하게 만들었다는 논란이 야기됨.

전망

현행 5% 선에서 시범운영 중인 교장공모제를 오는 2013년까지 50% 수준으로 확대 시행할 예정.

⊙ 정년퇴직 등을 사유로 교장자리가 비는 서울지역 공립 중·고등학교는 100% 공개모집을 통해 교장을 임용키로 함.

* 당시 선정된 학교는 교육경력 15년 이상인 교육공무원이나 사립교원이 지원할 수 있는 내부형이 41개교, 해당 학교의 교육과정 관련분야에서 3년 이상 종사한 사람이 지원할 수 있는 개방형이 6개교, 교장자격증 소지자가 지원할 수 있는 초빙교장형이 15개교.

** 2010년 3월 현재, 공모로 교장을 선발한 서울지역 공립학교는 초등학교 60개교(총 545개교), 중고교 32개교(총 376개교).

063. 기숙형 공립고

개념

기숙형 공립고는 교내에 기숙사를 설립, 학생들이 학교에서 생활하는 고등학교로 외국의 보딩스쿨(기숙학교)과 유사함.

⊙ 기숙사비는 학생의 가정형편 등에 따라 맞춤형 장학금으로 지원.

도입 배경

자율형 사립고, 마이스터고*와 함께 이명박 정부의 '고교 다양화 300 프로젝트'의 일환으로 추진되는 고교로 교육격차를 해소하기 위해 농어촌지역과 대도시 낙후지역에 집중 설립.

⊙ 전국 농어촌 고교 중 82개교를 선정, 기숙형 공립고교로 전환하기로 함.

- 부산(1), 대구(1), 경기(4), 강원(11), 충북(7), 충남(8), 전북(8), 인천(2), 울산(1), 전남(16), 경북(13), 경남(10).
- 교육과학기술부는 2008년 8월 26일, 전국 농어촌 고교 중 82개교를 기숙형 공립고교로 지정했다고 밝힘.

예산

정부는 기숙사 건립과 운영지원을 위해 한 학교당 평균 38억 원, 총 3,173억 원 규모의 예산을 투입.

기대효과

교사초빙제, 교장공모제를 통해 우수 교원을 확보하고, 교육과정 운영과 학사 운영에 최대한의 자율성을 보장함으로써 농어촌 학생들의 교육여건이 크게 향상될 것으로 기대.

* 유망 분야의 특화된 산업수요와 연계해 영마이스터(Young Meister)를 양성하는 새로운 형태의 전문계 고등학교를 말하며 '산업수요 맞춤형 고등학교'라고도 함. 2012년 3월까지 총 28개교가 개교했고 앞으로도 추가 개교할 예정임. (→ 148쪽)

064. 대포폰

개념

대포폰은 일반적으로 본인의 이름을 숨기고 불특정한 사람의 명의를 빌려 개통한 것으로 명의등록자와 사용자가 다른 휴대전화를 뜻함.

⊙ '대포(大砲)'는 사전적으로 '허풍'이나 '거짓말'이라는 의미를 담고 있음(국립국어원의 『표준국어대사전』).*

문제점

많은 경우 절도나 분실된 휴대전화 또는 부랑자나 노숙자 등 다른 사람의 명의로 개통돼 사기 등 범죄에 악용됨으로써 범인 검거에 어려움이 많은 상황임.

⊙ 대포폰은 주민등록법 위반, 사문서위조죄, 위조사문서행사죄에 해당함.

차명폰과 다른 점

차명폰은 아는 이에게서 명의를 빌려 개설한 휴대전화이고, 대포폰은 친분 관계가 없는 사람의 명의를 빌려 개설한 휴대전화를 뜻함.

* 2003년 국립국어원의 『신어 자료집』에도 대포폰 용어가 등록됨.
** 당시의 청와대 행정관은 휴대전화 대리점 대표의 부인 이름으로 문제의 전화기를 개설했던 것으로 알려짐.

관련 동향

2010년 11월, 청와대 행정관이 국무총리실 공직윤리지원관실에 지급한 휴대전화기가 대포폰으로 밝혀지면서 논란이 야기됨.**

⊙ 한편 최근에는 주민등록번호만 있으면 전화가 가능한 소프트폰이 '온라인 대포폰'으로 악용되는 사례가 다수 발생.

Key Point 대포폰과 차명폰

대포폰 개설 ← 명의 빌림 친분 관계가 없는 사람

차명폰 개설 ← 명의 빌림 친분 관계가 있는 사람

065. 리콜제도

개념

리콜(Recall)제도는 소비자의 생명, 신체, 재산상에 위해를 끼치거나 끼칠 우려가 있는 제품 결함이 발견되면 사업자 스스로 또는 정부 명령으로 소비자 등에게 제품의 결함 내용을 알리고 해당 제품 전체를 대상으로 적절한 조치(수거·파기 및 수리·교환·환급 등)를 취함으로써 결함 제품 때문에 발생할 수 있는 위해가 확산하는 것을 방지하고자 마련한 제도임.

⊙ 손해를 입은 자에게 사후 배상하는 측면이 강한 제조물책임(PL; Product Liability)제도와 달리 리콜은 소비자의 피해를 사전에 방지하는 사전적 예방차원의 소비자보호제도.

구분

사업자의 자발적 의사로 시행하는 '자발적 리콜'과 사업자가 정부의 명령에 따라 시행하는 '강제적 리콜'로 구분.

⊙ 소비자기본법, 품목별 리콜 관련 법령에 근거해 시행.

역사

미국 등 선진국에서는 1960년대부터 도입했으며, 한국은 1991년 대기환경보전법에 근거해 처음으로 도입함.

리콜 관련 법령 현황

구분	대상		근거 법령 (주관부처·시행시기)	리콜 요건
일반법	모든 소비재 (용역 포함)		소비자기본법·시행령 (소관중앙행정기관, 1996. 4.)	소비자의 생명·신체 및 재산상의 안전에 현저한 위해를 끼치거나 끼칠 우려가 있는 경우
득별법 (품목별)	자동차	배기가스 관련	대기환경보전법·시행규칙 (환경부, 1991. 2.)	배기가스 관련 부품이 배출 허용기준 위반 시
		자동차 전체	자동차관리법·시행규칙 (건교부, 1992. 9.)	안전운행에 지장을 주는 결함이 발생하거나 발생할 우려가 있는 경우 등
	식품		식품위생법·시행령·시행규칙 (식약청, 1996. 12.)	식품위생상 위해가 발생했거나 발생할 우려가 있다고 인정되는 때
	공산품		품질경영및공산품안전관리법· 시행령·시행규칙 (지경부, 1998. 1.)	안전인증을 받지 않은 안전인증 대상 공산품 등
	축산물		축산물가공처리법시행령 (농림부, 2000. 4.)	공중위생상 위해 발생 시 또는 발생 우려가 있는 축산물
	전기용품		전기용품안전관리법·시행령· 시행규칙(지경부, 2000. 7.)	안전인증검사를 받지 아니하거나 안전기준에 적합하지 아니한 때 등
	의약품		약사법(식약청, 2007. 4.)	공중위생상의 위해가 발생했거나 발생할 우려가 있는 경우 등

066. 마이스터고

개념

마이스터고(산업수요 맞춤형 고등학교)는 유망 분야의 특화된 산업수요와 연계해 영마이스터(Young Meister)를 양성하는 전문계 고등학교를 말하는 새로운 형태의 학교임.

예택

2009년 11월 개정된 '학교 수업료 및 입학금에 관한 규칙'에 의하여 수업료가 전액 면제되며, 기숙사와 현장 수준의 실습실이 갖추어진 시설에서 산업현장 중심의 맞춤형 교육을 받음.

⊙ 마이스터고 졸업생 Career Path: 취업 → 군 복무(특기병) → 취업 복귀

- 마이스터고를 졸업한 후에는 연계된 산업체에 취업해 최대 4년 간 입대를 연기하면서 자기 분야의 경력을 쌓고, 입대하는 경우에는 특기병으로 복무.

현황

2012년 11월까지 마이스터고로 선정된 학교는 2008년 9개교, 2009년 12개교, 2010년 3개교, 2011년 9개교, 2012년 5개교로 총 38개교이며, 이 중에서 2012년 3월까지 총 28개 학교가 개교했고 나머지는 2013년과 2014년에 개교할 예정임.

마이스터고 개교 현황

구분	학교명(분야)
2010년 3월 개교(21개교)	미림여자정보과학고(뉴미디어콘텐츠), 수도전기공업고(에너지), 부산자동차고(자동차), 부산기계공업고(기계), 경북기계공업고(메카트로닉스), 인천전자마이스터고(전자통신), 광주자동화설비공업고(자동차설비), 동아마이스터고(전자기계산업), 울산마이스터고(기계·자동화), 수원하이텍고(메카트로닉스), 평택기계공업고(자동차·기계), 원주의료고(의료기기), 충북반도체고(반도체장비), 합덕제철고(철강), 군산기계공업고(조선·기계), 전북기계공업고(산업기계), 한국항만물류고(항만물류), 구미전자공업고(전자), 금오공업고(모바일제품), 거제공업고(조선), 삼천포공업고(항공·조선)
2012년 3월 개교(7개교)	부산해사고(해양), 인천해사고(해양), 울산에너지고(에너지), 한국바이오마이스터고(바이오), 공주마이스터고(SMT장비), 연무대기계공고(자동차부품제조), 공군항공과학고(항공기술)
2013년 3월 개교 예정(7개교)	서울로봇고(로봇), 삼척전자공고(발전산업), 전남생명과학고(친환경농축산), 포항제철공고(철강), 평해공고(원자력발전설비), 미원공고(차세대전지), 여수전자화학고(석유화학세소)

⊙ 교육과학기술부는 마이스터고 50개교를 육성하겠다는 계획에 따라 '마이스터고 표준요건'에 부합하는 두 개의 특성화고를 마이스터고로 선정했다고 밝힘(2012. 3. 14.).

• 선정된 학교는 미원공업고등학교(차세대전지), 여수전자화학고등학교(석유화학산업)로, 이들 학교는 교육과정 개편 등의 준비를 거쳐 2013년 개교할 예정임.

067. 미국 대학수학능력시험

개념

미국 대학수학능력시험(SAT; Scholastic Aptitude Test)은 미국 대학입학 시 고려하는 요소 중 하나로 여러 개의 시험을 통칭함.

⊙ 우리나라 대학수학능력시험의 모델이기도 함.

역사

1901년 미국에서 최초로 시작됐으며 당시에는 'Scholatic Achievement Test(학업성취시험)'의 약자였으나 1941년 'Scholastic Aptitude Test(학업적성시험)'로 변경. 이후 1994년부터 SAT는 약자가 아니라 미국 대학에서 요구하는 하나의 고유한 시험을 가리키는 이름이 됨.

시행 기관

SAT는 칼리지보드(College Board)라는 시험전문회사에서 주관해 매년 7차례 정도 시행하며 ETS(Education Testing Service)에서 개발·편찬·평가함.

⊙ SAT 논리력 시험(SAT Reasoning Test)과 SAT 과목별 시험(SAT Subject Test)으로 구분되는데, SAT 논리력 시험이 우리나라의 수능시험과 같은 표준화된 시험임.

SAT의 유형

구분	주요 내용
SAT 논리력 시험	• 미국의 대학입학시험으로 가장 널리 사용되며, 독해(Critical Reading), 수학(Math), 그리고 작문(Writing) 영역으로 구성됨 * 각 영역은 모두 800점 만점으로 최하점은 200점이며, 틀린 문항에는 3분의 1 또는 4분의 1점의 감점제도가 적용됨
SAT 과목별 시험	• 특정 과목에 대한 학생의 지식을 측정하기 위한 시험으로 과목별로 치러짐 * 수학(Math I & II), 생물학(Biology), 화학(Chemistry), 영문학(English Literature), 물리학(Physics), 세계사(World History), 미국사(US History), 외국어 등 총 20개의 과목별 테스트에서 선택할 수 있음

068. 미다졸람

개념

미다졸람(Midazolam)은 '펜조디아제핀' 계열의 수면진정제(수면마취제·수면유도제)임.

◉ 프로포폴 등과 함께 최면진정제로 분류(보건복지가족부).

사용

수면리듬이 변화하거나 수면장애를 겪을 때 사용한다거나, 위나 장 검사 시 수면내시경 수면유도제로 사용하기도 하고, 눈이나 코 수술 등 외래수술 환자 마취 시에 사용하기도 함.

특징

중추신경계에 작용해 진정, 불안 해소, 최면 등의 효과를 나타냄.

◉ 진정효과와 함께 수술 등 치료 중 있었던 기억을 지워버림.

위험성

임신부에게 투여하면 태아에게 부정적인 작용을 할 뿐 아니라, 고령자나 만성질환·쇠약 환자에게 과량 투여하면 호흡곤란·정지 등을 일으켜 심하면 사망에 이를 수도 있음.

◉ 정맥주사 시 딸꾹질, 구역, 구토, 기침, 진정과다, 두통, 졸음, 정맥주사 부위의 국소작용(압통, 주사 중 동통, 발적, 경결, 혈전증, 혈전성 정맥염) 등의 위험성이 있음.

◉ 간질환, 폐나 신장질환, 녹내장, 수면무호흡증후군, 알코올 또는 약물 의

존성, 심질환, 급성호흡부전의 질환이 있으면 의사에게 미리 알려야 함.

정맥주사 시 60세 미만의 성인이라면 5mg 이하, 고령자 · 쇠약 환자는 3.5mg 이하를 투여해야 함.

069. 베르테르 효과

개념

베르테르 효과(Werther Effect)는 괴테의 소설 『젊은 베르테르의 슬픔』에 등장하는 주인공 베르테르가 연인과 헤어진 뒤 권총 자살한 것을 따라 당시 유럽의 많은 젊은이가 자살한 데서 나온 용어로 '모방자살', '동조자살'로도 일컬어짐.

◉ 『젊은 베르테르의 슬픔』은 1774년 출간.

발생 시기

한 연구에 따르면 유명 연예인의 자살사건이 텔레비전에 보도된 최초 시점으로부터 열흘간 모방자살률이 크게 느는 것으로 조사됨.*

모방 주체

자살자와 성(性), 연령, 인종이 비슷한 사람들이 주로 모방자살을 하는 것으로 알려짐.**

관련 동향

안재환, 최진실 등 유명 연예인들의 잇따른 자살사건이 매체를 통해 크게 보도되면서 '베르테르 효과'로 자살 동조자가 늘어남.

◉ 2008년 들어 안재환, 최진실 등 유명 연예인들의 자살 이후 성전환 연예인 장채원, 모델 김지후 등의 연예계 인물을 비롯해 일반인들의 자살이 잇따랐음.

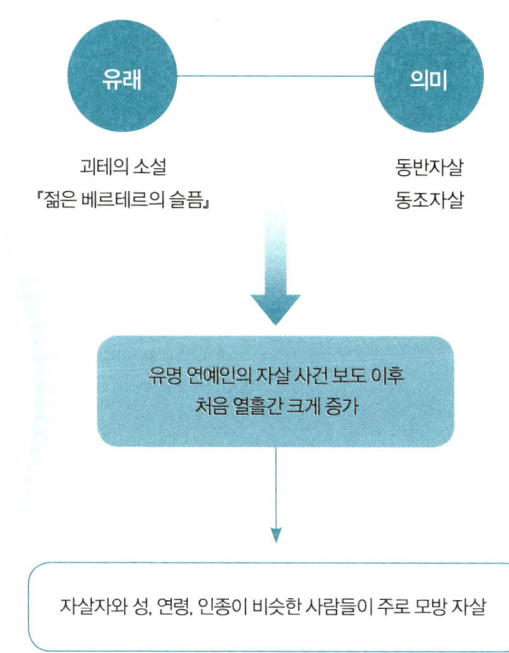

Key Point 베르테르 효과

```
        유래 ──────────────── 의미

   괴테의 소설                    동반자살
「젊은 베르테르의 슬픔」            동조자살

              ↓

        유명 연예인의 자살 사건 보도 이후
           처음 열흘간 크게 증가

              ↓

   자살자와 성, 연령, 인종이 비슷한 사람들이 주로 모방 자살
```

* Stack S., The effect of the media on suicide: evidence from Japan, 1955-1985. Suicide Life Threat Behav., 26(2): 132-42. 1996.

** Schmidtke A., Hafner H., The Werther effect after television films: new evidence for an old hypothesis, Psychol Med, 1988.

070. 블랙아웃

개념

블랙아웃(Blackout, 대규모 정전사태)은 도시나 넓은 지역의 전기가 동시에 모두 끊기는 최악의 정전사태를 일컫는 전기용어임.

- ⊙ 블랙아웃은 전기용어 외에도 의학·군사용어 등에서도 사용되고 있음.
  - 의학용어: 술을 많이 마신 뒤 나타나는 단기기억상실.
  - 군사훈련: 전투기가 급상승할 때 원심력에 의해 조종사 몸의 피가 아래로 쏠리면서 순간적으로 눈앞이 캄캄해지는 현상.
  - 군사전략: 본격적인 미사일 공격을 하기 전에 한 발 또는 수 발의 미사일을 발사해 적의 미사일 방어체계를 무력화하는 전략.

외국 사례

미국의 경우 전기 부족으로 2000년 캘리포니아 주에 제한송전이 이뤄진 데 이어 2003년 뉴욕에서 일시에 정전됨.

- ⊙ 1979년 스리마일 섬 원전 사고 후 원전 건설 중단 등으로 전기공급이 부족했기 때문임.

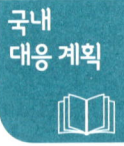

국내 대응 계획

전력경보는 예비력을 기준으로 총 5단계로 구분되며 전력수급에 비상이 걸리면 비상체제를 선포하고 비상매뉴얼에 따라 긴급조치에 돌입.

전력경보의 단계별 조치

구분	주요 내용
1단계(500만kW 이하)	(준비) 업체별 자가발전기 가동 지시 등
2단계(400만kW 이하)	(관심) 1차 전압 하향조정 등
3단계(300만kW 이하)	(주의) 2차 전압 하향조정 및 사전 약정 기업에 전력공급 중단
4단계(200만kW 이하)	(경계) 산업 핵심공정설비 긴급 절전
5단계(100만kW 이하)	(심각) 수용기별 순환 단전

071. 빌보드차트

개념

빌보드차트(Billboard Chart)는 1950년대 중반 이래로 미국 뉴욕의 음악잡지 《빌보드》가 발표하는 차트로서 세계 대중음악 시장의 지표임.

⊙ 빌보드, 유튜브, 아이튠즈는 현재 세계의 음악시장을 나타내는 3대 차트.

구성

크게 '더 빌보드 200'이라 불리는 앨범차트와 '더 빌보드 핫 100'을 일컫는 싱글차트로 구분.

⊙ 전 세계적 음원 파일의 대중화로 앨범차트의 공신력이 약화돼 현재는 싱글차트 순위가 중시됨.

· 대한민국의 K-POP은 일본의 J-POP과 함께 아시아에서 유일하게 빌보드차트에 세부 장르 차트로 구성됨.

기록

1963년 아시아에서는 최초로 일본의 사카모토 큐가 빌보드 싱글차트에서 3주간 1위를 차지.

⊙ 이후 비영어권 국가 가수가 자국의 언어로 순위에 랭크된 기록은 1978년 필리핀의 프레디 아귈라가 유일.

· 이 밖에 영국 밴드 비틀즈는 총 20곡의 노래로 싱글차트 역사상 가장 많은 1위를 차지한 가수로, 미국의 머라이어 캐리와 핑크 플

로이드는 싱글·앨범차트에서 가장 오랫동안 순위에 오른 가수로 기록됨.

관련동향 2012년 9월 27일, 가수 싸이의 곡 「강남스타일」이 진입 2주 만에 '더 빌보드 핫 100'에 2위까지 오르며 우리나라 최고의 기록을 수립.

072. 빗물세

개념

빗물세(Rain Tax, 우수세)는 하수도처리예산 부족에 따라 불투수(不透水) 면적에 비례해 빗물 처리비용을 부과하자는 '독일식 빗물세'를 일컬음.

◉ 독일식 빗물세: 독일은 2000년부터 하수도요금을 상수도 사용량에 따라 부과하는 오수요금에다가 불투수 면적에 비례하는 우수요금을 추가해 징수.

세부 내용

서울의 집중호우 시 발생하는 재원문제에 따라 오수와 우수 처리요금으로 구성된 하수도요금을 분리 운용하자는 계획.

◉ 면적이 큰 공공시설 및 토지의 보유자를 대상으로 세금을 추가 징수할 예정.

  • 50년간 서울의 불투수 면적은 6배 확대(1962년 7.8% → 2010년 47.7%).

기대효과

물 순환도시로서 기후변화에 따른 강우 불균형 시대에 적합한 통합 물관리체계 구축 가능.

◉ 외국의 우수 사례와 같이 활용 가능한 빗물을 가공해 재활용을 추구.

◉ 또 분할 고지되는 세금 내역을 통해 빗물에 대한 인식 제고와 풍부한 지하수 유지로 생태계에 유리할 것으로 기대됨.

관련 동향

시민단체와 전문가들은 서울시의 과거 도심개발 정책의 책임을 증세로 대처하려는 것으로 인식해 반발.

- 이에 박원순 서울시장은 추가세금의 도입이 아닌, 기존 세금체계의 분할을 통해 전문화한 것이라며 '빗물요금'의 구상을 밝힘(2012. 9. 6.).

073. 사이코패스

개념

사이코패스(Psychopath)는 '반사회적 인격장애자'를 뜻하는 말로 성적 욕망, 범죄 및 공격성에 대한 통제력이 부족하고 과거의 실수(잘못)에 대해 반성하지 못하는 정신병적 특성을 가진 사람들을 일컬음.

- 1801년 프랑스의 정신과 의사 필리프 피넬(Philippe Pinel)이 사이코패스 증상에 대해 최초로 저술했으며, 이후 1920년대 독일의 심리학자 슈나이더가 '사이코패시(Psychopathy)' 개념을 설명.
  이 같은 정신장애를 가진 이들은 양심의 가책이 부재하는데, 반사회적 행동을 하고서도 이러한 행동을 통해 만족감을 얻음.

원인

원인이 정확하게 규명되지는 않았지만 선천적 요인으로는 호르몬 분비 이상으로 전두엽 기능이 비정상적이었을 때, 후천적으로는 사고에 따른 전두엽 손상, 기타 호르몬 이상 시, 장기간 극도의 스트레스 노출 시 발병 가능한 것으로 알려짐.

- 원인 규명이 정확하지 않기 때문에 정확한 치료법이 없는 상태.

감별

PCL-R(Psychopathy Checklist-Revised)이라는 진단서로 감별.

- 범죄학의 대가 로버트 헤어(Robert D. Hare)가 사이코패스 체크리스트를 고안.

• 잉글랜드와 웨일즈에서 감옥의 범죄자들을 대상으로 이 진단서를 이용해 사이코패스를 진단해본 결과, 약 15%의 죄수들이 사이코패스 판정을 받음.

국내 사례

국내에서는 연쇄살인범 유영철(21명의 여성 살해), 정남규(13명 살인, 20명 중태), 강호순(7명 살해) 등이 2009년 2월까지 사이코패스로 전문가들의 진단을 받은 인물들임.

074. 쇠고기이력추적제

개념

쇠고기이력추적제(Beef Traceability)는 소에 개체식별번호를 부여*해 소의 출생부터 사육, 양도, 양수, 도축, 가공, 유통 단계에 이르기까지 전 과정을 전산에 등록해 소비자에게 공개하는 것을 말함.

도입 시기

2004년부터 일부 지역에서 시범실시하던 쇠고기이력추적제는 2008년 12월부터 전국으로 확대 시행됨.

- 2007년 11월 '소 및 쇠고기 이력추적에 관한 법률'이 국회 본회의를 통과, 2008년 12월 22일부터 본격 시행됨.
- 2009년 6월 22일부터 유통단계까지 확대 시행됨.

기대 효과

유통경로를 투명화하는 쇠고기이력추적제가 전국적으로 의무화되면서 수입 쇠고기의 한우 둔갑 가능성을 차단, 소비자의 불안 해소로 국내산 쇠고기 소비 촉진 기대.

- 이에 따라 쇠고기시장 개방 확대에 대응해 국내 축산업의 경쟁력 향상에 도움을 줄 것으로 기대.
- 소를 기르는 농가에서는 이력추적법이 시행된 2008년 12월 22일부터 소의 출생·이동 등을 30일 이내에 신고해야 함.

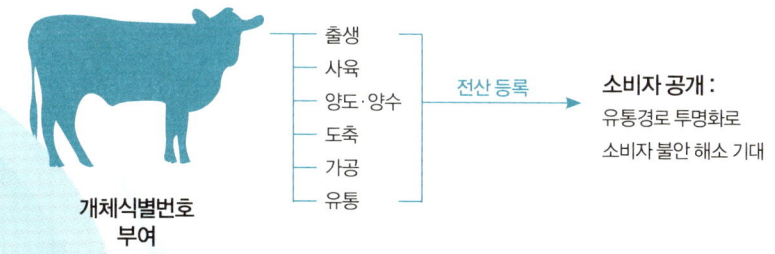

Key Point 쇠고기이력추적제의 개요

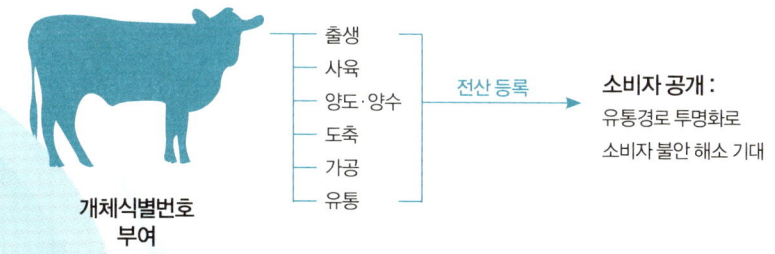

개체식별번호
부여

출생
사육
양도·양수
도축
가공
유통

전산 등록 →

소비자 공개 :
유통경로 투명화로
소비자 불안 해소 기대

＊ 개체이력번호가 기록된 이표(耳標)를 부착.

075. 쌀직불금

개념
쌀직불금(쌀소득보전직불금)은 정부가 쌀 재배 농가의 소득을 일정 수준으로 보장하기 위해 지급하는 보조금으로 쌀 산지가격이 목표가격보다 낮으면 그 차이의 85%를 현금으로 보전하는 제도임.

⊙ 쌀직불제는 정부가 쌀시장 개방에 대비, 지난 2005년 기존의 추곡수매제를 폐지하고 공공비축제로 전환하면서 벼농사 종사자의 소득보전 수단으로 고안.

대상 농지
직불금 지급대상이 되는 농지는 1998년 1월 1일부터 2000년 12월 31일까지 논농업에 이용된 농지(농지법에 의한 농지)로 함.

⊙ '쌀소득 등의 보전에 관한 법률' 제5조 참고.

지급 대상자
직불금 지급대상 농지에서 논농업에 종사(휴경하는 경우를 포함)하는 농업인 등으로 함.

⊙ 다만, 논농업에 이용하는 농지면적이 1,000㎡ 미만인 자, 농지법 11조 1항의 규정으로 농지처분명령을 받은 자는 제외.

⊙ 쌀직불제에서 말하는 '종사'의 개념은 '실제 경작 또는 경영'을 뜻하는 것으로, 기계 등을 활용한 부분적 위탁영농까지 인정돼 소유농지에서 2분의 1 이상의 자기 노동력으로 경작하는 것을 의미하는 농지법상 '자

경'과 차이가 있어 부당지급 문제가 불거질 때마다 논란의 불씨가 되고 있음.

관련 논란

2008년 10월, 직불금을 수령한 공무원이 4만 명이 넘는다는 감사원 감사결과가 공개되면서, 이봉화 보건복지가족부 차관의 직불금 신청 논란으로 직불금 불법수령 파문이 일파만파 확대됨.

076. 유연근무제도

개념

유연근무제도(Purple Job)는 일정한 시간과 형태를 요구하는 정형화된 근무제도에서 탈피해 탄력적으로 근무할 수 있도록 선택하는 제도를 말함.

- 시간제근무나 요일제근무 등과 같이 일종의 근무분할제도를 뜻함.
- 퍼플잡은 출산과 육아로 직장을 그만둬야 했던 구직자들이 재취업에 나설 수 있도록 마련된 일자리로, 직업의 안정성과 경력은 풀타임 근로자와 동일하게 유지하되 여건에 따라 근무시간과 형태를 조절할 수 있는 유연근무제도임.
  - 빨강과 파랑이 섞인 보라색(purple)은 평등, 일, 가정의 조화를 상징.

시행 시기

2010년 여성부에서 시범운영한 뒤 2010년 8월부터 공공기관에 단계적으로 도입.

- 행정안전부에 따르면, '2011년 유연근무제 운영실태 분석' 결과 2011년 중앙과 지방자치단체에서 유연근무제를 이용하는 공무원은 모두 2만 1,021명으로 전년도 5,972명보다 3.5배 늘어남(2012. 2. 23.).

유형

유연근무제도는 유연출퇴근제, 재택근무제, 일자리공유제, 집중근무제, 한시적 시간근무제 등 다섯 가지 유형으로 나뉨.

유연근무제도의 유형

구분	내용
유연출퇴근제	핵심 근무시간을 제외하고는 편리한 시간에 근무하는 형태
재택근무제	회사에 나오지 않고 집에서 근무하는 형태
일자리공유제	하나의 일자리를 두 사람 이상이 나눠 근무하는 형태
집중근무제	1일 근무시간을 늘리는 대신 추가 휴일을 갖는 형태
한시적 시간근무제	근무자가 원하는 일정 기간에 시간을 줄여 근무하는 형태

077. 입학사정관제

개념

입학사정관제는 대학이 고등학교 교육과정, 대학의 학생 선발방법 등에 전문가를 채용해 학생의 성적, 개인환경, 잠재력 및 소질 등을 종합적으로 판단해 학생을 선발하는 제도를 일컬음.

역할

입학사정관은 학생의 성적과 개인환경, 잠재력과 소질 등을 종합적으로 판단해 학생을 선발하고, 연중 입학업무를 전담.

◉ 입학사정관은 학생들의 성적뿐만 아니라 학생들의 개별적 특징을 평가하기 위해 직접 일선 고교를 찾아가 학생 발굴에 나서는 작업도 수행하게 됨.

도입

한국대학교육협의회가 '2007년도 대학입학사정관제 지원사업'을 실시하면서 도입.

◉ 카이스트, 포스텍, 성균관대, 고려대와 한양대, 홍익대에서 입학사정관 전형을 확대하면서 이슈화함(2008. 3.).

기대효과

대학은 학생의 잠재력과 소질, 대학의 설립이념, 발전전략 및 각 모집단위의 특성을 감안해 학생 선발의 자율성을 확보해 우수학생을 선발할 수 있고, 초·중등교육의 정상화를 위한 사회적 책무를 이행하는 데 기여할 것으로 기대됨.

◉ 당장 1~2점의 점수 차이보다는 대학입학 후 발휘될 잠재능력을 위주로 학생을 선발하는 데 관심을 기울이게 하는 계기가 될 것으로 전망됨.

◉ 대입전형 전문가가 학생 선발에 관여함으로써 고등학교 교육과정을 중시하면서 학생부에 대한 활용도가 높아질 것으로 기대됨.

◉ 입학사정관은 연중 입학업무를 전담하게 되므로 대학입학업무의 전문성이 향상되고, 대학은 학생 선발의 자율성을 확보할 수 있을 것으로 기대됨.

078. 잡셰어링

개념

잡셰어링(Job Sharing, 일자리 나누기)은 노동시간을 줄여 그에 해당하는 임금을 낮추고 그 남는 임금과 시간으로 노동자를 더 고용하는 정책임.

정의

국제노동기구(ILO)의 정의에 따르면, 잡셰어링은 '직무 분할'을 통해 한 명의 풀타임 일자리를 두 명 이상의 파트타임 근로자가 나누어 일하는 것을 의미함.

⊙ 일자리 나누기는 임금삭감 또는 근로시간 단축 등을 통해 일자리를 유지하거나 창출하는 것을 뜻하며 워크셰어링(Work Sharing)과 잡셰어링(Job Sharing) 두 가지로 구분.

• 워크셰어링은 근로시간 단축을 통해 일감을 나눔으로써 고용을 유지하거나 창출하는 것을 의미함.

도입 목적

경기침체 시 대규모 감원이나 고용의 축소에 의한 노동자들의 소비감소, 경기위축이 순환 발생하는 것에 대한 대안으로 추진.

관련 동향

정부는 휴일 근무시간을 연장근로에 포함하는 방안을 비롯해 지난 2009년 시행했던 잡셰어링을 본격 추진할 방침을 밝힘 (2012. 1. 25.).

⊙ 금융위기 이후 실업문제가 불거지자 정부가 일자리를 늘리는 방안으로 추진한 바 있음(2009.). 그러나 노동시간 단축보다는 임금삭감에만 초점이 맞춰져 근로조건만 나빠졌다는 지적이 대두함.

• 신입사원 위주의 초임삭감과 함께 잡셰어링 정책으로 창출된 일자리는 정규직이 아닌 인턴이 대부분을 차지.

079. 전자발찌

개념

전자발찌(Electronic Anklet)는 특정 범죄자의 재범 방지와 성행(性行) 교정을 통한 재사회화를 위한 목적으로 그의 행적을 추적해 위치를 확인할 수 있는 전자장치를 신체에 부착하게 하는 부가적 조치를 취함으로써 특정 범죄로부터 국민을 보호함.

◉ 2008년 9월 1일부터 시행.

부착 대상

형법상 강간, 강제추행, 준강간, 준강제추행과 각 **죄의 미수범**, 강간 등 상해·치상, 강간 등 살인·치사, 업무상 위력 등에 의한 간음, 미성년자에 대한 간음·추행 등과 함께 **강도강간도** 포함.

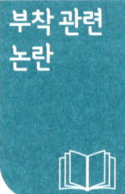
부착 관련 논란

반인륜적 범죄 예방 차원에서 강력한 처벌이 필요하다는 부착 찬성 입장과 이중처벌과 인권·사생활 침해 우려가 있다는 부착 반대 입장이 있음.

◉ 성범죄자들이 마음만 먹으면 너무 쉽게 전자발찌를 끊을 수 있다는 점, 성범죄자들이 전자발찌를 끊고 달아났을 때의 비상통보체계가 부실하다는 점, 전자발찌를 착용한 범죄자의 관리 허술 등도 논란이 되고 있음.

• 현재 사용되는 전자발찌는 비교적 유연한 우레탄 재질로 제작.

- 한편, 일각에서는 전자발찌가 아동 성범죄 예방의 유일한 대책인 것처럼 인식되는 것도 바로잡아야 한다는 목소리를 내고 있음.

◉ 새누리당과 정부가 전자발찌제도의 소급적용을 추진하기로 결정하면서 관련 예산 확보도 시급한 것으로 지적되고 있음.

- 성폭행범 등에게 부착되는 전자발찌는 개당 172만 원의 제작비용이 들어가며, 부착자 20명당 최소 1명의 관리직원이 필요.

080. 타임오프제

개념

타임오프제(Time off, 근로시간면제제도)는 고충 처리, 교섭, 협의, 산업안전과 같이 노사가 공동으로 처리하는 업무에 한해 그 처리시간을 일한 것으로 인정해 급여를 주는 제도임.

- ⊙ 노사가 공동으로 처리하는 업무 항목: 근로자 고충 처리, 단체교섭에 필요한 시간 및 결과를 조합원에게 설명, 노사협의, 사업장 내 산업안전보건과 관련한 사항 처리, 법원·노동위원회 등 권리구제기관 참석 등 노조 활동에 필요한 시간 등.

시행 개요

노사가 공동으로 처리하는 업무 항목을 근무시간으로 인정해 전임자에게 임금을 지급하는 제도로 2010년 7월부터 시행.

- ⊙ 노조 전임자란 근로를 제공하지 않고 노동조합 업무만을 전담하는 사람으로, 사용자에게 노동력을 제공하지 않기 때문에 임금이 발생하지 않지만 사용자의 경영활동에 도움이 돼 기업별 노조 형태에서 급여를 지원받음.
  - • 타임오프 한도시간을 활용할 수 있는 노조 전임자 수를 지정하도록 해 전임자 수는 감소할 것으로 예상.
- ⊙ 타임오프 한도는 노조 규모에 따라 시간 총량단위로 규정.

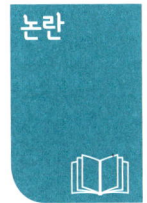논란

2009년 12월 제출된 노동조합및노동관계조정법 개정안에는 "단체협약으로 정하거나 사용자가 동의하는 경우 (중략) 임금 손실 없이 통상적인 노조관리 업무를 할 수 있다"고 규정.

⊙ '통상적인 노조관리 업무'에 대해 노동계는 집회 참여, 전임자 상급단체 파견 등 넓게 해석하려고 함.

  • 반면 고용노동부와 사용자는 적용시간 제한 등 상한선을 두어 좁게 해석하려고 함.

081. 테이저건

개념

테이저건(Taser Gun, 권총형 전기충격기)은 5만 볼트의 고압전류가 흐르도록 설계된 전기총으로, 사거리가 6~7m 정도이며 대테러 및 시위 진압용 장비로 사용함.

⊙ 5cm 두께의 직물을 투과하며 국내는 2003년에 도입됨.

모양

길이는 15.3cm, 폭 3.3cm이고 무게는 175g 정도로 권총형임.

⊙ 검찰은 지난 2005년부터 2007년까지 총 98정을 구입했으며, 국내에서는 강력범죄자를 저지하는 용도로 11회에 걸쳐 사용됨(2009. 7.).

위력

테이저건은 총알 대신 탐침이 발사되고, 이 탐침에 맞으면 중추신경계가 일시 마비돼 쓰러짐.

논란

이라크 주둔 미군과 미국 경찰서를 중심으로 총기류 대안으로 널리 쓰이고 있으나 각종 인권단체와 전문가들은 테이저건의 부작용을 지적하며 사용금지를 촉구하는 상황임.

⊙ 2008년 6월 NIJ(미국 법무부의 연구조사·개발·평가기관) 특별보고서와 미국 국방연구소 등에서 시행한 60여 건의 연구 결과 인체 무해 판정을 받은 것으로 알려짐.

• 반면 캐나다방송국(CBC)의 보고서는 테이저건이 무려 50%의

심장마비나 발작 가능성을 초래할 만한 위력을 지닌 것으로 밝힘.

⊙ 실제로 2001년부터 2008년까지 테이저건으로 400명이 사망한 것으로

보고서는 집계.

082. 팝콘브레인

개념

팝콘브레인(Popcorn Brain)은 튀긴 팝콘처럼 곧바로 튀어 오르는 것에만 반응할 뿐, 사람의 감정이나 느리게 변화하는 진짜 현실에 대해서는 무감각해진 뇌 구조를 뜻함.

사용

미국의 공공과학도서관 온라인 학술지《PLOS One》가 성인을 대상으로 한 실험에서 "스마트기기에 지나치게 중독되면 '팝콘브레인'으로 뇌 구조가 바뀐다"는 연구결과를 발표(2011. 6.).

⊙ 미국 방송 CNN에서 최초로 '팝콘브레인'이라는 용어 보도.

• 스마트폰과 태블릿PC 등을 활용한 멀티태스킹에 익숙해지면 뇌의 생각중추인 회백질의 크기가 줄어든다는 연구결과가 나옴.

현상

전자기기에 인간이 점차 예속되고 인간관계는 점점 소원해지면서 집 안에 처박혀 외출을 거부하는 은둔형 외톨이 '히키코모리족', '코쿤족' 등이 등장함.

관련동향

전문가들은 인터넷 이용 강국인 우리나라의 유치원생 컴퓨터 사용률은 이미 50%를 넘어섰고, 교육 목적상의 이용 연령층이 더욱 낮아지고 있는 상황으로 '팝콘브레인' 위험에 빠질 수 있다고 경고.

⊙ 2015년까지 모든 초등학교의 교과서를 태블릿PC로 교체하겠다는 계획

발표 등 최첨단 정보화기기들이 교육환경을 구성하고 있어 우려되는 상

황임.

083. 포괄수가제

개념

포괄수가제는 특정 질병에 대해 진료 횟수나 종류에 상관없이 일정한 진료비를 책정하는 제도임.

⊙ 환자가 어떤 질병의 진료를 위해 입원했었는가에 따라 미리 책정된 일정액의 진료비를 지급하는 지불 방식.

⊙ 진료 행위마다 개별적으로 진료비를 부과하는 '행위별수가제도'의 반대 개념.

도입 배경

검사를 추가하거나 입원기간을 연장하는 등 병원들의 과잉진료를 막아 환자들의 진료비 부담을 줄이기 위해 도입.

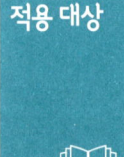

적용 대상

일곱 개 질병군에 한정하며 중증 정도에 따라 다시 52개 질병군으로 세분화해 진료비를 책정.

⊙ 일곱 개 질병군: 제왕절개 분만·자궁 및 자궁부속기 수술(산부인과), 백내장 수술(안과), 맹장염 수술·치질 수술·서혜 및 대퇴부 탈장 수술(일반외과), 편도 및 아데노이드 수술(이비인후과).

추진 일정

1997년 시범사업을 시작으로 2012년 7월 병·의원급에서 의무적으로 시행되고, 2013년 7월 모든 의료기관에 의무 적용됨.

Key Point 포괄수가제와 행위별수가제

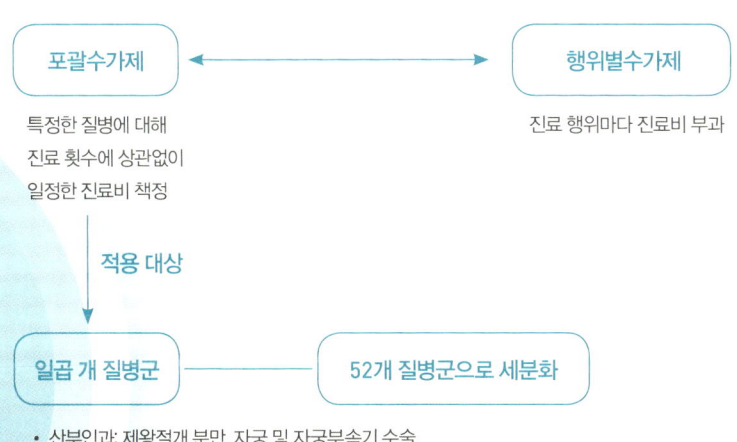

포괄수가제 ◄──────► 행위별수가제

특정한 질병에 대해
진료 횟수에 상관없이
일정한 진료비 책정

진료 행위마다 진료비 부과

적용 대상

일곱 개 질병군 ──── 52개 질병군으로 세분화

- 산부인과: 제왕절개 분만, 자궁 및 자궁부속기 수술
- 안과: 백내장 수술
- 일반외과: 맹장염 수술, 치질 수술, 서혜 및 대퇴부 탈장 수술
- 이비인후과: 편도 및 아데노이드 수술

084. 품질시스템평가

개념

품질시스템평가(QSA; Quality System Assessment) 프로그램이란, 미국산 쇠고기에 대한 자율규제를 미국 정부가 간접 보증하는 월령 제한 프로그램을 가리킴.

⊙ 쇠고기 추가협상 결과 미국 농무부가 '한국 QSA' 마련.

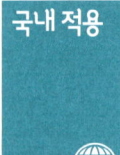

국내 적용

미국 육류 수출업체들이 자발적으로 한국 수출용 쇠고기에 '30개월 미만' 기준을 설정하고 이에 맞춘 생산 프로그램을 제시하면, 미국 정부가 프로그램의 운영을 점검·인증하는 간접 개입 방식임.

⊙ 이 프로그램의 인증이 없는 미국산 쇠고기는 전량 반송될 예정이며, 2회 이상 문제가 발견된 작업장에 대해 수입 중단 조치를 취할 수 있게 되는 등 검역주권을 어느 정도 확보했으나, 전수조사 권한은 여전히 확보하지 못함.

• 단, '한국 QSA'라는 자율규제에 미국의 모든 육류업체가 들어가 있지는 않음.

논란

미국 정부가 위생조건에 대해 '수출증명'으로 직접 보증하던 방식인 EV 프로그램이나 30개월 미만인 소의 살코기만 수입하던 2007년의 경우에도 수차례 뼛조각이 발견된 바 있는데,

수출증명보다 보증 강도가 떨어지는 QSA를 실시하면 비슷한 상황이 발생할 우려가 존재.

⊙ 한편 30개월 월령 제한 시한과 관련해서 '한국 국민의 신뢰가 회복될 때까지' 금지하기로 함으로써 언제까지 월령 제한을 둘지 미지수.

Key Point 품질시스템평가(QSA)

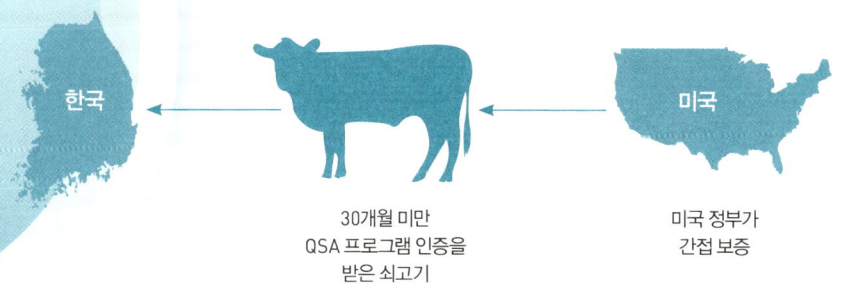

한국

30개월 미만
QSA 프로그램 인증을
받은 쇠고기

미국

미국 정부가
간접 보증

085. 필리버스터제도

개념

필리버스터(Filibuster)제도는 '합법적 의사진행 방해행위'를 뜻하는 것으로, 국회에서 소수파 의원들이 다수파의 독주를 막거나 기타 필요에 따라 합법적 방법과 수단을 통해 의사진행을 고의로 방해하는 행위를 말함.

⊙ 질문 또는 의견진술이라는 명목으로 행하는 장시간의 연설, 법안의 통과·의결 등을 막기 위한 오랜 시간의 발언, 출석 거부 또는 의석 이탈 등으로 의사진행을 지연 또는 방해하는 행위 등이 있음.

국내 실정

한국은 1973년 이전까지는 장시간 연설의 필리버스터가 가능했으나, 1973년 국회법을 개정해 의원의 발언시간을 제한해 폐지됨.

⊙ 현행 국회법은 의원의 통상적 발언시간을 15분(의사진행 발언은 5분) 내로 제한하고 있으며, 동일의제에 대한 발언도 2회로 제한하고 있음.

국내 사례

1964년 당시 의원이던 김대중 전 대통령이 김준연 의원 구속동의안을 저지하기 위해 5시간 19분 동안 연설한 사례가 있음.

⊙ 필리버스터 최장 기록은 1969년 신민당 박한상 의원으로 3선 개헌을 막기 위해 10시간 동안 법사위에 질의함.

미국(상원): 필리버스터제도를 명문화하지 않았지만, 의원의 발언시간 제한 규정을 두지 않음. (1957년 스트롬 서먼드 상원의원이 민권법을 저지하기 위해 24시간 18분 동안 발언함.) 남용을 방지하기 위해 재적 의원 5분의 3(60석) 이상의 동의가 있으면 토론을 종결하도록 하고 있음. 영국: 의원의 발언이 지나치게 길면 하원의장이 질의를 중지시킬 수 있음. 기타: 프랑스는 무더기 수정안 제출, 일본은 천천히 연단에 서는 '우보(牛步)전술' 등의 필리버스터 사례가 있음.

086. 한미대학생연수취업 프로그램

개념

한미대학생연수취업 프로그램(WEST; Work, English Study and Travel)은 2008년 8월 한미 정상회담에서 합의한 어학연수 및 인턴취업연계 프로그램임.

◉ 한국 대학생 및 1년 이내 졸업생이 미국에서 최장 18개월간 체류하면서 미국 국무부가 선정한 세 개 연수기관*에 소속돼 어학연수(5개월), 전문분야 인턴(12개월), 여행(1개월)을 할 수 있도록 한 프로그램임.

시행 시기와 규모

2009년 3월 시범사업을 시작으로 1기 공식 출범식을 가졌으며, 연간 400명 내외의 인원을 선발.

지원 자격

4년제 대학은 2년 이상, 2년제 전문대학은 1년 이상 학업을 마친 학생 또는 졸업한 지 1년이 지나지 않은 졸업생을 대상으로 함.

◉ 지역적·계층적으로 균등한 기회를 보장하기 위해 지방대학·저소득층을 할당제로 선발.

◉ 지원자는 토플과 토익 점수, 학점, 대학 추천장, 에세이 등을 토대로 선발.

실효성 논란

지나친 비용 부담과 미국 내 준비 부족 문제 등으로 실효성 논란이 제기되고 있음.

⊙ WEST 프로그램 지원 시 약 3,000만 원이 필요하며, 미국에서도 WEST 프로그램을 이수한 사람을 인턴으로 채용하는 기업들이 아직 없는 상태임.

＊ Association for International Practical Training(AIPT), Council on International Educational Exchange(CIEE), Intrax Cultural Exchange.

3
New Dictionary of Current Issues

IT·방송통신

087. LTE

개념

LTE는 'Long Term Evolution'의 약자로서, 4세대 이동통신서비스(G)로 3세대 이동통신(3G)을 장기적으로 진화시킨 기술이라는 뜻에서 붙여진 명칭임.

- 현재의 LTE는 다운로드 속도가 최대 173Mbps 수준이기 때문에 3세대 이동통신과 4세대 이동통신의 중간에 해당하는 기술이라는 의미로 3.9세대 이동통신(3.9G)으로 분류되기도 함.

도입 의의

통신망 부하문제를 해소할 뿐 아니라 데이터 전송 속도를 크게 개선, 기존 이동통신으로는 구현하기 어려운 대용량 온라인게임, 고화질 동영상 실시간 다운로드, 입체영상 시청 등 각종 서비스가 가능해짐.

- 스마트폰 가입자가 2천만 명을 돌파하고, 이 중 절반이 통신사의 데이터 무제한 요금제에 가입함에 따라 트래픽이 폭증하면서 3세대 이동통신망의 속도가 저하됨.

속도 수준

데이터 전송 속도가 현행의 3G망보다 다섯 배 이상 증가.

- 다운로드 속도가 최대 173Mbps[*]로 700MB 용량의 영화 한 편을 1분 내 다운로드하는 것이 가능.

전망

오는 2013년까지 다운로드 속도는 1Gbps(Giga bit per second), 업로드 속도는 500Mbps 수준으로 향상할 것으로 기대됨.

＊ Mbps(Mega bit per second): 1초당 100만 비트를 보낼 수 있는 전송 속도.

088. MVNO

개념

MVNO란 'Mobile Virtual Network Operator'의 약자로 가상이동망 사업자(이동통신 재판매 사업자)를 뜻함.

⊙ 이동통신망이 없는 사업자가 이동통신망을 보유한 SKT, KT, LGT 등 네트워크운영사업자(MNO)로부터 통신망을 빌려 무선 서비스를 하는 사업자로 통신망 임대방식 통신사업을 진행.

장점

KT와 SK텔레콤 등 이동통신 사업자로부터 망을 빌려 20% 이상 저렴한 요금의 이동통신 서비스 제공이 가능.

주요 업체

한국케이블텔레콤, SK텔링크, 온세텔레콤 등이 MVNO 사업을 준비하는 주요 업체.

도입 현황

대통령직인수위가 2008년 통신비 인하를 위해 기존 통신업체의 망을 빌려 휴대전화 가입자를 별도로 모집하는 가상이동통신망 서비스 사업을 허용한 이후 2010년 9월 MVNO법이 국회를 통과했으며, 2011월 7월 서비스 도입·시행.

⊙ 방송통신위원회가 2011년 7월 사업을 시작할 이동통신 재판매 사업자 지원방안을 내놓음(2011. 5. 16.).

　• 한국케이블텔레콤과 CJ헬로비전, 프리텔레콤, 에넥스텔레콤, 에

버그린모바일, 씨엔커뮤니케이션, 위너스텔, KT파워텔, 몬티스타 텔레콤, 씨엔엠브이엔오, 비앤에스솔루션, 자티전자, 에프아이텔, 리더스텔레콤 등의 사업자들이 진입(2012. 5.).

Key Point **MVNO의 개요**

SK
KT
LGT

통신망 임대 → **사업자**

20% 저렴한 이동통신 서비스 제공
- 한국케이블텔레콤
- SK텔링크
- 온세텔레콤 등

089. 게임셧다운제

개념

게임셧다운(Shutdown)제는 청소년의 인터넷게임 중독을 예방하고 건강한 성장을 지원하기 위해 16세 미만 청소년에게 자정부터 오전 6시까지, 여섯 시간 동안 일부 인터넷게임의 제공을 제한하는 청소년보호법 개정안을 가리킴.

⊙ 인터넷게임 제공자는 오전 0시 이전에 접속한 16세 미만 청소년에 대해서는 0시가 되면 인터넷게임 이용을 중단시키고, 0시부터 오전 6시까지는 16세 미만 청소년의 신규접속을 차단해야 함.

적용

2011년 11월 20일부터 시행된 셧다운제는 PC 온라인게임 중심으로 우선 적용.

⊙ 스마트폰, 태블릿PC는 16세 미만 청소년의 보급률이 낮으므로 셧다운제 적용을 2년간 유예. 비영리 목적으로 제공되고 개인정보를 수집하지 않는 일부 게임물에 대해서도 셧다운제 적용을 유예.

셧다운제 적용 대상과 유예 대상

구분		개인정보 수집 또는 이용 여부	
		수집 또는 이용하지 않음	수집 또는 이용함
게임 이용료	무료	셧다운제 적용 유예	셧다운제 적용
	유료	셧다운제 적용	셧다운제 적용

- 콘솔기기는 적용을 유예하되, 게임 이용에 추가비용이 요구되는 경우에만 셧다운제를 적용.

관련 동향

2011년 11월 20일부터 게임셧다운제를 시행하기로 하면서 실효성 논란이 일었음.

⊙ 적용 기준이 모호하고 청소년들이 성인의 주민등록번호를 도용해 접속하면 대책이 없어 그 실효성 여부도 미지수라는 의견이 제기됨.

⊙ 문화연대는 게임셧다운제를 규정한 청소년보호법 개정안으로 인해 청소년들의 행복추구권 및 교육권, 평등권이 침해를 받았다며 헌법소원 심판 청구서를 내놓음(2011. 10. 28.).

090. 디도스

디도스는 악성 트래픽 공격인 '분산서비스거부(DDos; Distributed Denial of Service)'로 특정 사이트에 엄청난 양의 데이터를 한꺼번에 보내 과부하가 걸리게 함으로써 정상적인 서비스를 못하게 하는 해킹 수법임.

⊙ 디도스 해킹으로 특정 사이트와 업체를 목표로 해 서비스를 방해하고 금품을 뜯어낸 사례가 있음.

DDos는 표적이 된 사이트에 계속 접속하게 하는 바이러스성 프로그램을 유포시키게 되며, 이 프로그램에 감염된 PC는 표적 사이트에 반복적으로 접속하게 됨.

⊙ 감염된 PC를 원격조정해 특정 사이트에 한꺼번에 집중 접속하도록 함으로써 사이트 접속 장애를 일으킴.

• 2000년 2월 아마존과 이베이와 같은 전자상거래 관련 사이트 등이 공격을 받아 사이트 장애가 발생하면서 일반인에게 알려지기 시작.

2001년 7월에 윈도즈2000과 윈도즈NT 서버를 경유해 미국 백악관의 사이트를 디도스 방법으로 마비시키는 바이러스 '코드레드II'가 등장, 전 세계를 긴장시킴.

⊙ 웜바이러스 '코드레드'의 변종으로, 발견된 지 보름 만에 전 세계적으로

30만 대의 시스템을 감염시킴(국내 시스템도 최소 3만여 대 감염).

Key Point 디도스 공격의 개요

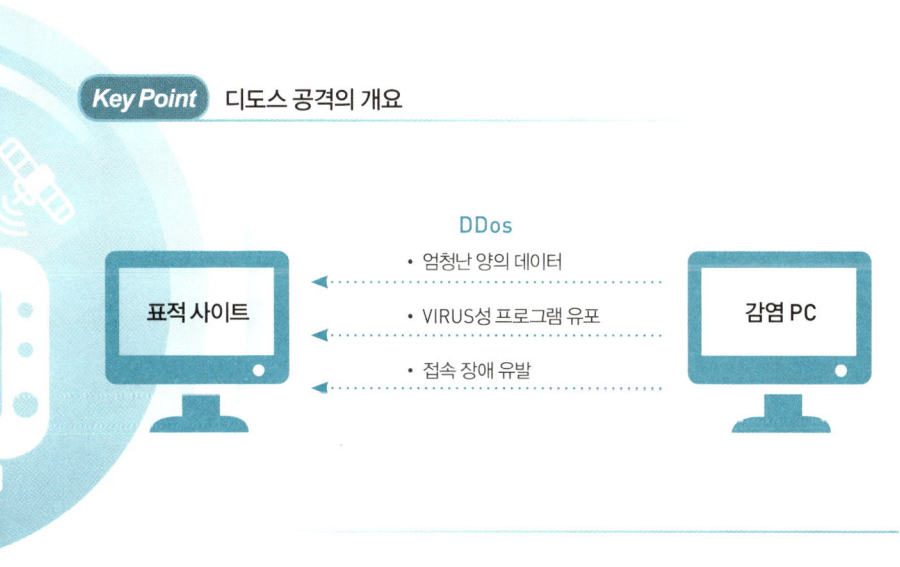

091. 미디어렙법

개념

미디어렙(Media Representative)은 방송사의 위탁을 받아 광고주에게 광고를 판매해주고 판매대행 수수료를 받는 방송광고 판매대행사로 보도·편성 등을 무기 삼아 기업에 광고를 압박하는 등의 폐단을 막기 위해 마련된 장치임.

한국의 경우

방송프로그램의 제작·편성과 광고를 분리하고 한국방송광고공사가 독점해왔던 광고판매대행 체제를 '1공영 다민영'으로 바꾸는 내용을 골자로 함.

- 종합편성채널의 렙 위탁 3년 유예(승인 기준), 공영방송(MBC 포함) 공영렙 지정, 민영렙 최대지분 40% 이하 및 지주회사 출자 금지, 중소 방송에 대한 연계 판매(과거 5년간 평균 매출액 이상) 등이 골자임.

외국 사례

미국은 1888년 에마뉘엘 카츠(Emmanual Katz)가 뉴욕에 'Special Advertising Agency'를 설립해 1930년 라디오광고 판매대행을 하면서 본격적으로 시작.

- 유럽은 1928년에 프랑스의 IP사가 미디어렙 업무를 최초로 실시. 프랑스는 1987년 민영미디어렙을 허용하면서 공·민영 미디어렙 2원 체제를 채택.

2012년 1월 6일 한나라당(현 새누리당) 단독으로 처리하고 국회 본회의가 잇따라 무산되는 등 여야 간 갈등을 빚어온 미디어렙 법안을 같은 해 2월 9일 본회의에서 처리.

⊙ 방통위는 전체회의를 열어 미디어렙법 입법 이후 중소 방송 지원에 대한 우려가 제기됨에 따라 미디어렙에 허가조건을 붙여 중소 방송 지원 의무를 부과하기로 함(2012. 2. 3.).

092. 보이스피싱

개념

보이스피싱(Voice Phishing)은 범행 대상자에게 전화(음성)를 걸어 개인정보를 불법적으로 알아내 이를 토대로 예금을 인출하거나 송금을 요구하는 전화 사기로, 국내에서는 지난 2006년 6월 첫 피해가 발생함.

대표적 수법

자녀를 납치했다며 돈을 요구하든가, 금감원·국세청·건강보험공단 직원 등을 사칭해 과다지불한 세금 또는 보험금을 환급한다며 사기를 치는 수법 등이 대표적임.*

⊙ 최근에는 유학생 부모를 상대로 하는 신종 보이스피싱이 빈발.**

⊙ 신용카드가 발급됐다면서 사기조직의 대포통장으로 계좌이체를 유도하거나 ARS 전화를 이용해 우체국을 사칭, 허위로 소포가 도착 또는 반송 예정이라 유도함으로써 개인정보를 수집하는 사례도 늘고 있음.

특징

상당수가 중국 등지에 콜센터를 두고 전화 사기 행각을 벌이고 있어 전화 상태가 불량하며 범행인의 한국말 억양도 이상함.

예방법

전화를 걸어 개인정보를 요구하거나, 금융기관의 자동화 창구 현금인출기(ATM)를 조작하도록 유도하는 경우에는 절대로 응대하지 말아야 하며, 우편물을 버릴 때는 개인정보가 기재된 부분을 파기할 것.

* 가까운 현금지급기에 가서 전화를 받도록 유인, 범인들이 불러주는 정보(은행 계좌번호 등)를 누르게 함으로써 입금된 돈을 인출.

** 외국에 유학 중인 학생들의 한국 내 부모에게 전화를 걸어 자녀를 납치했다거나 자녀가 다쳤다며 돈을 요구하는 신종 보이스피싱 범죄 사례가 빈발.

093. 빅데이터

개념

빅데이터(Big Data)는 기존의 데이터베이스나 아키텍처가 저장, 관리, 분석할 수 있는 범위를 초과하는 거대한 규모의 데이터 집합 또는 이를 분석하는 기법을 뜻함.

차세대 이슈

빅데이터가 차세대 이슈로 떠오른 이유는 다음과 같음.*
①ICT 주도권이 데이터로 이동 ②공간, 시간, 관계, 세상을 담는 데이터 ③미래 경쟁력과 가치 창출의 원천 등으로 분석됨.

기대효과

산업 각 분야의 효율 증진과 비용 감소에 기여할 수 있음.

◉ 마케팅: 예전에는 의미 부여가 힘들었던 대용량 데이터를 분석할 수 있기 때문에 소비자의 심리나 행태를 파악하고 전략을 짜는 것이 용이함.

◉ 정치: 미국 대선과 한국 총선·대선에서도 빅데이터 분석을 통해 선거결과를 예측할 수 있을 것으로 기대됨.

관련 동향

IT 서비스 기업들은 국내 기업들이 모바일센서나 소셜미디어 등에서 생성되는 대량의 비즈니스데이터에 집중하는 점에 주목하며 잇따라 관련 솔루션을 선보이고 있음.

◉ 최근 경제·사회 현안들을 해결하는 실마리가 될 수 있어 새롭게 주목받는 분야임.

◉ 2012년 1월에 열린 세계경제포럼(다보스포럼)에서 빅데이터 기술은 '새로운 가능성을 여는 중요한 기술'로 지목됨.

Key Point 빅데이터의 개요

빅데이터

기존의 규모를 초과하는
거대한 규모의 데이터 집합
또는 이를 분석하는 기법

차세대 이슈로 떠오름

산업 각 분야의 효율 증진과 비용 감소 기여

＊「신 가치창출 엔진, 빅데이터의 새로운 가능성과 대응 전략」(한국정보화진흥원, 2012.).

094. 소셜네트워킹서비스

개념 소셜네트워킹서비스(SNS; Social Networking Service)는 온라인을 통해 사람과 사람을 연결하고 정보공유, 인맥관리, 자기표현 활동을 하며 타인과의 관계를 관리하는 서비스로 1인 미디어, 1인 커뮤니티 등을 포괄하는 개념임.

⊙ SNS는 미니홈피, 블로그, 마이크로 블로그, 커뮤니티(카페·클럽) 등을 포함함.

주요 SNS 예시

사이트명	주요 내용
네이트 : 싸이월드 (한국)	· 네이트 앱스토어라는 이름으로 소셜앱 서비스 오픈(2009. 9. 30.) · 50여 개 개발사를 통해 100여 개의 소셜앱들을 서비스 · 단 한 번이라도 네이트 앱스토어를 이용해본 유저 수가 250만 명을 넘어섰으며 유저와 매출 측면에서 지속적 성장세
페이스북 (미국)	· 2004년 2월 설립한 세계 최대의 소셜네트워킹서비스 · 전 세계 페이스북 사용자 수는 7억 6,700만 명을 돌파했고 대한민국 페이스북 사용자 수는 427만 명을 돌파(2011. 10. 14. 기준)
트위터 (미국)	· 미국 벤처기업인 오비어스(Obvious Corp.)에서 개발한 마이크로 블로깅 중 하나로 2006년 8월 공식 론칭 · 140자 한도의 단문을 이용해 근황을 간단히 표현하는 서비스로 빠른 정보의 입력·확산으로 각종 정보 전달의 매체로 주목받고 있음 ※ 국내의 미투데이(네이버), 토씨(SK커뮤니케이션즈) 등이 유사함
믹시 (일본)	· 2009년 5월경부터 오픈소셜 기반의 플랫폼 서비스를 시작 · 1위 앱은 500만 명 이상의 유저를 보유 ※ 열 개 중 일곱 개의 소셜게임들이 모바일을 통한 플레이를 지원

업계 동향

최근 SNS 이용자 수가 증가하면서 광고, 마케팅 등 중요한 비즈니스시장으로 주목받고 있으며, 내부 조직 혁신 및 정부-시민 간의 원활한 소통을 위한 수단으로도 주목을 받고 있음.

- 2001년 서비스를 시작으로 SNS의 원조가 된 싸이월드가 2005년 일본 등 6개국에서 서비스를 시도한 데 이어, 2011년 11월에는 일곱 개 언어로 세계시장에 재도전할 의사를 밝힘.

국내 현황

국내 인터넷 이용자의 65.7%는 SNS 이용자이며 이용자의 29.6%가 업무용도로 이용하고, 모바일(스마트폰 포함)을 통해 SNS를 이용하는 경우는 5.8%로 나타남.*

관련 동향

한니라당(현 새누리당)은 전기통신사업법 일부 개정안(사회관계망서비스(SNS)차단법)을 발의했다가 철회하기로 함(2011. 11.). — 표현의 자유를 제약할 수 있다는 지적이 제기되면서 논란이 됨.

- 개정안은 불법적 통신, 이용자의 요청, 통신망의 보안과 혼잡해소 등 세 가지 이유가 있을 때 접속을 원천 차단하고 구체적 내용을 대통령령으로 정하도록 하고 있음.

* 2010년 5월 기준 국내 인터넷 이용자 수는 3,701만 명.

세계를 뒤흔든 'SNS 혁명'

영국 폭동, 아랍의 봄, 미국 월가 시위 등에서 핵심 도구 역할을 하며 시위 정보를 신속히 교환하고 여론을 주도하는 창구로 이용되기도 함.

◉ 영국(2011. 8.): 영국 경찰은 런던의 폭동에 대해 소셜네트워킹서비스인 트위터와 페이스북, 블랙베리 메신저를 주범으로 지목.

◉ 이집트(2011. 2.): 이집트에서는 '4·6 청년운동'과 페이스북 홈페이지 '우리는 모두 칼레드 사이드' 등을 통해 반정부 시위가 제안됐고 이 소식이 SNS를 타고 빠르게 번지면서 2011년 1월, 카이로에서 본격적 대규모 시위가 시작됐음. 18일간 이어진 시위로 대통령이던 호스니 무바라크는 2011년 2월 11일에 결국 권좌에서 물러났으며 'SNS 혁명'이라는 신조어를 탄생시킴.

◉ 미국(2011. 10.): "Occupy Wall Street!(월가를 점령하라!)"라는 구호로 2011년 7월부터 시위가 시작됐는데, 시위대가 2011년 10월 15일을 '국제행동의 날'로 지정해 시위를 전 세계로 파급시킴. 이 월가 시위도 스마트폰과 태블릿PC, 노트북 등의 전자기기를 통해 실시간으로 미국은 물론 세계 전역에 알려짐.

Key Point SNS의 기본 개념

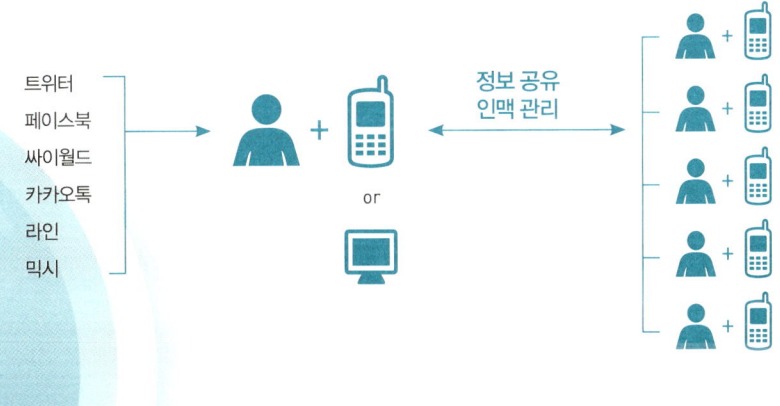

트위터
페이스북
싸이월드
카카오톡
라인
믹시

or

정보 공유
인맥 관리

095. 소셜커머스

개념

소셜커머스(Social Commerce)는 소셜미디어(SNS)와 온라인 미디어의 결합을 통해 상품과 서비스를 구매하는 새로운 전자상거래(유통 비즈니스) 모델을 말함.

◉ 글로벌 인터넷 포털 야후(Yahoo)가 지난 2005년 '소셜커머스'라는 용어를 처음으로 사용.

유형

소셜링크형, 소셜웹형, 공동구매형, 오프라인 연동형 등이 있으며, 이 중 '공동구매형' 소셜커머스가 붐.

특징

소비자는 상품을 50%가량 저렴하게 구매할 수 있어 대폭적 할인 혜택을 얻고, 업체는 대량 판매 및 홍보 수단으로 활용.

◉ 소비자들은 최소 구매 물량 확보를 위해 SNS를 통해 자발적으로 정보를 확산시킴.

소셜커머스의 유형과 내용

사이트명	주요 내용
소셜링크형	· 전자상거래 사이트에 페이스북이나 트위터 등과 같은 SNS로 이동할 수 있는 (버튼 형식의) 링크를 제공하는 방식
소셜웹형	· 웹링크뿐 아니라 전자상거래 사이트에서 이루어지는 구매, 리뷰 등과 같은 소비자의 행동이 소비자의 SNS에 자동으로 반영돼 사이트 내에 소셜네트워크의 기능이 구현되는 형태
공동구매형	· 제품별로 정해진 최소 구매 수량이 달성될 시 할인 혜택을 제공하는 방식으로, 2008년 세계 최대 소셜커머스 기업인 미국의 Groupon(그루폰)* 설립 이후 전 세계적으로 공동구매형 소셜커머스 붐이 발생
오프라인 연동형	· 오프라인 공간을 SNS에 연결하는 형태로, 오프라인에서 스마트폰 등과 같이 네트워킹이 가능한 단말기(디바이스)를 이용해 위치기반 서비스 등을 활용, 소셜네트워크와 연결하는 유형

* 창업 2년 만에 세계 최대 소셜커머스 업체로 성장했으며 현재 전 세계 30여 개국에 진출.

096. 스마트그리드

개념

스마트그리드(Smart Grid)는 전기의 생산, 운반, 소비 과정에 정보통신기술을 접목함으로써 공급자와 소비자가 상호작용해 효율성을 높일 수 있도록 한 지능형 전력망시스템을 말함.

- 스마트그리드라는 개념이 등장한 것은 2003년 미국 캘리포니아와 뉴욕 등에서 발생한 대규모 정전 사고 때임.

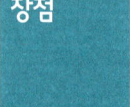

장점

스마트그리드는 단순히 전력망을 지능화하는 것에서 그치는 것이 아니라 다른 산업과 연계할 수 있다는 점에서 큰 파급효과를 가지고 있음.

- 에너지의 효율적 사용을 위해 기존 단방향 전력공급이 공급자와 소비자 간에 양방향으로 전환되면서, 비용 절감 및 업무효율성 증대, 시간대별·지역별 전기사용량 증감에 따른 전력 배분의 효율화가 가능해짐.

외국의 동향

미국, EU, 일본 등 세계적으로 스마트그리드 사업이 추진됨.

- 미국: 2003년 '그리드 2030' 국가 비전을 수립하고 올해 30개 실증사업과 174개 보급사업을 진행하고 있음.
- 유럽연합: 2006년 '스마트그리드 비전 & 스트레티지'를 발표하고 지난 2011년 말까지 23개국에서 약 38억 유로를 투자해 실증 및 보급사업을 진행함.

◉ 일본: 2011년 222억 엔을 투자해 국내 4개, 외국 13개 지역에서 관련 사업을 진행함.

Key Point   스마트그리드의 개요

스마트그리드

지능형 전력망시스템
2003년 미국의 대규모 정전 사고 때
스마트그리드라는 개념 등장

산업 간 연계로 큰 파급효과

• 비용 절감, 업무효율성 증대
• 전력 배분의 효율화

세계적인 스마트그리드 사업 추진

097. 위키리크스

개념

위키리크스(WikiLeaks)는 일종의 집단 지성 사이트이자 국제 폭로 사이트로서, 일반적으로 공개되지 않은 정보를 일반인과 언론에 노출(leak)시키는 비영리기관 형태로 운영됨.

◉ 공식홈페이지 주소는 http://www.wikileaks.org

설립자

오스트레일리아* 출신 1971년생 줄리언 어산지(Julian Assange).

◉ 1987년(당시 16세) 해커단체 〈International Subversive〉를 조직해 'journalist activist'로 활동.

◉ 위키리크스에서 본인이 밝히는 공식직함은 대변인(spokesperson).

특징

자발적으로 활동하는 많은 사람이 집단 지성의 형태로 참여(제보)하는 사이트로 정보 제공자의 익명성을 보장.

◉ 압력이나 검열로 보도되지 못하나 윤리적, 정치적, 역사적으로 중요한 의미가 있는 정보 위주로 노출하는 것이 이 사이트가 지향하는 미션임.

논란

미국의 외교·안보 정보 25만여 건을 비롯해 중국, 러시아, 이라크, 아프가니스탄 등 민감한 지역에 대한 핵심 정보를 공개하면서 파문을 일으킴(2010. 12.).

◉ 북한의 쿠데타 시도설, 김정일의 건강 상태, 북한의 핵개발 동향 등도 공개.

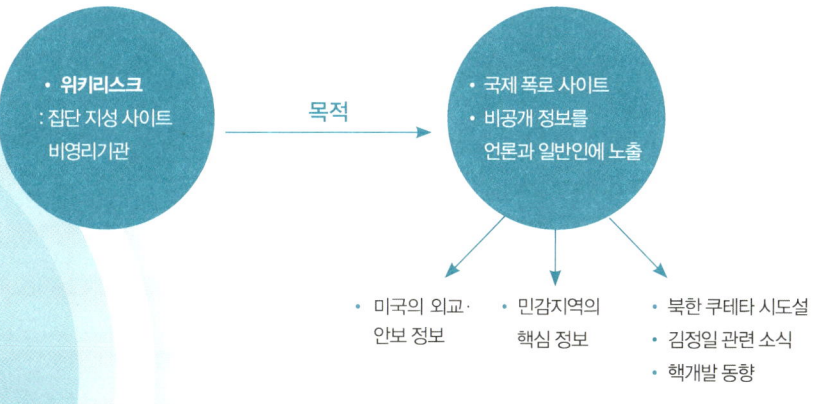

- **위키리스크**
: 집단 지성 사이트
 비영리기관

목적 →

- 국제 폭로 사이트
- 비공개 정보를
 언론과 일반인에 노출

- 미국의 외교·
 안보 정보

- 민감지역의
 핵심 정보

- 북한 쿠테타 시도설
- 김정일 관련 소식
- 핵개발 동향

＊ 오스트레일리아 북동부 퀸즐랜드 주 출생.

098. 인터넷TV

개념

인터넷TV(IPTV)란 'Internet Protocol Television'의 약자로 초고속 인터넷망으로 뉴스·영화 등 각종 프로그램을 전송해 텔레비전으로 시청하는 서비스를 가리킴.

특징

시청자가 편리한 시간에 원하는 프로그램을 볼 수 있고, 쇼핑·검색·주식·교육 등 다양한 부가서비스도 이용 가능함.

⊙ 기존에는 일반 텔레비전에 전용 모뎀이나 셋톱박스를 연결해 인터넷 서비스를 이용한 데 비해 IPTV는 초고속인터넷망을 통해 직접 텔레비전 수상기에서 동영상 등의 인터넷 서비스를 이용함.

차별성

기존 텔레비전이 방송국의 프로그램을 일방적으로 전송받아 제공했던 것과 달리 IPTV는 양방향 TV 서비스를 제공해 시청자가 보고 싶은 시간에 보고 싶은 방송을 선택해 시청할 수 있음.

⊙ 사용자의 입맛에 맞는 멀티미디어 콘텐츠를 실시간으로 서비스하는 것이 가능해 기존의 방송시스템과 크게 차별화할 수 있음.

국내 현황

2008년 11월부터 실시간 방송이 포함된 IPTV가 상용화됨.

⊙ IPTV는 KT(olleh TV), SK브로드밴드(구(舊) 하나로텔레콤 하나TV), LG데이콤(my LGtv)에서 서비스하고 있음.

외국 현황

일본, 홍콩, 이탈리아 등 일부 국가에서 시행 중.

Key Point 인터넷TV의 기본 개념

뉴스·영화·각종 프로그램

초고속 인터넷

양방향

인터넷 사업자

텔레비전 시청

- 시청자가 원하는 시간에 보고 싶은 방송을 시청
- 다양한 서비스 이용

099. 인터넷전화번호이동제

개념

인터넷전화(VoIP)번호이동제는 집전화번호로 인터넷전화를 사용할 수 있도록 기존의 070으로 시작하는 인터넷전화번호를 일반 시내전화번호로 변경하는 제도임.

- ⊙ 070으로 시작하는 인터넷전화번호는 060 등으로 시작하는 스팸전화와 혼동돼 소비자들의 불편을 초래.

- ⊙ 현재 인터넷전화를 사용하려면 기존 시내전화번호를 해지하고 고유의 인터넷전화식별번호(070 번호)를 부여받아야 함.

도입 시기

2008년 6월 시행 예정이었지만 긴급통화 시 발신자 위치추적이 안 되는 문제 등으로 도입을 미뤄오다 같은 해 10월 30일부터 시행.

번호 이동 과정

신청 후 번호이동성관리센터 TC → 전산 심사 → 변경 전 사업자 통보 및 확인 → 개통을 위한 사업자 간 협의 → 개통 절차 진행 순으로 진행.

기대효과

집전화번호로 인터넷전화 사용이 가능해짐에 따라 약 300만 명에 이르는 일반전화 가입자가 인터넷전화로 대거 이동하면서 유선통신시장 구도에 큰 변화가 예상됨.

⊙ KT가 유선통신시장을 독점하고 있는 상황.

Key Point 인터넷전화번호이동제의 기본 개념

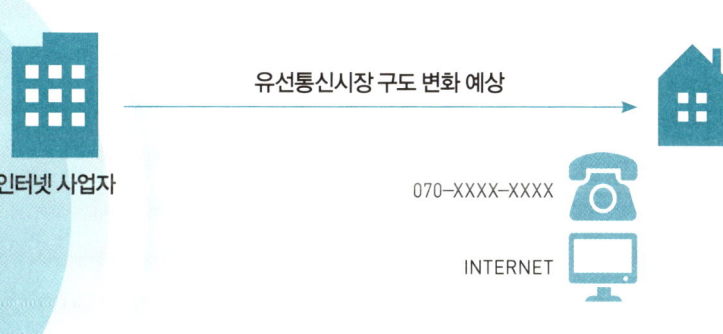

유선통신시장 구도 변화 예상

인터넷 사업자

070-XXXX-XXXX

INTERNET

100. 인터넷종량제

개념

인터넷종량제는 인터넷 사용시간과 데이터 전송량에 따라 요금을 부과하는 제도임.

◉ 현재 시행 중인 인터넷정액제의 반대개념.

찬성 입장

인터넷종량제 도입 시 정보 평등, 인터넷 중독 예방 등이 가능하다는 입장으로, 인터넷 사용시간과 데이터 전송량에 따라 요금을 부과하면 현행의 정액제보다 수익을 늘릴 수 있어 KT 등 일부 통신사업자들을 중심으로 도입 필요성이 제기됨.

◉ 2004년 KT가 초고속인터넷 요금 변경 방침을 발표하는 등 일부 통신사업자들이 도입 필요성을 제기했다가 여론의 반대로 입장을 철회.

반대 입장

인터넷종량제 도입 시 요금 인상이 불가피하며 빈부격차에 따라 인터넷 사용량이 달라져 정보격차도 확대될 것이라는 점을 들어 반대.

◉ 상위 5%의 사용자가 전체 인터넷 데이터양(트래픽)의 절반가량을 차지한다며 종량제 실시로 정보 평등이 가능하다고 주장하는 종량제 도입 찬성 입장을 반박.

방송통신위원회는 정부가 가계통신비 부담 완화 정책을 추진하고 있는 새 정부에서 인터넷종량제를 추진한다는 것은 소문일 뿐이라며 이에 대해 공식 부인(2008. 5. 5.).

- 인터넷종량제를 시행한다는 소문이 인터넷 등을 통해 확산됨에 따라 정부가 공식 입장을 발표한 것임.

101. 트위터

개념

트위터(twitter)는 '지저귄다'는 의미로 단문 블로그 서비스, 마이크로 블로그(micro blog) 서비스로 소셜네트워킹서비스(SNS)의 하나임.

- ◉ 사용자들은 단문 메시지 서비스, 인스턴트 메신저, 이메일 등을 통해 '트위트(140바이트 한도 내의 문자, 다른 말로 업데이트)'를 트위터 웹사이트로 보낼 수 있음.

개발

트위터는 2006년 3월, 샌프란시스코 지역의 벤처기업인 오비어스(Obvious Corp.)가 만들어 오픈함.

- ◉ 트위터의 창업주는 잭 도시, 노아 글래스, 비즈 스톤, 에반 윌리엄스로 2007년 '사우스 바이 사우스웨스트 웹 상(South by Southwest Festival's Web Award)' 블로그 부문을 수상함.

서비스 시작일

2006년 7월 13일에 서비스를 시작했으나 미국에서 빛을 보게 된 계기는 2008년 11월 인도 뭄바이 테러사건 때임.

목적

지인 중심의 빠른 소통으로, 트위터에 글을 올리면 다수의 지인이 휴대전화 문자메시지로 바로 확인할 수 있게 하는 것임.

특징

①문자메시지가 무료인 미국의 네트워크 환경을 배경으로 시작 ②쌍방향 커뮤니케이션이 아니라 사용자의 일방적 이야기 (140바이트)를 업데이트 ③로그인과 승인절차 없이 글을 볼 수 있음.

◉ 사용자의 이야기를 듣고자 팔로우(follow: 사용자의 업데이트를 구독한다는 뜻)를 한 다른 사용자에게 즉시 전달됨.

102. 휴대폰자급제

개념

휴대폰자급제, 즉 '블랙리스트제도'는 이동통신사에 관계없이 휴대전화기를 사서 쓸 수 있는 제도를 뜻함.

- ⊙ 개방형 IMEI(International Mobile Equipment Identity, 단말기 국제 고유 식별번호)* 제도로 명명하기도 함.

특징

휴대폰자급제 시행 시 제조사, 가전매장, 대형마트, 편의점 등에서 휴대전화기를 구매한 후 원하는 이동통신사를 통해 개통 가능.

- ⊙ 비싼 요금제와 최대 30개월에 달하는 약정에 구애받지 않고 쓸 수 있음.
  - • 현행 단말기 유통구조는 이동통신사를 통해 단말기를 구매하고 해당 이통사의 서비스에 가입하는 구조로, 이통사가 단말기 보조금을 주는 대신 약정기간 동안 사용자를 자사 서비스에 묶어둠.

기대효과

휴대폰자급제 도입 시 단말기 유통시장 경쟁을 통해 약정 부담이 사라지고, 통신사 선택의 폭이 더 넓고 자유로워질 것으로 보이며, 요금 인하도 유도할 수 있을 것으로 기대.

- ⊙ 통신사가 독점해오던 현행 휴대전화 유통시장에 일대 변화가 예상됨.

한계

기존 제도가 단말기 가격 부담을 덜고 가입할 수 있었다면, 휴대폰자급제 도입 시에는 100만 원에 가까운 고가 단말기를 보조금 없이 구매해야 함.

* 이동전화 단말기를 출고할 때 제조사가 부여하는 단말기 국제 고유 식별번호로, 외국은 IMEI 등록 여부와 상관없이 통신을 허용하는 반면 국내 이동통신사들은 지금까지 이동통신사들이 IMEI를 관리하는 폐쇄형 IMEI 관리제도를 시행.

4 New Dictionary of
Current Issues

지역·부동산

103. 그린벨트

개념

그린벨트(Greenbelt)는 개발제한구역(Development Restriction Area)이라고도 하며, 도시의 경관을 정비하고 환경을 보전하기 위해 설정된 녹지대를 의미함.

도입 취지

1960년대 산업화가 급속히 진행되면서 각종 도시문제를 해결하기 위해 도입.

- ⦿ 주택은 물론 도로, 상하수도와 같은 기반시설이 부족한 상황에서 자연의 훼손을 막자는 취지.
- ⦿ 정부는 1971년 도시계획법을 개정해 그린벨트를 지정할 수 있는 근거를 마련한 뒤 1977년까지 8차례에 걸쳐 5,397.1㎢를 그린벨트로 지정함(전 국토의 5.4%로 논, 밭 등 농경지와 임야, 대지, 자연취락지도 포함).

구분

생산녹지와 차단녹지로 구분.

- ⦿ 생산녹지: 농경·목축·임업·수산 등의 경제적 목적을 겸하며, 도시를 둘러싸고 있는 광활한 농장·유원지·임야와 산지 등으로 이루어짐.
- ⦿ 차단녹지: 주택 등을 공장의 배기가스·소음으로부터 보호하는 동시에 대도시의 시가지가 무제한으로 팽창하는 것을 막기 위해 도시 외곽에 설치함으로써 도시민에게 쾌적한 환경을 제공하려는 목적을 가짐.

제한 행위

건축물의 신축·증축, 용도변경, 토지의 형질변경 및 토지분할 등의 행위가 제한됨.

⊙ 국토해양부 장관, 도지사, 시장, 군수 등의 승인 또는 허가를 받아 구역 설정 목적을 위배하지 않는 한도 안에서 개발하는 행위는 가능.

104. 대주단협약

개념

대주단은 건설업계를 지원하기 위해 보험사, 증권사, 자산운용사, 저축은행 등 186개에 달하는 금융기관이 결성한 채권단을 말함. 일시적 자금난에 몰린 우량 건설업체를 구제하기 위해 2008년 4월 출범한 금융권의 지원 프로그램을 대주단협약(건설사 대주단(채권단) 협의회 운영협약)이라고 함.

⊙ 2008년 4월 도입됐다가 2010년 말 종료 직전 1년 연장되었으며 2008년 4월 시행 이후 2011년 11월 말까지 총 55개 사가 협약을 적용받음.

설립 배경

2007년 하반기부터 건설회사들의 자금 사정이 어렵다는 이야기가 나오면서 은행별로 대응하기보다는 공동 대응하는 것이 효과적이라는 판단에 따라 설립됨.

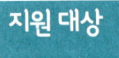

지원 대상

흑자도산 위기에 놓인 우량 건설업체들.

가입 방법

대주단협약에 가입하기 위해 건설업체가 가입 신청서를 제출하면 주채권은행이 판단해 '대주단협약' 가입 여부를 결정.

⊙ 기본적으로 신용등급 BBB⁻ 이상인 기업이 신청할 수 있지만, 투기 등급인 경우에도 주채권금융기관의 판단에 따라 가입할 수 있음.

혜택

유동성 위기를 겪는 건설업체가 대주단협약에 가입하면 기본적으로 대출 만기가 연장되고, 선별적으로 추가 금융지원도 받아 경영 정상화의 기회를 잡을 수 있게 됨.

⊙ 은행 등 채권금융회사 입장에서는 건설업체들의 줄도산을 막고 건설업계의 구조조정을 촉진해 대규모 금융 부실을 피할 수 있음.

우려 사항

건설사들은 대주단협약에 가입하면 회사 사정이 어려운 것으로 비쳐 오히려 공사 수주나 공사 대금 결제에 어려움을 겪을 수도 있다는 우려에서 대주단 가입을 꺼림.

105. 보금자리주택

개념

공공이 짓는 중소형 분양주택과 임대주택을 포괄하는 새로운 개념의 주택을 가리킴.

◉ 저렴한 비용으로 국민이 원하는 위치에, 원하는 주택에서 거주할 수 있도록 하는 수요자 중심의 종합주택정책임.

◉ 2008년 9월 19일 국토해양부가 발표한 '국민 주거안정을 위한 도심 공급 활성화 및 보금자리주택 건설방안'을 통해 제시된 주택 개념.

특징

도심이나 개발제한구역 등 도시 인근 선호지역에 건설할 계획이며, 공공이 직접 건설하는 등 수요자 맞춤형으로 지을 예정.

◉ 무주택 서민을 위해 2018년까지 보금자리주택 150만 호를 공공(한국토지주택공사, 지방 공사 등)이 직접 건설해 공급할 계획임.

청약 방식

인터넷 사전예약시스템을 통해 신청한 사람 중 예비 당첨자를 선정하는 사전예약제 도입.

◉ 택지실시계획 승인을 완료한 단지를 묶어서 개략 설계도, 평형, 호수, 분양가를 일괄 제시해 청약할 수 있도록 함.

서민 보금자리주택 공급계획

유형		호수	프로그램 내용
분양주택		70만	· 중소형 저가주택 공급
임대주택	공공 임대 (10년 임대)	20만	· 10년간 임대 후 분양 전환 · '지분형 임대주택' 위주로 공급해 서민들의 점진적 자가 소유를 촉진(능동적 복지 구현)
	장기 전세 (10~20년 임대)	10만	· 월 임대료 부담이 없는 '장기 전세형'으로 공급해 수요자들에게 다양한 선택 기회 부여(도심 위주로 공급)
	장기 임대 (30년 이상)	50만	· 국민임대 40만 호: 시중가의 60~70%로 공급 (소득에 따른 차등임대료제, 전세·월세 선택제) · 영구임대 10만 호: 최저소득계층을 위해 공급 재개 (재정지원으로 시중가의 30%로 공급)

106. 서울광장

개념

서울시 중구 태평로 1가에 있으며, 총면적 1만 3,207㎡(잔디 6,449㎡, 화강석 6,758㎡)인 타원형의 잔디 광장임.

유래

서울시가 2004년 3월 3일부터 같은 해 4월 5일까지 시청 앞 광장 명칭을 인터넷으로 공모, 109명이 제안한 '서울광장'이 공식 명칭으로 선정됨.

◉ 조성 배경: 2002년 월드컵을 계기로 서울광장이 붉은악마 응원의 메카로 부각하면서 시민 결집과 커뮤니케이션을 위한 공간이 필요해졌고 이후 광장 조성을 위한 논의가 본격적으로 진행됨.

역사

서울광장의 역사는 고종이 러시아 공사관으로 피신했다가 월산대군 사저(덕수궁)로 돌아온 1897년부터 시작됨.

◉ 황제의 자리에 오른 고종은 나라의 기틀을 새로이 하기 위해 덕수궁 대한문 앞을 중심으로 방사형 도로를 닦고 앞쪽에는 광장과 원구단을 설치.

◉ 이때부터 대한문 앞 광장은 고종 보호 시위, 3·1운동, 4·19혁명, 한일회담반대시위, 6월항쟁에 이르기까지 시민의 주요 정치활동 무대가 됨.

◉ 2002년 월드컵 기간에는 시민 축제의 마당으로 이용됨.

사용 규정

서울특별시서울광장의사용및관리에관한조례 제4조의 규정에 따라 사용하고자 하는 날의 60일 전부터 7일 전에 신청해야 함.

Timeline 서울광장의 역사

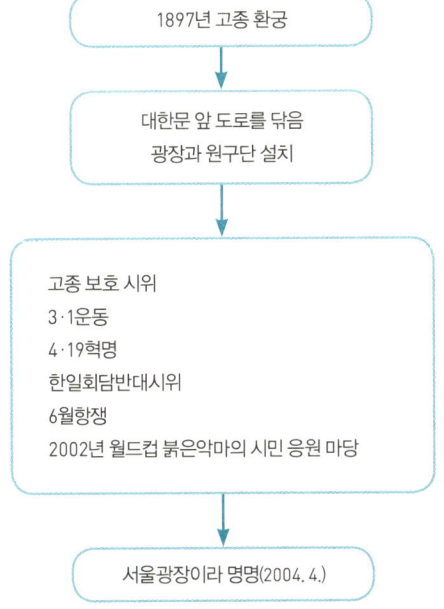

1897년 고종 환궁

↓

대한문 앞 도로를 닦음
광장과 원구단 설치

↓

고종 보호 시위
3·1운동
4·19혁명
한일회담반대시위
6월항쟁
2002년 월드컵 붉은악마의 시민 응원 마당

↓

서울광장이라 명명(2004. 4.)

107. 역전세대출제도

개념

역(逆)전세대출제도는 집주인이 세입자에게 전세금을 돌려줄 수 있도록 정부가 기금이나 세계잉여금*을 활용해 전세금 반환 자금 일부를 빌려주는 대신 집주인은 집을 담보로 제공하는 제도를 말함.

- ◉ 역전세란 경기침체로 부동산 가격이 하락하면서 기존보다 내린 전세 금액만큼 돈을 돌려달라는 세입자들의 요구에 당장 새로운 세입자나 목돈을 구하지 못한 집주인들이 세입자들에게 매월 이자를 주는 것을 말함.

도입 배경

집값이 크게 떨어졌던 1997년 외환위기 당시 85㎡ 이하의 주택에 한해 역전세대출제도를 실시함.

- ◉ 역전세난(亂)으로 발생한 집주인과 세입자 간 전세금 분쟁을 원만하게 해결하고 부동산시장의 안정과 자금 여력이 적은 중소형 주택 소유자들을 지원하기 위해 시행함.

관련 동향

2009년 1월 11일, 집주인이 세입자에게 돌려줘야 하는 전세보증금을 정부 기금을 통해서 지원받는 것이 아니라, 은행에서 쉽게 빌릴 수 있도록 정부가 보증을 서는 방안으로 방향을 바꾸는 것이 검토됨.

- ◉ 정부는 역전세난이 주로 넓은 면적의 주택에 몰려 있어 국민주택기금 재

원의 한계가 발생, 대출 보증 쪽으로 선회.

• 역전세대출보증제도가 도입되면 일정한 수수료를 내고 최고 1억 원의 대출 보증을 받을 수 있을 것으로 기대.

• 2009년 1월 8일, 시중 은행 최초로 우리은행이 '역전세지원 대출' 상품을 출시함.

Key Point 역전세대출제도의 개요

* 정부 예산을 초과한 세입과 예산 가운데 쓰고 남은 세출불용액(歲出不用額)을 합한 금액.

108. 용적률거래제

개념 용적률거래제는 지역별 용적률의 수급 불일치를 줄이고자 서로 다른 지역의 용적률[(건물 연면적*÷대지)×100%]을 사고팔 수 있도록 한 제도를 말함.

도입 배경 문화재청과 국토연구원이 문화유산 주변 일대 보전과 개발을 조화시키기 위해 문화유산 보전의 대안으로 '용적률거래제' 도입을 제안.

장점 택지개발지구는 용적률을 사서 개발 이익을 높일 수 있고, 각종 규제로 용적률을 제한받는 지역**은 사용하지 못하는 용적률을 팔 수 있어서 해당 지역 주민의 재산 피해를 막을 수 있음.

단점 용적률 매입으로 개발 단가가 높아지고, 개발 단가가 높아지면 실제 용적률 거래량이 많지 않을 수도 있음.

---

* 건물 연면적: 지하 부분을 제외한 지상 부분 건축물의 면적이 기준임.

** 용적률을 제한받는 지역: 문화재보호구역이나 생태계·습지 보존구역 등.

외국 사례

미국은 1970년대 문화재 보호를 위해 용적률거래제를 도입해 습지·상태계·산지 등의 보호 용도로 확대해왔음.

⊙ 일본은 도쿄 역사 주변을 개발할 때 용적률이전제를 시행, 인근에 고층 건물을 지을 수 있도록 함.

Key Point | 용적률거래제의 도입 취지

	용적률거래제 도입	
• 문화유산 주변 일대의 땅 보전 • 용적률 제한 지역 용적률 판매 　: 재산 피해 막음	→	택지개발지구 용적률 구입 : 개발 이익 ⇧

109. 장기전세주택

개념 장기전세주택(시프트, SHift)은 주변 전세 시세 대비 70~80% 가격에 입주해 최장 20년 동안 살 수 있는 주택으로 서울시가 공급함.

⊙ 서울시와 SH공사가 중산층·실수요자를 위해 준비한 신개념 주택.

⊙ '교체하다', '바꾸다'라는 뜻의 'SHift'는 주택업계의 잘못된 관행을 바로 잡겠다는 서울시의 주택정책을 상징.

공급 현황 서울시는 그간 은평뉴타운 등에 전용면적 59㎡, 85㎡ 등 두 가지 주택형의 시프트(장기전세주택)를 공급했으며, 마포구 대흥동을 시작으로 역세권 주변에도 시프트를 공급하기로 결정 (2008. 11.).

⊙ 추후 민간 재건축 시프트에는 전용면적 115㎡ 이상의 대형주택을 공급할 계획이 포함됨.

　• 2008년 4월부터 11월 말까지 총 2,777가구 공급.

　• 역세권 장기전세주택의 요건은 역 반경 500m 이내 지구단위계획구역 내 300㎡ 이상의 면적에 주택 100가구 이상.

관련 논란

서울시가 2008년 12월 중 처음으로 전용면적 85㎡(25.7평형)를 초과하는 중대형 장기전세주택 400여 가구를 공급하기로 하자 '중대형'주택 공급에 대한 반발이 커졌음. 하지만 서울시는 장기전세주택 유형의 다양화를 통한 주거안정 기반 확립을 위해 중대형 장기전세가 필요하다는 입장을 견지함.

⊙ 서울시는 2008년 10월 30일, 12월 중순 강동구 강일지구에 국민주택 규모인 전용면적 85㎡(25.7평)를 초과하는 114㎡ 규모의 장기전세주택 417가구를 처음으로 공급하기로 발표.

• 성동구 하왕십리동 왕십리뉴타운에 짓는 주상복합에서도 중대형 장기전세주택 37가구(전용면적 90㎡ 28가구와 124㎡ 9가구) 공급계획을 수립함.

110. 주택연금

개념

주택연금은 소유주택을 담보로 연금을 지급받는 상품으로 역모기지론의 일종임.

◉ 집을 소유하고 있으나 소득이 부족한 고령자들이 안정적 수입을 얻을 수 있도록 집을 담보로 맡기고 소유주택에 살면서 생활비를 평생 연금방식으로 지급받는 것.

특징

평생 거주·평생 지급, 공적 보증, 낮은 대출금리, 저렴한 초기 비용, 세제지원.

주택연금의 내용

구분	주요 내용
평생 거주·평생 지급	평생 가입자와 배우자 모두에게 거주와 연금 지급 보장 ☞ 차입자 사망 시 배우자에게 연금이 계속 지급되며 부부 모두 사망 시 금융기관이 주택을 처분, 그간 지급된 대출금과 이자를 상환받음
공적 보증	국가가 연금 지급을 보증하므로 연금 지급 중단 위험 없음
낮은 대출금리	일반 주택담보대출보다 낮은 금리 적용
저렴한 초기 비용	저당권 설정 시 등록세, 지방교육세, 농특세, 국민주택채권 매입 의무 면제
세제지원	주택연금 대상 주택은 재산세의 25%를 감면받고, 대출이자 비용이 연금소득공제 대상이 됨

가입 절차

상담 신청 → 심사(이용자 요건 심사, 현장 방문 조사, 담보주택가격 평가 등) → 보증 약정·담보 설정(약정서 작성, 근저당권 설정) → 보증서 발급(온라인 또는 은행 방문).

지급 방식

수시인출 한도 설정 없이 월 지급금을 '종신 지급'받는 방식과 수시인출 한도를 설정하고 나머지 부분을 월 지급금으로 종신 지급받는 '종신혼합 지급' 방식으로 구분.

111. 주택전매제한제도

개념

주택전매제한제도는 주택법에 따라 건설·공급하는 주택의 입주자로 선정된 지위(소위 분양권) 또는 주택에 대해 일정한 기간 전매를 제한하고, 일정한 경우 사업 주체 등의 동의를 받은 때에만 이를 허용하는 제도임.

◉ 법적 근거: 주택법 제41조 2항, 영 제45조 2항.

◉ 위반 시 처벌(동법 제96조): 3년 이하의 징역 또는 3천만 원의 벌금.

도입 배경

주택 실수요자가 아닌 자가 전매차익을 노리고 주택을 공급받으려는 투기행위를 방지하고자 도입.

◉ 주택 수급 불균형으로 초과수요가 발생, 투기 성행 문제 등이 발생함에 따라 투기적 수요를 억제하고 실수요자에게 주택을 공급하기 위해 도입.

전매 제한구역

투기과열지구, 분양가상한제 적용 주택, 주택공영개발지구 내 분양가상한제 미적용 주택.

주택전매제한구역 세부 내용

	지역	전매제한 기간
투기과열 지구인 경우	수도권, 충청권	계약 가능일~소유권이전등기 완료 시(최대 5년)
	수도권, 충청권 외 지역	계약 가능일~1년

유형			전매제한 기간
지역	택지 종류	주택 규모 (전용면적)	
수도권	공공택지	85㎡ 이하	과밀: 계약 가능일~5년 기타: 계약 가능일~3년
		85㎡ 초과	과밀: 계약 가능일~3년 기타: 계약 가능일~1년(투기과열지구 3년)
	민간택지	85㎡ 이하	과밀: 계약 가능일~3년 기타: 계약 가능일~1년(투기과열지구 3년)
		85㎡ 초과	투기과열지구: 계약 가능일~3년 비투기과열지구: 계약 가능일~1년
수도권 외 지역	공공택지	모든 주택 규모	투기과열지구: 계약 가능일~3년 비투기과열지구: 계약 가능일~1년
	민간택지	모든 주택 규모	투기과열지구 · 충청권: 계약 가능일~3년 · 충청권 외 지역: 계약 가능일~1년 비투기과열지구: 없음

분양가 상한제 적용 주택인 경우

주택 규모 (전용면적)	전매제한 기간
85㎡ 이하	계약 가능일~5년
85㎡ 초과	계약 가능일~3년

주택공영 개발지구 내 분양가상한제 미적용 주택

112. 토지은행

 **개념**

토지은행(Land Bank)은 정부가 개발 예정지나 개발 가능 토지를 미리 확보해 기간도로망 신설, 신도시 개발 등 공공개발이나 공익사업을 시행하는 정부, 공기업, 민간에 저가로 토지를 공급하는 것으로 국가 차원의 토지수급 관리시스템임.

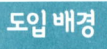 **도입 배경**

국가의 토지비용 절감 및 부동산시장 안정을 위해 도입.

 **기대효과**

대규모 공공개발사업 시 별도로 토지를 수용할 필요가 없어 사업기간 단축 및 사업비용 축소 효과 발생.

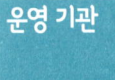 **운영 기관**

한국토지주택공사 내 설립.

⊙ 단, 회계는 정부가 직접 통제·감독할 수 있도록 독립 계정으로 운영하기로 함.

 **운영 계획**

국토해양부는 2009년 상반기 중 토지은행을 설립하고 그 이후 연내 산업단지용, 사회간접자본(SOC)용으로 각 1조 원 상당의 토지를 매입하는 것을 시작으로 2014년까지 총 10조 원 규모의 토지를 매입, 비축하기로 함.

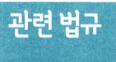

관련 법규

국토부는 토지은행 도입을 위해 공공토지의비축에관한법률을 공포(2009. 2. 6.).

- 이 법률의 시행령과 시행규칙도 같은 날 입법 예고.

Key Point 토지은행의 기본 개념

113. 하우스푸어

개념

하우스푸어(House Poor)는 무리한 대출로 주택을 구매한 뒤 모기지 상환 때문에 빈곤한 생활을 영위하는 계층을 통칭하는 신조어임.

⊙ 국내 하우스푸어는 약 100만~300만 명에 이를 것으로 추산됨(2012. 9.)

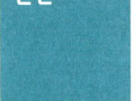

원인

장기주택담보대출과 비교해볼 때, 집값 급락과 실질소득 감소에 따른 부채 비용의 압박, 투자심리 자극 등이 가장 큰 요인으로 지적됨.

⊙ 실제 2012년 6월까지 국내 주택가격은 26주 연속 하락했으며 경기 변화와 관계없이 매년 갱신되는 금리주기로 채무자에게 부담 전가.

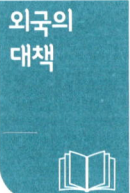

외국의 대책

미국은 장기고정금리형 상품이 주택담보대출의 90% 이상을 차지하고 있으며, 이에 따른 위험 부분은 공적 지원기관이 부담.

⊙ 현재는 주택 포기 시 대출 채무에 관해 책임을 면제시키는 비우량주택담보대출제도의 확대 적용을 검토하고 있어 주목됨.

⊙ 독일, 네덜란드, 스위스 등 유럽 국가들에서는 주택담보대출의 만기를 20~30년, 금리변동주기를 5년 형태로 유지함으로써 금융회사와 차입자 간의 위험을 분산.

　• 해당 시중은행은 주택담보대출 채권인 커버드본드를 활용해 모

기지 유동성 위험 요인을 줄이고 장기자금을 자국민에게 조달할 수 있음.

국내의 대책

최근 정부는 배드뱅크 설립을 통해 매각된 주택을 채무자에게 고정가격으로 재판매하는 세일앤드리스백(Sale and Lease Back; 매각후임대)* 제도를 논의(2012. 9.).

---

* 세일앤드리스백은 주택담보대출을 받은 집주인이 은행에 집을 팔아 일단 대출금을 갚고, 은행은 원래 집주인에게 다시 임대했다가 원래 집주인이 나중에 돈이 생기면 우선하여 집을 살 수 있는 우선권을 부여한 것을 말함.

과학 · 환경

114. 개기일식

개념

개기일식(皆旣日蝕, Total Solar Eclipse)은 일식 중에서 달이 태양을 완전히 가리는 현상을 말함.

◉ 일식(日蝕; Solar Eclipse)이란 달이 해를 가려 해의 일부 혹은 전부가 보이지 않는 현상으로, 지구가 태양을 공전하고 달이 지구를 공전하기 때문에 발생하며, 지구-달-해가 일직선으로 놓일 때 발생함.

국내 일식

최근 개기일식은 1887년 8월 19일이며, 금환일식은 1948년 5월 21일에 있었음.

◉ 다음 개기일식은 2035년 9월 2일 오전 9시 40분(평양, 원산 지역), 금환일식은 2041년 10월 25일 오전 9시로 예상함.

 • 2009년 7월 22일, 61년 만에 우리나라 전역에서 부분일식이 관측됨.

관측 가능 지역

일식 때 달의 본영(本影)이 지나는 지표면의 띠 모양 지역에 한정되며, 이 지역을 개기대(皆旣帶)라 함.

지속 시간

태양과 달의 거리에 따라 달라지지만, 보통은 몇 분에 지나지 않으며 최대 지속 시간은 7분 40초임.

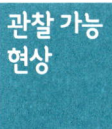

관찰 가능 현상

지표면에서는 밤처럼 잠깐 어두워지므로 평소에는 태양의 밝은 빛 때문에 볼 수 없던 코로나(Corona)와 채층(彩層)을 관찰할 수 있음.

⊙ 전리층이나 지구자기에 나타나는 변화를 관찰할 수 있음.

115. 고엽제

개념

고엽제(枯葉劑)는 1960년대 베트남전쟁에서 미군이 정글 내 전투에서 불리함을 극복하기 위해 삼림을 부분적으로 제거하려는 목적으로 사용한 화학병기의 일종을 가리킴.

- ⊙ 성분은 유기염소제 농약인 제초제(2·4·5T).
- ⊙ T는 트리클로로페닐(제초제 중 극독물인 TCDD 2·3·7·8 사염화다이옥신을 함유)의 약어.
- ⊙ 미국은 베트남전쟁에서 고엽제를 밀림이나 전답에 대량으로 공중 살포하는 고엽작전(오렌지 작전)을 약 5년간 시행.

특징

제조 과정에서 사염화다이옥신을 주제로 하는 다이옥신류가 생성(독성이 청산가리의 1만 배 수준)돼 인체 노출 시 5~10년 뒤 심각한 후유증을 야기함.

후유증

1차적으로 피부 장애(피부 혹) 및 신경계 장애(두통, 현기증, 팔다리 마비)를 일으키며 심각한 경우 각종 암이 발병하거나 기형아 출산이나 유산을 초래함.

- ⊙ 독극물 제초제 TCDD가 기형이나 암을 유발한다는 사실이 동물실험에서 증명된 가운데, 베트남에서 고엽제의 영향으로 보이는 사산, 유산, 기형아 출산이 급증.

• 여론 악화로 미국은 1970년경부터 고엽제 사용을 중지했지만 이미 베트남 산림의 20%가량이 고엽제 살포로 파괴됐으며, 베트남 군인과 민간인 200만 명이 고엽제 후유증으로 고통받고 있다는 베트남 정부의 발표(1994. 6.)가 있었음.

• 한국에서도 국가보훈처 잠정 집계에 따르면 베트남전쟁에 참전했을 때 고엽제에 노출돼 그 후유증을 겪고 있는 사람이 3만여 명에 이른다고 함.

116. 광우병특정위험물질

개념
광우병특정위험물질(SRM; Specified Risk Material)은 소의 뇌나 내장, 척수 등 광우병을 일으키는 변형 프리온 단백질이 많이 들어 있어 광우병 감염의 우려가 큰 부위를 일컬음.

위험 부위
광우병 위험 부위에 대한 규정은 국가마다 상이함.

국가별 광우병 위험 부위 규정 내용

국가	위험 부위 규정 내용
미국	월령 30개월 이상인 소의 등뼈(척추) 중 경추·흉추·요추의 극돌기, 경추의 횡돌기, 천추의 정중 천골능선과 날개 등을 SRM(광우병특정위험물질)으로 분류, 식용으로 금지
유럽연합	월령 12개월 이상인 소의 머리뼈, 뇌, 눈, 척수와 24개월 이상의 등뼈와 등배신경절을 광우병특정위험물질로 규정, 규제하고 있음 * 이 중 등뼈는 월령 24개월 이상부터 규제하다가 최근 들어 30개월 이상부터 규제하기로 함*
한국	한미쇠고기협정에 따라 내장의 일부인 회장원위부(소장 끝)만 광우병특정위험물질로 규정하고 월령 30개월 이하인 소의 뇌, 눈, 척수, 머리뼈, 등뼈, 등배신경절 등은 광우병특정위험물질에서 제외

광우병을 일으키는 변형 프리온 단백질이 많이 들어 있는 부위

일반적 위험 부위	한미쇠고기 협정으로 월령 30개월 이하의 소에서 제외된 부위
• 등뼈(척추) 중 경추·흉추·요추의 극돌기 • 경추의 횡돌기 • 천추의 정중 천골능선과 날개 • 머리뼈, 뇌, 척수, 눈, 회장원위부	뇌, 눈, 척수, 머리뼈, 등뼈, 등배신경절 등

＊ 2008년 4월 22일 채택됐으며, 4월 26일부터 모든 유럽연합 회원국에 적용돼 2010년까지 유지.

117. 구제역

개념 	구제역(Foot-and-mouth Disease)은 우제류 가축의 급성전염병으로 구제역바이러스를 통해 전염되는데, 전염성이 높고 치사율이 5~55%에 이름. ⊙ 발굽이 두 개인 소나 돼지 또는 사슴, 염소, 양, 코끼리, 쥐, 고슴도치 등이 감염되며, 가축의 제1종 바이러스성 전염병임.
증상 	초기에 40~41℃에 달하는 고열을 보이고, 사료를 잘 먹지 않고 거품이 섞인 침을 흘리며 앓다가 죽음.
치료법 	특별한 치료법은 없는데, 구제역이 발생했을 때 검역을 철저히 하고 감염된 소와 접촉한 모든 소를 소각하거나 매장해야 함. ⊙ 구제역이 발생하는 나라에서는 조직배양백신을 이용한 예방법이 이용됨.
인간 전염 여부 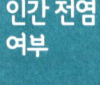	인수 공통 전염병이 아니므로 사람에게는 전염되지 않음. ⊙ 도축 시 임상검사를 하므로 구제역에 걸린 가축은 도축되지 않으며, 도축 후 예냉 과정에서 고기가 숙성될 때 구제역바이러스는 사멸함. ⊙ 구제역바이러스는 50℃ 이상에서 파괴되기 때문에 고기를 조리하거나 우유를 살균하면 구제역바이러스가 생존할 가능성이 매우 낮음.

Key Point 구제역의 증상과 치료법

증상
- 40~41°C 고열
- 사료를 먹지 않음
- 침 과다 분비

치료법
- 특별한 치료법 없음
- 철저한 검역
- 감염된 개채와 접촉했으면
  모두 매장 또는 소각

118. 녹조현상 · 적조현상

개념

녹조현상은 녹조류 등의 번식으로 물빛이 녹색으로 변하는 현상을, 적조현상은 식물성 플랑크톤의 증가로 바닷물이 검붉게 변하는 현상을 뜻함.

⊙ 녹조류: 엽록소를 대량 포함하는 해조류.

발생 원인

바닷물의 부영양화(질소, 인 등 유기 영양분이 많아지는 현상)로 발생하는 현상으로서, 녹조는 여름철 이상고온이 7일 이상 계속될 때 녹조류와 남조류의 번식으로 발생하고, 적조는 오염물질의 유입과 수온 상승에 따라 발생함.

⊙ 남조류: 세균과 일반적인 조류의 중간 위치를 나타내는 단세포.

대표 사례

2001년 대청호, 2007년 영천호 조류 발생에 이어 2011년 10월에 겨울철 기온 상승, 강우량 감소와 같은 기후변화로 북한강 지역에서 최악의 녹조현상이 발생해 복통과 설사, 간 손상 등을 유발함.

⊙ 외국에서는 1988년 브라질에서 2,000명의 전염병 환자와 88명의 사망자를 초래함.

⊙ 한편, 1995년 양식업에 직접적 피해를 주는 유해성 적조가 49일간 지속되면서 308억 원의 손실이 발생함.

관련 동향

2012년 여름, 팔당상수원에서 조류가 대량으로 발생하는 등 전국 곳곳에서 조류가 확산하면서 시민의 식수 안전을 위협.

- 팔당댐에서 발생한 조류는 한강 상류의 의암댐, 청평댐 일대에서 증식한 조류가 하류로 흘러온 것으로, 장기간의 폭염과 예년보다 현저히 적은 강우량이 원인으로 지목됨.

119. 멜라민

개념

멜라민(Melamine)은 암모니아와 탄산가스로 합성된 요소비료를 가열해 생산한 공업용 화학물질로 접착제, 플라스틱, 염료 등의 원료로 사용하는 물질임.

◉ 멜라민의 화학식은 $C_3H_6N_6$.

관련 질병

멜라민 섭취 시 요로결석과 급성신부전 등 신장계통 질환이 발생할 수 있음.

◉ 멜라민 분유를 섭취한 영유아 다수가 신장염과 방광염에 걸림.

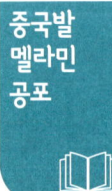

중국발 멜라민 공포

중국의 분유 제조업체가 대만에 판매한 다량의 분유에서 멜라민이 검출되면서 '멜라민 분유' 파문이 확산됐으며, 분유뿐 아니라 중국에서 만든 밀크티, 인스턴트커피 등 각종 식품에서 멜라민 검출이 잇따르고 있음.

◉ 중국의 분유 제조업체인 싼루(三鹿) 사가 2008년 6월 대만에 판매한 분유 25톤에서 멜라민이 검출됨.

한국의 사례

중국에서 OEM(주문자상표부착방식)으로 제조한 해태제과의 '미사랑 카스타드', '미사랑 코코넛', (주)제이앤제이인터내셔널의 '밀크러스크'와 같은 과자류와 (주)유창에프씨의 커피크림

'베지터블 크림 파우더 F25' 등 4종에서 멜라민이 검출돼 중국산 식품 수입이 잠정 중단됐지만, 중국발 멜라민 공포는 국내 가공식품 전반으로 확산됨.

- ⊙ 식품의약품안전청은 해태제과의 '미사랑 카스타드'와 (주)제이앤제이인터내셔널이 수입한 '밀크러스크'에서 멜라민이 검출됐다고 2008년 9월 24일에 밝힘.

120. 멜트다운

개념

멜트다운(Meltdown)은 원자로의 냉각장치가 정지해 내부의 열이 이상 상승하면서 연료인 우라늄을 용해함으로써 원자로의 노심부가 녹아버리는 현상임.

⊙ 노심용해(爐心鎔解)라고 부르며 원자로용해(原子爐鎔解)라고도 함.

원인

원자로에 이상이 생겨 핵심부 온도가 정상보다 급격히 높아져 1,090~2,760℃ 이상으로 올라가면 원자로에 봉인된 보호용기가 녹게 되고, 온도 상승이 지속되면 핵심부 자체가 녹아버림.

⊙ 원료가 녹으면 방사성 증기가 대기 중으로 방출되기 때문에 방사선 누출이 심각해짐.

사례

미국 원자력 발전사상 최악의 사고였던 1979년 3월 28일의 펜실베이니아 주 해리스버그의 스리마일 섬 원자력발전소 방사능 누출 사고가 멜트다운의 대표적 사례임.

⊙ 1986년 4월 29일 많은 사상자를 낸 것으로 알려진 소련 체르노빌 원자력발전소의 원자로 파손 사고도 멜트다운에 의한 것으로 알려짐.

관련 동향

2011년 3월 일본에서는 동일본대지진으로 후쿠시마 원자력발전소에서 사고가 발생함. 후쿠시마 원전 사고를 총괄하던 호소노 총리 보좌관은 기자회견에서 1호기뿐만 아니라 2호기와 3호기도 멜트다운이 진행된 것으로 보고 대책을 마련해야 한다고 밝힘(2011. 5. 16.).

◉ 지진 발생 16시간여 만에 1호기 핵연료봉의 멜트다운이 완료된 것으로 확인됐다고 도쿄전력이 밝힘.

121. 수족구병

개념

수족구(手足口)병은 콕사키바이러스나 엔테로바이러스 등 장
내 바이러스에 의해 전염되는 질환으로, 매년 4월께 생후 6개
월에서 5세까지의 영유아에게서 주로 발생함.

◉ 전염성이 강해 놀이방이나 유치원 등 보육시설에서 감염되면 걷잡을 수
  없을 정도로 번지게 됨.

증상

동물의 구제역과 비슷한데, 3~5일 정도의 잠복기 뒤에 손바
닥이나 손가락의 옆면, 발뒤꿈치나 엄지발가락의 옆면 곳곳에
수포가 생기며, 입안에도 물집과 궤양을 동반.

◉ 특별한 합병증이 없는 경우에는 1주일 정도가 지나면 수포성 발진이 호
  전됨.

◉ 합병증은 흔하지 않지만 '엔테로바이러스 71'에 의한 수족구병에서 발
  열, 두통, 경부(목)강직 증상 등을 나타내는 무균성 수막염을 일으킬 수
  있으며 드물게 뇌간 뇌척수염, 신경인성 폐부종, 폐출혈, 쇼크 등이 나타
  날 수 있음.

예방법

현재까지 이 병에 대한 예방백신이 개발되지 않아 물을 끓여
먹고, 외출 후 소금물로 양치하고, 손을 자주 씻으며, 사람들
이 많은 곳을 피하는 것 외에는 특별한 예방법이 없다고 함.

2009년 5월 초, 국내에선 처음으로 12개월 된 아기가 수족구병에 따른 뇌염으로 사망.

⊙ 중국에서는 2008년 베이징올림픽을 앞두고 수족구병으로 40여 명이 숨졌으며, 2009년 5월까지 80명 이상이 수족구병으로 숨진 것으로 추산됨.

122. 슈퍼박테리아

개념

기존의 어떤 항생제도 듣지 않아 '슈퍼박테리아'로 불리는 다제내성균(多劑耐性菌)을 의미함.

⊙ 기존의 모든 항생제로도 죽지 않는 균으로, 2010년 8월 일본에서 19명을 사망하게 한 아시네토박터균과는 다른 종류.

예방법

특별한 예방법은 없으며, 각종 바이러스나 세균에 대한 노출을 방지하기 위해 철저한 손 씻기 등 개인위생 관리에 신경을 쓰고, 이와 함께 몸의 면역력이 떨어지지 않도록 면역력 강화음식 위주의 규칙적 식사, 충분한 수면, 적당한 운동 등을 병행해야 함.

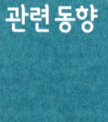

관련 동향

항생제 대부분에도 죽지 않아 '슈퍼박테리아'로 불리는 다제내성균 감염 환자가 국내 최초로 발견됨(2010. 10. 9.).

⊙ 슈퍼박테리아는 자기방어를 위해 항생제에 대항할 수 있는 돌연변이 유전자를 만들어 내성이 생기기 때문에 항생제가 듣지 않음.

⊙ 보건복지부는 수도권의 한 종합병원 장기 입원 환자 두 명으로부터 NDM-1(뉴델리 메탈로 베타락타메이즈-1) 유전자를 지닌 카바페넴 내성 장내 세균(CRE)[*]을 분리했으며 추가로 두 건의 의심 사례를 발견해 최종 확인 중이라고 발표.[**]

Key Point 슈퍼박테리아 예방법

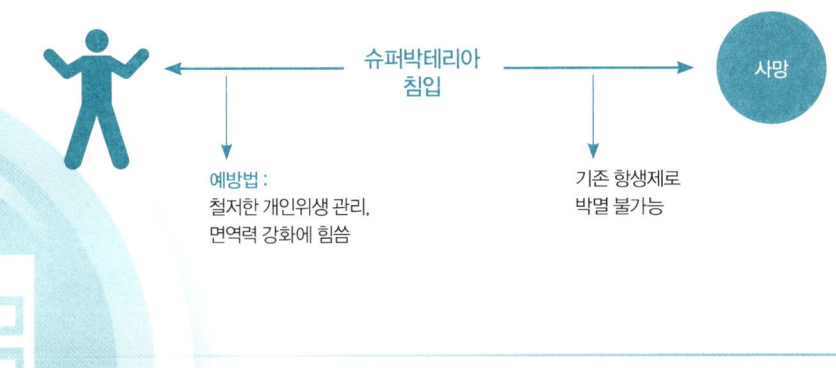

예방법 :
철저한 개인위생 관리,
면역력 강화에 힘씀

기존 항생제로
박멸 불가능

* NDM-1 CRE는 지난 2008년 인도 뉴델리의 병원에서 세계 최초로 발견됐는데, 초강력 항생제에도 죽지 않는 균으로 2010년 들어 영국, 싱가포르, 홍콩, 중국 등으로 빠르게 확산.

** 이들 감염 환자는 스테로이드 등 항생제를 장기 복용해 면역력이 떨어져 있는 상태였던 것으로 알려짐.

123. 스트론튬

개념

스트론튬(Strontium)은 천청석이나 스트론티아나이트 (Strontium Carbonate; $SrCO_3$)에서 산출되는, 무르고 은백색이나 노란색을 띠는 알칼리토금속을 가리킴.

- ⊙ 원자번호 38, 원소기호 Sr로 1808년 영국의 화학자 H. 데이비가 발견.
- ⊙ 자연계에서는 네 개의 안정한 동위원소 스트론튬84, 스트론튬86, 스트론튬87, 스트론튬88이 있으며, 스트론튬90 등 16가지의 불안정한 다른 동위원소도 존재.
- ⊙ 스코틀랜드의 스트론티아 광산에서 발견돼 광산 명칭을 따서 스트론튬이라 명명.

특징

동위원소 중 하나인 스트론튬90*은 요오드나 세슘보다 더 위험한 고농도 방사성물질로 체내 유입 시 뼈에 축적되기 쉽고 반감기(농도가 반으로 주는 기간)가 약 29년이나 됨.

- ⊙ 피폭 시 감마선보다 위험도가 높은 베타선을 방출, 골수암이나 백혈병 등을 유발.

관련 사례

일본 후쿠시마 제1원전 인근 토양 표본에서 방사성물질 스트론튬이 검출된 데 이어, 인근 지하수와 바닷물에서도 인체에 치명적인 스트론튬이 검출됨.

- 일본 방송사 NHK는 도쿄전력이 후쿠시마 제1원전에서 500m 떨어진 세 곳에서 채취한 토양에서 1kg에 480베크렐의 스트론튬90이 검출됐다고 보도**(2011. 6. 1.).

- 일본 도쿄전력은 일본 후쿠시마 제1원전 지하수와 부근 바닷물에서 요오드나 세슘보다 더 위험한 방사성물질인 스트론튬이 검출됐다고 발표***(2011. 6. 12.).

* 스트론튬90은 가장 잘 알려진 긴 수명의 고에너지 베타선 방출원으로 원자력 보조동력장치 등에 사용.

** 스트론튬90은 2011년 3월 후쿠시마 제1원전에서 30km 이상 떨어진 마을의 토양에서도 검출됨.

*** 특히 바닷물에서는 법정 최대 허용치보다 240배나 많은 스트론튬이 검출된 것으로 알려짐.

124. 아라온

개념   아라온(Araon)은 대한민국 최초의 쇄빙연구선으로, 바다를 뜻하는 고유 옛말인 '아라'와 전부 또는 모두를 나타내는 관형사 '온'을 붙여서 만든 말임.

- 한진중공업에서 건조했으며 전장 110m, 폭 19m, 깊이 9.9m, 무게는 6,950톤이며 최대 16노트까지 속력을 낼 수 있음.

특징   저소음과 부드러운 변속, 뛰어난 목표 지점 탐사.

- 영하 50℃까지 견딜 수 있도록 설계됨.
- 고압발전기를 통한 전기추진방식을 이용해 소음이 적고 전·후진, 순간적인 좌우 이동, 360° 회전이 자유로움.
- 선저에 다중빔 해저지형 탐사기기를 비롯한 멀티빔이 설치돼 있어 목표 지점을 오차 없이 탐사할 수 있으며, 해저 형상을 3차원으로 재생할 수 있음.
- 선체 충격 모멘트 감시장치, 얼음 갇힘 탈출을 위한 횡경사 발생장치, 선박을 좌우로 흔들어 주변의 얼음을 깨고 탈출하는 장치 등 특수 기능과 장치를 보유.

주요 임무

남극과 북극 등 결빙지역을 포함해 전 세계 대양역에서의 전방위, 전천후 해양 연구 수행.

연구 분야

60여 종의 최첨단 연구장비를 장착해 세계적인 수준의 과학 연구와 조사 가능.

⊙ 극지 환경변화 모니터링, 대기 환경 및 오존층 연구, 고해양과 고기후 연구, 유용한 생물자원 개발 연구, 지질 환경 및 자원 특성 연구 등.

125. 에너지바우처제도

개념 에너지바우처(Energy Voucher)제도는 가스, 전기요금, 난방, 주유대금 등 관련 비용을 이용자가 먼저 내면 정부가 사후 정산하는 제도*를 말함.

- 보조금 지급 방식으로 하면 에너지 소비를 오히려 더 늘리는 부작용이 있다는 지적을 고려한 방식.
- 그동안 장애인 차량에 대한 LPG 지원 방식으로 활용해왔지만 고유가 대책으로는 채택되지 않았음.

비교 할인 혜택의 총량이 미리 결정된다는 점에서 한도 제한 없이 구매대금 일부를 무조건 되돌려주는 보조금제도와 차이가 있음.

제안 배경 유가 상승으로 경제난이 가중되면서 정부는 2008년 5월 28일 '고유가 대책 마련을 위한 관계장관 회의'를 개최해 국제 유가 급등에 대응한 정부 차원의 종합 대책을 점검하는 과정에서 에너지바우처제도 도입을 검토하기로 함.

- 2008년 1월 대통령직인수위원회는 고유가 대책으로 탄력세율 30%를 즉시 인하하고, 바우처제도는 중장기적으로 도입하는 것으로 가닥을 잡은 바 있음.

문제점

지원 대상자를 선정하고 지원 방법과 규모, 정산 등에 적잖은 시간과 인력이 필요해 당장 제도를 도입하기는 어려움.

- 정부 관계자는 최소 두세 달의 준비 작업이 필요하다고 설명함.

* 바우처의 사전적 의미: 1. 보증인, 증명인 2. 증거 서류, 증명서; 증거; 【회계】 증표(證票: 수지 거래를 증명하는 전표·영수증 등) 3. 《영》 (현금 대용의) 인환권, 상품권(coupon); 할인권. (출처: 『동아 프라임 영한사전』)

126. 우라늄농축

개념

우라늄농축(Uranium Enrichment)은 천연우라늄 속의 핵분열 핵종 우라늄235의 동위원소 비율을 높이는 조작으로, 이로써 얻는 우라늄을 '농축우라늄'이라고 함.

농축우라늄과 고농축우라늄

구분	의미
UEP(우라늄농축프로그램)	농축우라늄. 핵무기 제조를 위한 '고농축우라늄'의 가능성과 연구용 '저농축우라늄'의 가능성을 모두 내포
HEU(고농축우라늄)	고농축우라늄. UEP의 무기화를 염두에 둔 개념.

우라늄과 플루토늄

핵폭탄을 만드는 데는 우라늄 또는 플루토늄이 쓰이는데, 플루토늄은 원자로에서 우라늄을 태울 때 생기는 원소.

우라늄탄과 플루토늄탄의 차이

구분	의미
우라늄탄	· 자연상태에 존재하는 가장 무거운 원소인 우라늄을 직접 농축시키면 우라늄탄을 만들 수 있음 · 90% 이상으로 고농축해야 핵무기를 만들 수 있으며, 은밀한 제조가 가능해 더 위험한 것으로 평가함
플루토늄탄	· 플루토늄탄은 원자로에서 사용한 핵연료(폐연료봉)를 재처리함으로써 그 안에 들어 있는 높은 순도의 무기급 '플루토늄239'를 추출한 뒤 기폭장치를 결합하는 방식으로 만들어짐 · 플루토늄탄은 원자로의 폐연료봉을 사용해 비용 부담이 적지만, 대규모 원자로 시설이 필수적임

Key Point 우라늄과 플루토늄

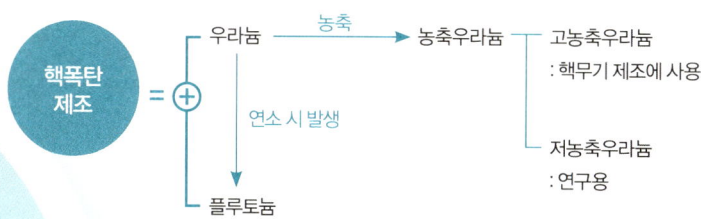

127. 유전자조작농산물

개념
유전자조작농산물(GMO)은 'Genetically Modified Organism'의 약어로 '유전자변형농산물'이라고도 함. 특정 농산물의 생산성 향상 또는 유통·가공상의 편의를 위해 유전자를 조작해 본래의 유전자를 변형한 농산물을 일컬음.*

⊙ 추위, 병충해, 살충제, 제초제에 강한 작물.

최초 도입
1994년 미국의 칼진(Calgene) 사에서 토마토의 유통기한을 늘리기 위해 과도한 숙성을 방지하는 유전자를 도입.

⊙ 1999년 기준으로 옥수수, 콩, 감자 등 약 50여 개 품목의 유전자변형농산물이 전 세계적으로 유통되는 상황임.

장점
생산성과 품질이 우수해 전 세계 식량난 해소에 기여하며, 병충해에 강해 농약과 비료 사용량을 대폭 줄일 수 있어 환경오염 방지 효과가 있음.

단점
인체 유해성과 생태계 교란 등 환경재앙 발생이 우려됨.

⊙ 장기간 섭취 시 발생할 수 있는 부작용에 관해 연구를 진행 중이나 아직 뚜렷한 결과가 나오지 않음.

| 주도 기업 | 노바티스(Novartis), 칼진(Calgene), 몬산토(Monsanto) 등. |

Key Point 유전자조작농산물의 장·단점

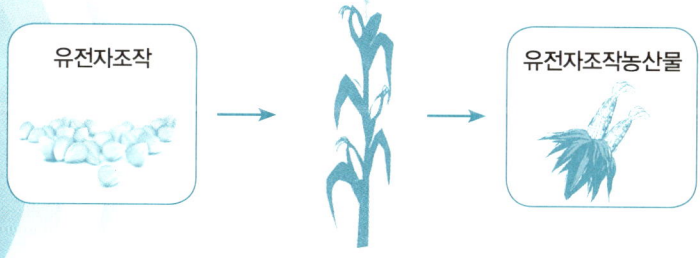

유전자조작 → 유전자조작농산물

장점
• 생산성이 우수해 식량난 해소
• 병충해에 강해 농약·비료사용 감소
• 환경오염 방지

단점
• 인체 유해성
• 생태계 교란

＊ 산은기술평가원의 『시사기술용어』 참고.

128. 인플루엔자 A

개념

인플루엔자 A(H1N1)는 돼지에서 생기는 호흡기 질환으로 A형 인플루엔자바이러스 감염임.

- 대개 사람에게 질병을 유발하지 않지만, 감염된 돼지와 직접 접촉한 사람이 감염될 수 있음.
- 초기에는 '돼지독감(Swine Flu)'으로 불렸으나, 2009년 4월 30일 세계보건기구(WHO)는 '돼지인플루엔자(SI)'라는 용어를 더는 쓰지 않고 '인플루엔자 A(H1N1)'로 부르기로 공식 발표.

증상

발열, 무력감, 식욕부진, 기침, 콧물, 목 통증 등 겨울철 인플루엔자 증상과 비슷하며, 사람에 따라 설사와 구토 증상이 함께 나타나기도 함.

- 일반적으로 증상이 나타난 뒤 7일까지 전염력이 있지만, 증상이 그 이상 지속될 경우 전염성도 지속함.

감염 사례

지난 1976년 뉴저지에서 200명 이상이 인플루엔자 A(H1N1)에 감염돼 사망자 한 명이 발생했으나, 2005년 12월에서 2009년 2월까지 미국에서 열두 명의 환자가 보고되는 등 드문 질환으로 알려짐.

치료 방법

미국 질병통계예방센터(CDC)는 인플루엔자바이러스를 억제하는 '타미플루*'와 '리렌자'를 치료·예방약으로 추천하고 있음.

예방법

손을 자주 씻고 손으로 눈·코·입을 만지는 것을 피함, 재채기를 할 때에는 화장지로 입과 코를 가림, 발열이나 호흡기 증상 등이 있는 사람과 접촉을 피함.

* 스위스의 제약회사 로슈홀딩(Roche Holding)이 특허권을 가지고 세계에서 유일하게 독점 생산하는 조류인플루엔자(H5N1) 치료제로, 바이러스를 증식시키는 효소 기능을 막아 치료 효과를 내는 항바이러스제임. 증상이 발생한 지 48시간 안에 복용해야 효과가 큼. (→ 286쪽)

129. 조류결핵

개념

조류결핵(鳥結核, Avian Tuberculosis)는 조(형)결핵균 (Mycobacterium Avium)이 조류를 감염시켜 일어나는 만성전 염병으로, 사람을 비롯한 포유류(소, 양, 돼지 등)에게도 전파 될 수 있는 인수 공통 전염병임.

⊙ 장, 간장, 비장, 폐, 골수 등에 결핵결절이 형성됨.

증상

흉근이 심하게 위축되고 체중이 계속 감소하며, 녹색이나 황 색의 설사가 나타나지만, 식욕은 정상인 경우가 많으나 서서 히 폐사함.

⊙ 전형적인 만성소모성 질병양태를 보이며 진균성 질병과 유사한 증상을 나타냄.

감염 경로

조류결핵이 발생한 농가의 토양이나 배설물을 통해 감염되고 사람이 이를 옮기는 주요 감염원임.

⊙ 면역결핍 환자가 조류결핵에 감염된 닭·오리와 접촉하거나 요리된 고기 를 먹으면 감염될 수 있음.

치료법

백신이나 뚜렷한 치료법은 없지만 고병원성 조류인플루엔자 (AI)*에 비해 전염력이 낮은 것으로 알려짐.

⊙ 치료제와 백신이 개발되지 않아 축사 소독과 위생관리 외에는 예방법이 없는 실정임.

---

* 닭, 오리 등 조류가 걸리는 바이러스성 질환(바이러스 전염병)으로 주로 철새의 배설물이나 호흡기 분비물 등을 통해 전염됨. (→ 284쪽)

130. 조류인플루엔자

개념

AI라고도 하는 조류인플루엔자(Avian Influenza)는 닭, 오리 등 조류가 걸리는 바이러스성 질환(바이러스 전염병)으로 주로 철새의 배설물이나 호흡기 분비물 등을 통해 전염됨.

구분

AI는 감염 조류의 질병 발생 정도에 따라 고(高)병원성, 저(低)병원성, 비(非)병원성 등으로 구분.
- 고병원성은 인체에 감염될 수도 있어 더욱 위험.

역사

조류인플루엔자는 100여 년 전 이탈리아에서 처음으로 발견됐으며, 그 이후 불규칙적이고 산발적으로 세계 곳곳에서 발견됨.
- 전 세계 60여 개국에서 발생.

인체 감염 사례

1997년 홍콩에서 조류에서 사람으로 직접 전염된 사례가, 2004년 8월 태국에서 H5N1형 바이러스의 인체 간 감염 사례가 처음으로 발견됨.

국내 발병 현황

2003년, 2006년, 2008년에 이어 2010년에 추가 발견.

⊙ 2008년 들어 전북 익산 등에서 고병원성 조류인플루엔자가 다수 발견* 된 바 있으며, 2010년 12월 전북 익산, 충남 서산 등에서 또 발병.

＊ 2008년 한국에서 발생한 H5N1형 조류독감바이러스는 치사율이 33%에 달했음.

131. 타미플루

개념

타미플루(Tamiflu)는 스위스의 제약회사 로슈홀딩(Roche Holding)이 특허권을 가지고 세계에서 유일하게 독점 생산하는 조류인플루엔자 치료제임.

- 2004년 세계보건기구(WHO)로부터 유일하게 조류인플루엔자(H5N1) 치료제로 인정받음.
- 1996년 미국 제약회사 질리어드에서 개발한 뒤 로슈홀딩이 특허권을 사들여 2005년 현재까지 독점 생산하고 있음(로슈홀딩의 특허권은 2016년까지임).

효능·효과

바이러스를 증식시키는 효소 기능을 막아 치료 효과를 내는 항바이러스제이며, 증상이 발생한 뒤 48시간 안에 복용해야 효과가 큼.

논란

2002년부터는 유럽 여러 나라에서도 판매되기 시작했으나, 수요량보다 생산량이 턱없이 모자라 세계적 공급 부족 사태를 빚으며 이슈가 됨.

- 논란의 배경: 멕시코에서 발생한 돼지독감이 전 세계로 확산될 조짐을 보이자 전문가들은 로슈홀딩의 타미플루와 GSK의 리렌자(Relenza)가 돼지독감을 치료할 수 있다고 설명.

- 세계보건기구는 로슈홀딩이 10년 동안 생산시설을 완전 가동하더라도 세계 인구가 복용할 타미플루의 20%밖에 생산할 수 없다고 보고 있음. 이 때문에 세계 각국에서는 지적재산권자의 허락 없이 강제로 특허를 사용할 수 있도록 특허의 배타적 권리에 대한 '강제실시권'을 부여해야 한다는 압력이 거세게 일고 있음.
- 2009년 4월 기준으로 우리나라 질병관리본부는 240만 명분의 타미플루를 보관하고 있음.

132. 탄소캐시백제도

 **개념**

탄소캐시백(Carbon Cashbag)제도는 에너지 효율이 높은 전자 제품을 구매하면 포인트가 지급돼 추후 버스·지하철 등 대중 교통을 이용하거나 수도·전기요금 결제, 정부 민원수수료 납부 등에 사용할 수 있도록 하는 제도를 말함.

 **도입**

정부는 '저탄소 녹색성장' 후속 조치의 일환으로 2008년 10월 도입.

- 2008년 8월, 이명박 대통령은 8·15 광복절 경축사에서 '저탄소 녹색성장'이라는 새로운 국가 비전을 제시함.

각 부처 '저탄소 녹색성장' 후속 조치

부처명	후속조치
기획재정부	「세계탄소시장 동향」보고서 발표
지식경제부	2008년 10월부터 탄소캐시백 도입
농림수산식품부	농어업 분야 녹색성장 과제 발굴
총리실 기후변화대책기획단	기후변화대책기본법 추진

Key Point 탄소캐시백제도의 실행 구조

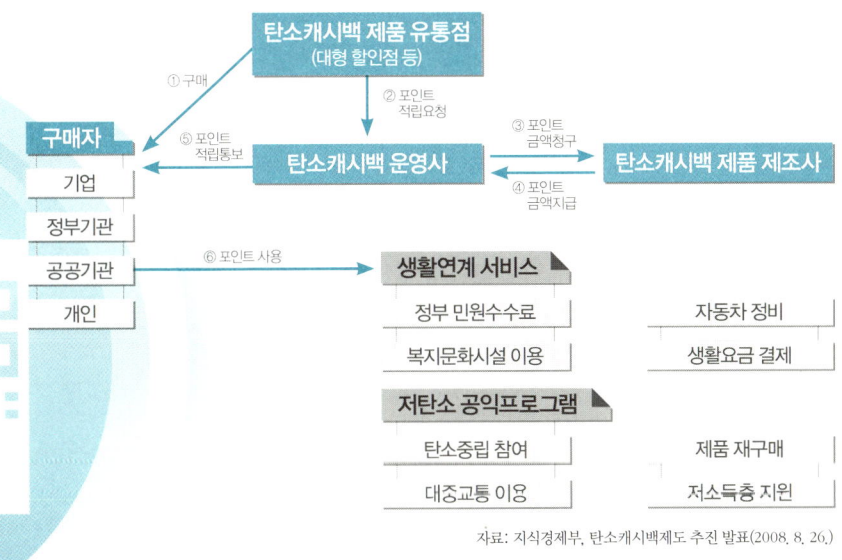

자료: 지식경제부, 탄소캐시백제도 추진 발표(2008. 8. 26.)

133. 토네이도

개념

토네이도(Tornado)는 미국 중서부지역*을 중심으로 매년 4월에서 6월 사이에 주로 발생하는, 깔때기 모양의 강력한 회오리바람을 가리킴.

⊙ 지름은 수백 미터 이상, 풍속은 평균 시속 300~800㎞로 편차가 심함.

특징

주로 여름에 발생하는 토네이도는 적란운의 하층으로부터 깔때기구름이 생성돼 강력한 소용돌이를 이뤄 나선형으로 회전·이동하면서 중심에 있는 물체를 감아올려 위로 날려버리는 강한 파괴력을 보임.

⊙ 주로 열대해상에서 발생하는 태풍**과 달리 토네이도는 육지에서 떠돌던 바람끼리 서로 충돌을 일으켜 강력한 회오리바람을 생성함.

• 이동 시 비와 우박, 번개를 동반하기도 함.

원인

해수 온도가 낮아지면서 발생하는 것으로 알려진 가운데, 최근 동태평양의 수온이 낮아지면서 라니냐 현상이 심화해 토네이도 발생도 잦아지고 있는 것으로 알려짐.***

미국 중서부
4~6월
발생

- 발생: 적란운 하층
- 모양: 깔때기 모양
- 특징: 나선형으로 회전·이동
- 지름: 수백 미터 이상
- 풍속: 평균 300~800 km/h

＊ 연평균 기온이 10~20℃ 사이의 미국뿐 아니라, 유럽, 일본, 오스트레일리아 등에서 빈번히 발생

＊＊ 태풍(Typhoon, 동남아)은 열대성 저기압으로 발생지역에 따라 허리케인(Hurricane, 북미, 멕시코 서해), 사이클론(Cyclone, 인도), 윌리윌리(Willy Willy, 오스트레일리아) 등으로도 불림.

＊＊＊ 라니냐 현상으로 동태평양 수온이 낮아지면 북미 서북쪽의 찬 제트기류가 동남쪽으로 이동해 멕시코 만에서 생성된 따뜻한 공기와 미 중부에서 충돌하면서 거대한 소용돌이가 발생함.

134. 특별재난지역

개념

특별재난지역은 지방자치단체의 행정능력으로 재난 수습이 어려울 경우, 대통령에 의해 특별 지원이 허락되는 지역을 말함.
- 중앙사고대책본부장의 건의와 중앙안전대책위원회의 심의를 거쳐 대통령이 선포.

사례

자연재해에 의한 사고 이외에 총 5건의 인적재해재난지역 발생.
- 1995년 삼풍백화점 붕괴, 2000년 동해안 산불, 2003년 대구지하철 화재 참사, 2005년 강원도 양양군 산불, 2007년 태안 기름 유출 사고.

혜택

응급대책과 재난구호 등에 필요한 행정·재정·금융·의료 지원 비용 등의 일부를 지원하며, 세금 감면 및 납세 유예 혜택을 제공함.
- 국고 지원, 의료·방역·방제·쓰레기수거 지원, 의연금품 지원, 농업인의 영농운영 지원, 중소기업의 시설 우선 융자, 상환 유예 등을 지원.
- 선정 기준과 지원 내용이 명확한 자연재해의 경우와 달리, 인적재해의 법적 지원 근거 부재로 혜택이 미비함.
  - 사망·실종자와 부상자에게는 1,000만 원의 수습비와 500만 원의 위로금을, 파손된 주택에 대해서는 300만 원과 150만 원의 주거비 보조금을 지원.

2012년 10월 8일, 정부는 불산가스유출 사고로 피해를 본 경상
북도 구미지역을 여섯 번째 인적재해 특별재난지역으로 선포.

⊙ 9월 27일, 구미 가스공장에서 불산가스가 유출돼 5명이 사망하고 18명
이 부상을 당했고, 주변지역에서 72만여 명의 주민과 3,200여 마리의 가
축에게서 이상증세 발생.

135. 폼알데하이드

개념

폼알데하이드(Formaldehyde)는 자극성 강한 냄새를 띤 기체 상의 화학물질*로 1859년 러시아의 화학자 알렉산드르 부틀레로프가 발견.

⊙ 산불이나 담배의 연기, 또는 자동차 매연 등에서 발견되며, 가연성 기체라 폭발의 위험이 있음.

⊙ 화학식은 $HCHO$(CH_2O로 쓰기도 함)이고 물에 잘 용해되며, 공기 중에서 아주 쉽게 방산됨(끓는점은 -21℃, 발화온도는 300℃).

활용

살균력, 방부력을 가지고 있어 살균제와 소독제, 방부제 등으로 활용됨.

⊙ 폼알데하이드가 일정 비율로 물에 용해(약 35%의 수용액)돼 있는 것을 포르말린(Formalin)이라고 부르며 살균제, 소독제, 방부제 등으로 널리 사용됨.

인체 영향

인체가 폼알데하이드에 노출되면 다양한 증상이 발생할 수 있는데, 농도와 개인에 따라 다르나 알레르기 같은 피부 자극을 비롯해 눈이나 상부호흡기 자극 등을 유발하며, 지속해 자주 노출되면 혈액암과 임파구계의 암이 발병할 위험이 매우 큰 것으로 알려짐.

⊙ 일반적으로 공기 중의 옅은 농도(0.2ppm 정도)에서는 냄새를 느낄 정도로 익숙해져버리나, 1~2ppm 정도로 농도가 짙어지면 눈이나 코의 불쾌감을 느낄 수 있으며, 이보다 더 짙은 농도에서는 목이나 코의 통증, 호흡곤란과 같은 증상이 발생함.

* 메탈알코올을 산화해 만들며 물과 에테르, 알코올에 잘 녹음.

136. 프로포폴

개념

프로포폴(Propofol)은 전신마취 유도와 유지, 인공호흡 중인 중환자의 진정에 쓰이는 수면마취제임.

- ⊙ 오남용 시 환각 등의 증세가 나타나 마약대용품으로 악용되고 있음.
- ⊙ 페놀계 화합물로 화학명은 2,6-diisopropylphenol.

후유증

적정 용량과 치명 용량 간의 범위가 좁고 개인별 적정 용량이 달라 무분별하게 투여하면 사망할 수 있음.

- ⊙ 호흡기계 이상으로 인한 일시적 무호흡, 심혈관계 이상으로 인한 저혈압 등의 치명적 이상반응을 유발할 수 있고, 자제력을 잃고 강한 충동에 빠진다거나 지속적 갈망, 환각증상 등을 일으키는 '정신적 의존성'을 유발할 수 있음.

외국 동향

마이클 잭슨의 사망 원인으로 프로포폴 남용이 지목돼 논란이 됨.

- ⊙ 마이클 잭슨에게 약물을 과다 투여해 그를 죽음에 이르게 한 혐의로 주치의 콘래드 머레이가 기소돼 공판 중에 있음(2011. 9. 28.).

식품의약품안전청의 합동 점검 결과, 프로포폴을 다량 취급하는 도매상과 병의원 95개소 중 17개소에서 마약류관리에관한법률을 위반한 것으로 나타나 마약류에 대한 관리가 소홀하다는 지적이 일어남(2011. 10.).

⊙ 식약청은 마약류관리에관한법률 시행령을 개정해 프로포폴을 세계 최초로 향정신성의약품으로 지정함(2011. 2. 1.).

⊙ 프로포폴 공급량은 2010년 2월부터 5월까지 월평균 9만 3,369개에서 2011년 2월부터 5월까지 월평균 5만 138개로 감소했음(감소율 46.3%).

137. 허리케인

개념

허리케인(Hurricane)은 열대저기압의 기후 발생 현상 중에서 중심 최대 풍속 17m/s 이상의 폭풍우를 동반하는 자연현상을 가리키는 말로 카리브 해, 멕시코 만, 북태평양 동부에서 발생함.

- 최대 풍속과 기압에 따라 초대형(초속 65m 이상, 특A급), 대형(50~65m, A급), 중형(30~50m, B급), 소형(17~30m, C급) 등 총 4등급으로 분류.

- 발생지역에 따라 태풍(서북태평양), 허리케인(북대서양·카리브 해·멕시코 만), 사이클론(인도양과 오스트레일리아 해역), 윌리윌리(남태평양, 오스트레일리아)로 구분하여 통칭.

유래

허리케인이란 이름의 어원은 폭풍의 신, 강대한 바람이라는 뜻을 가진 스페인어 '우라칸(Huracan)'에서 유래함.

- 예보의 혼동을 방지하기 위해 각각의 허리케인은 고유한 이름을 붙여 구분하는데, 이는 2차 세계대전 무렵 미국의 기상업무 담당자들이 여자친구의 이름을 붙여 사용한 데서 비롯됨.

  - 현재 허리케인에 부여되는 고유이름은 총 140여 개이며, 2000년부터 20개의 순우리말이 포함됨.

현황

허리케인의 발생 횟수는 연간 10~20회 정도이며, 8~10월 사이에 가장 많이 발생.

⊙ 기상 관측 이래 역사상 가장 큰 규모의 허리케인은 1979년 10월 4일 일본에서 발생한 '팁(TIP)'으로 초속 85m로 이동했으며, 크기가 미국 면적의 절반에 해당하는 반지름 1,850㎞로 측정됐음.

관련 동향

2012년 10월 27일, 초대형 허리케인 '샌디(Sandy)'가 미국 뉴저지 해안에 상륙해 미국 북동부 도시들을 휩쓸었는데, 이 허리케인은 미국에서 24년 만의 초대형 허리케인이었고 북동부지역에서는 100년 만의 규모였음. 당시 미국의 역대 폭풍우 피해 규모 2위를 기록할 것으로 전망했음.

⊙ 폭풍우 피해액이 가장 컸던 것은 2005년 허리게인 '카트리나' 때로, 물가 인상을 고려해 추산한 피해액이 1,280억 달러에 이름.

138. 환경영향평가제도

개념

지역 개발사업 이전에 환경 파괴와 주민 피해를 최소화하기 위한 대책을 마련하는 사전평가제도를 말함.

도입

환경보전법에 의거해 1977년 도입됐고, 1982년 환경청 설립과 함께 본격적으로 시행됨.

- ◉ 환경영향평가제가 근거를 두는 법은 환경보전법(1977) → 환경정책기본법(1990) → 환경영향평가법(1993) → 환경·교통·재해에관한영향평가법(1999) → 환경영향평가법(1998~) 순으로 개정 절차를 거침.

개정

2012년 7월 21일부로 사전환경성검토제도와 통합하고 추가 개선방안을 마련함으로써 선진 환경제도를 도모함.

- ◉ 전문성 배양을 위해 '환경영향평가사' 국가제도를 도입하고 평가 부정을 저지르면 최고 2년 이하의 징역 또는 2,000만 원 이하의 벌금에 처하는 법안을 신설함.
- ◉ 지역 주민과의 마찰을 최소화하기 위해 주민 의견을 수렴하고 공청회를 개최하며 결과 반영 여부까지 공개할 예정임.
- ◉ 대형 개발사업 진행 시, 멸종위기종의 피해대책을 위해 자연생태환경 연구를 전문으로 하는 '제2종 환경영향평가업'을 신설.

기대효과

행정계획부터 사업시행까지 일관된 평가체계 구축으로 효율적·합리적 개선방안 마련이 가능하게 됨.

- 특히, 평가의 신뢰성을 확보하고 개발사업이 환경에 미치는 영향을 둘러싼 사회적 마찰을 줄일 수 있다는 점에서 긍정적인 면으로 작용할 것으로 전망.

139. 희토류

개념

희토류(稀土類, Rare Earth Resources)*는 란탄(La, 57)에서 루테튬(Lu, 71)에 이르는 15개의 원소(원자번호 57~71) 및 스칸듐(원자번호 21), 이트륨(원자번호 39) 2개 원소 등 총 17개의 원소를 총칭하며, 대표적인 미래 자원임.

◉ 현재 중국이 비축량, 생산 규모, 품종(400여 종), 소비량(7만 톤, 2008년), 수출량에서 압도적으로 세계 1위를 차지하면서 거의 독점.

특징

활성이 크고 합금이 용이하며, 산화물도 안정적 특징을 가지고 있으나 물리·화학적 성질이 비슷하고 방사성물질이 혼합된 경우가 많아서 채취가 힘들다는 단점이 있음.

용도

희토류는 전기·전자, 운송, 유리·세라믹 생산품을 비롯해 최첨단 산업에 광범위하게 활용됨.

◉ 휴대전화, 컴퓨터, 반도체, LCD TV, LED, 자동차(하이브리드카, 전기자동차 포함) 등 대부분의 전기·전자제품에 쓰임.

◉ 이 밖에 신재생에너지 분야(풍력·수력발전 등), 의학 분야(엑스레이·자기공명영상(MRI)장비 등), 석유화학 분야, 무기 제조 등에서도 활용됨.

• 19세기 후반 상업적으로 처음 이용되기 시작함.

Key Point 희토류의 종류와 용도

란탄~루테튬 15개 원소(원자번호 57~71)
+
스칸듐 + 이트륨 2개 원소 (원자번호 21, 39)
=
총칭 희토류

→ 용도

- 휴대전화, 컴퓨터, 반도체, 자동차 등
  대부분의 전자제품
- 신재생에너지 분야
- 의학 분야
- 석유화학 분야
- 무기 제조 등

- 대표적 미래 자원
- 중국이 비축량, 생산 규모, 품종,
  소비량, 수출량에서 압도적 1위

＊ Rare Earth Elements로도 불림.

6

New Dictionary of
Current Issues

정치·사법

140. 국민장

개념

국민장(國民葬)은 국장·국민장에관한법률과 동법 시행령이 정하는 바에 따라 정부가 공식 주관하는 장례의식으로, 국가나 사회에 현저한 공적을 남긴 사람이 서거했을 때 국민의 이름으로 거행하는 의식을 가리킴.

⊙ 정부가 국장·국민장에관한법률에 따라 공식 주관하는 장례는 국장(國葬)과 국민장 두 종류뿐이며, 국장이 국민장보다 격이 높음.

⊙ 장례 당일 조기(弔旗)를 게양하고 장례 비용 일부를 국가가 부담.

국민장 대상

전직 대통령이나 국무총리, 국회의장, 대법원장, 대통령 부인 등이 서거했을 때 적용.

의식 순서

발인제, 영결식, 운구(장례행진), 안장식 등으로 진행되며 고인의 유언이나 유족 대표의 특별한 의사 표시가 있을 때에는 의식의 전부 또는 일부를 생략할 수 있음.

최초의 국민장

대한민국 정부 수립 이후 최초의 국민장은 상하이(上海) 임시 정부 주석을 지낸 고(故) 김구 선생의 장례로, 1949년 7월 5일 거행.

⊙ 1953년 이시영 전 부통령, 1955년 김성수 전 부통령, 1956년 신익희

전 국회의장, 1960년 조병옥 민주당 대통령 후보, 1964년 함태영 전 부통령, 1966년 장면 전 부통령·국무총리, 1969년 장택상 전 국무총리, 1972년 이범석 전 국무총리, 1974년 육영수 여사, 2009년 노무현 전 대통령 등의 장례식이 국민장으로 치러짐.

• 한편 이승만, 윤보선 두 전직 대통령은 유족들의 희망에 따라 국민장이 아닌 가족장으로 치러짐.

• 국장은 1979년 10월 26일 서거한 뒤 9일장으로 치러진 박정희 전 대통령(5~9대)의 장례가 유일.

141. 러닝메이트

개념

러닝메이트(Running Mate)라는 용어는 주로 미국의 대통령 선거에서 대통령 후보자가 지명한 부통령 후보자를 뜻함.

- 미국 대선에서 부통령 후보자인 러닝메이트는 대통령 후보자가 선택하며 전당대회에서 추인을 받아야 함.
- 대통령 후보자가 대통령에서 낙선하면 부통령 후보자도 같이 낙선함.
- 보통 부통령 후보자는 대선에 영향을 미칠 수 있는 규모가 큰 주에서 뽑는 경우가 많음.

용어 사용

미국 주지사 선거에서 주지사 후보자와 부지사 후보자가 함께 선거운동을 할 때에도 적용됨.

- 주지사 후보자가 당선되면 러닝메이트인 부지사 후보자도 동시에 당선됨 (단, 일부 주에서는 주지사와 부지사 선거를 따로 진행).

관련 동향

국내에서도 한나라당(현 새누리당)을 중심으로 지방자치단체장 선거와 교육감 선거제도를 개선, 시·도 단체장과 교육감의 러닝메이트 출마제도를 도입하는 방향으로 법 개정을 추진하기로 함(2008. 7.).

미국 대통령 후보자의 러닝메이트

	민주당	공화당
2008년	버락 오바마(대통령 후보자)	존 매케인(대통령 후보자)
	조지프 바이든(부통령 후보자)	사라 페일린(부통령 후보자)
2012년	버락 오바마(대통령 후보자)	미트 롬니(대통령 후보자)
	조지프 바이든(부통령 후보자)	폴 라이언(부통령 후보자)

142. 레임덕

개념

레임덕(Lame Duck)은 '절름발이 오리'를 뜻하는 말로, 통상 임기 말 권력누수 현상을 의미함.

◉ 본래 '재선에 실패'한 대통령이 남은 임기 동안 맞닥뜨려야 하는 권력누수 현상을 뜻하나 보통은 위와 같이 광의로 해석.

국내 사례

5년 단임제 도입 이래 역대 대통령들은 임기 4~5년 차에 레임덕을 맞이함.

◉ 노무현 전 대통령: 2006년 지방선거 참패 이후 레임덕의 길로 접어든 가운데 열린우리당과 충돌해 임기 5년 차에 여당을 탈당.

◉ 김대중 전 대통령: 집권 4년 차부터 시작된 '3대 게이트'와 여당의 분열 등으로 레임덕으로 내몰림.

◉ 김영삼 전 대통령: 1996년 12월 노동법 날치기라는 무리수를 둔 이후 집권 5년 차인 1997년 초 '한보게이트'와 차남 현철 씨의 이권 개입 의혹 등이 불거지면서 레임덕이 시작됨.

◉ 노태우 전 대통령: 1991년 집권 4년 차에 여권 내부의 반란, 권력형 비리 돌출, 선거 패배, 무리한 국정운영 등으로 레임덕에 이름.

**이명박
대통령
레임덕
논란**

2011년 당시 집권 4년 차인 이명박 대통령에게도 임기 말 징후가 나타나고 있다는 주장이 정치권에서 제기되면서 이 대통령의 레임덕 가시화 여부가 주목됐음.

◉ 같은 해 4·27 재보선에서 여당이 패배하면서 여권의 전반적인 국정 동력이 약해지고 이 대통령의 레임덕도 가속화될 것으로 전망됐음.

• 일각에서는 정동기 감사원장 후보자 임명문제를 놓고 당시 나라당이 반기를 든 사례, 장수만 방위사업청장 등 측근들이 '함바집' 운영권 로비 의혹에 얽힌 것 등을 두고 '레임덕 경보'가 울렸다고 봄.

143. 부마항쟁

개념

부마항쟁(釜馬抗爭)은 1979년 10월 16일, 박정희 군사정권과 유신체제에 저항해 부산과 마산지역을 중심으로 벌어진 민주화 항쟁을 일컬음.

배경

수출에 의존했던 부산과 마산지역 민중의 '생활의 질'이 대외의존적 관료독점자본에 의해 크게 하락한 것이 요인이 됨.

◉ 1979년 부산지역의 수출증가율은 10.2%로, 전년 대비 10% 하락했고 전국 평균증가율 18.4%에도 크게 못 미치는 등 지역경제가 침체하고 대량해고와 임금체불이 초래됨.

◉ 정치적인 측면을 살펴보면, 당시에 민주주의 회복을 목표로 삼았던 김영삼 신민당 총재가 변칙으로 제명되자 유신체제에 대한 야당의 불만은 말할 것도 없고, 김영삼 총재의 정치적 기반지역이었던 부산시민의 불만이 최고조에 이름.

• 박정희 정부의 유신체제는 정치적·사회적 갈등을 빚어오다가 7년째 접어드는 1979년에 그 한계점에 이름.

전개

부산대학교에서 민주선언문 배포를 시작으로 10월 16일부터 10월 18일까지 3일간 5,000여 명의 시위대가 대규모 반정부 시위를 거행.

- 이어 마산지역의 청년학도들로 시위가 확산, 1,000여 명의 군중이 진압경찰과 대립했는데, 이들 군중은 이승만 정부가 자행한 3·15부정선거에 대해 투쟁적 역사의식을 지니고 있었음.
- 이 과정에서 정부는 부산지역에 비상계엄을 선포(18일)하고 공수부대를 투입했으며 마산과 창원지역에 위수령을 발동(20일)시켜 시위세력을 진압함.
  - 10월 20일, 정부는 시위지역에서 505명을 연행하고 59명을 군사재판에 회부.

의의

사태의 수습책 문제로 정부 내부의 분란이 야기되고, 이에 김재규 당시 중앙정보부 부장이 박정희 전 대통령을 시해하는 10·26사태가 발발.

- 특히 수출산업의 중심지였던 부산에서 일어난 항쟁으로 미국의 지지가 약해졌으며, 방위산업의 중추부였던 마산·창원에서 일어난 봉기는 정부가 군부의 신뢰를 잃는 결정적 요인이 됨.

144. 부재자투표

개념

선거인명부에 올라 있는 사람 중에서 선거일에 투표소에 가서 투표할 수 없는 사람에게 투표에 참여할 기회를 주고자 시행하는 제도임.

⊙ 사전에 부재자신고를 하고 선거일 전에 미리 투표하는 방법.

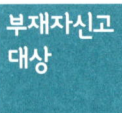

부재자신고 대상

선거일 현재 '선거인명부에 올라 있는 국내 거주자'로서 선거일에 투표소에 가지 못할 특별한 이유가 있는 사람.

⊙ 국외 거주자는 대상이 아니며 부재자투표 기간은 선거일 전 6일부터 2일 간임.

부재자 투표소

시·구·군 단위로 1개씩 설치되고, 읍·면·동별 부재자신고인이 2,000명이 넘는다고 인정될 때 해당 지역에 추가 설치.

투표 방식

선거일 전에 미리 설치된 부재자투표소에서 투표하는 '일반 부재자투표' 방식과 투표소에 직접 가지 못해 현재 기거하고 있는 거소에서 투표한 뒤 우편으로 발송하는 '거소투표' 방식이 있음.

⊙ 거소투표 대상자 유의사항: 부재자투표 용지에 기표해 선거관리위원회로 선거일 전일까지 우편으로 발송해야 함.

일반 부재자투표와 거소투표의 대상

구분	신고 대상자
부재자투표	① 국내 거주자로서 선거일에 자신이 투표소에 가서 투표할 수 없는 자
거소투표	② 영내 또는 함정에 장기 근무하는 군인·경찰공무원 중 부재자투표소에 가서 투표할 수 없을 정도로 멀리 떨어진 영내 또는 함정에 근무하는 자 ③ 병원·요양소에 장기 기거하는 자로서 거동할 수 없는 자 ④ 신체장애인 중 거동할 수 없는 자 ⑤ 중앙위원회 규칙으로 정하는 외딴 섬에 거주하는 자 ⑥ 중앙선관위가 공고하는 지역에 장기 기거하는 자

Key Point 부재자투표 방식

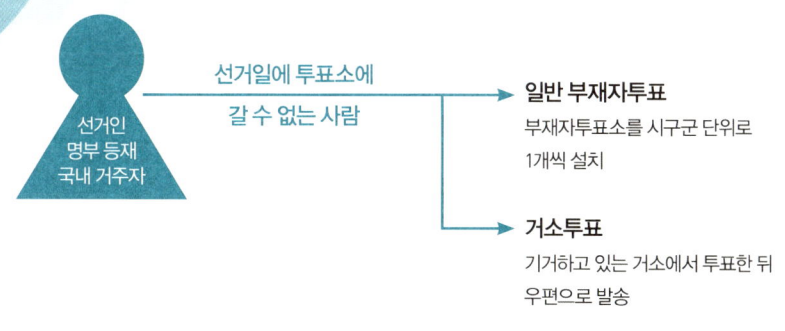

선거인 명부 등재 국내 거주자

선거일에 투표소에 갈 수 없는 사람

일반 부재자투표
부재자투표소를 시구군 단위로 1개씩 설치

거소투표
기거하고 있는 거소에서 투표한 뒤 우편으로 발송

145. 비례대표제

개념

비례대표제(比例代表制)는 유권자들의 정당투표 결과로 나타난 득표율에 따라 각 정당이 비례대표의원 수를 배정받는 제도를 가리킴.

⊙ 지난 17대 총선 이래로 비례대표제 선출방식을 약간 수정한 1인 2표제를 도입해 정당을 지지하는 투표를 실시, 그 득표율에 따라 비례대표의원을 선출.

도입 목적

다수대표제나 소수대표제의 단점을 보완*, 각 정당의 득표율에 비례하는 수의 대표자를 공평하게 선출하기 위해 도입.

⊙ 사회 각 분야에 필요한 전문인력 출신을 선출한다거나, 정치적으로 취약해 선거를 통해서는 당선될 수 없는 계층이나 직능별 대표를 선출함으로써 소외된 계층의 복지를 향상함.

기대효과

비례대표제 시행으로 소수파 대표성 보장, 사표 방지, 의석비례 보장 등이 가능해질 뿐 아니라 유권자 의사 존중 등의 효과가 기대됨.

논란

비례대표 당선자들의 자질문제를 비롯해 거액의 당비 납부 문제**에 이르기까지 각종 문제가 발생함으로써 비례대표제의 선출 방식을 획기적으로 개선하거나 제도를 폐지해야 한다는 목소리도 높아지고 있음.

도입 국가

일본, 독일, 이탈리아, 네덜란드, 이스라엘 등.

◉ 네덜란드와 이스라엘은 전체 의석이 비례대표로 구성됨.

---

* 다수대표제는 사표문제, 투표가치의 등가성문제가 발생.

** 많은 경우 선거가 임박해 비례대표 후보 공천을 받기 때문에 선거 자금 공급자로 나선다는 비판이 제기됨.

146. 선거 매니페스토

개념 선거 매니페스토(Manifesto, 공약사전점검)는 선거 후보자들이 내세운 공약의 실현 가능성을 따져보고 후보자들이 당선 후 공약을 지켜나가도록 한다는 의미를 담은 '참 공약' 시민운동을 뜻함.

- ◉ 정책공약을 만드는 과정부터 실천하는 과정까지 상시소통을 통해 시민의 의사 반영을 가장 중요시함.
- ◉ 또 선거 과정에서 후보자가 내건 정책공약이 유권자의 의사를 제대로 반영하는지에 대한 평가와 함께 당선자가 그 이후의 실천 과정에서 시민의 의사를 반영하고 실천하는지에 대해 주기적 평가가 필요함.

어원 '증거' 또는 '증거물'이란 의미의 라틴어 마니페스투스(manifestus)가 어원으로 이탈리아어 마니페스토(manifesto)로 변화함.

- ◉ 이탈리아어로 마니페스토는 '과거 행적을 설명하고, 미래 행동의 동기를 밝히는 공적 선언'이라는 의미로 사용됨.

외국 동향 1834년 영국의 필(Robert Peel) 보수당 당수가 처음으로 도입했으며, 1997년 영국 노동당의 블레어(Tony Blair)가 매니페스토를 제시해 집권에 성공하면서 본격적으로 알려짐.

◉ 필 당수는 "겉으로만 번지르르한 공약은 순간의 환심을 살 수는 있으나 결국은 실패한다"며 구체적 공약의 필요성을 강조함.

국내 도입 우리나라에서는 2006년 5·31 지방선거에서 처음 시작됨.

Key Point 선거 매니페스토란?

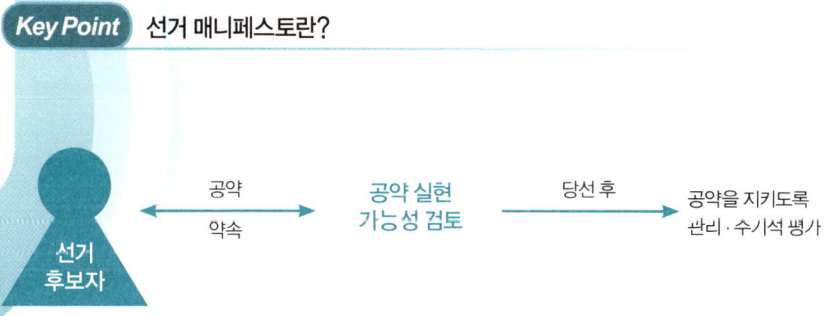

선거 후보자 → 공약 / 약속 → 공약 실현 가능성 검토 → 당선 후 → 공약을 지키도록 관리·수기석 평가

147. 오픈프라이머리

개념

오픈프라이머리(Open Primary, 개방형 국민경선제)는 정당이 선거 후보자를 정하는 예비선거(Primary)에 참가할 수 있는 자격을 당원에 국한하지 않고 누구에게나 개방하는 제도를 말함.

- 정당의 대통령 후보를 당원이 아닌 국민이 직접 선출한다는 점에서 '개방형 경선제' 또는 '국민형 경선제'로 불림.

장점

국민의 선거 참여 기회를 확대해 참여민주주의를 실현한다는 면에서 긍정적이며, 국민의 정치 참여 욕구를 반영할 수 있다는 의미가 있음.

단점

당원의 존재 의미 약화, 정당정치 실현의 어려움, 이중 선거 실시, 경선 결과 불복 등 각종 후유증과 부정적 측면도 가짐.

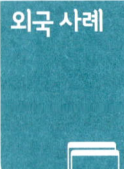
외국 사례

미국은 정당의 대선 후보자를 선출하기 위해 주가 관장하는 경선제도인 예비선거(코커스, 프라이머리)를 진행함.

- 프라이머리는 특별한 집회 없이 당원은 물론 일반 유권자들도 각 당에 등록만 하면 투표할 수 있으며 주와 당마다 구체적인 방식이 조금씩 다르고, 주별로 주법에 따라 경선 방식을 정함.

- 코커스(caucus, 당원대회)는 각 당의 당원들만이 특정 시간에 학교 도서관

등의 공공장소에 모여 토론을 벌인 뒤 대의원을 선출하는 방식.

Key Point 오픈프라이머리의 특징

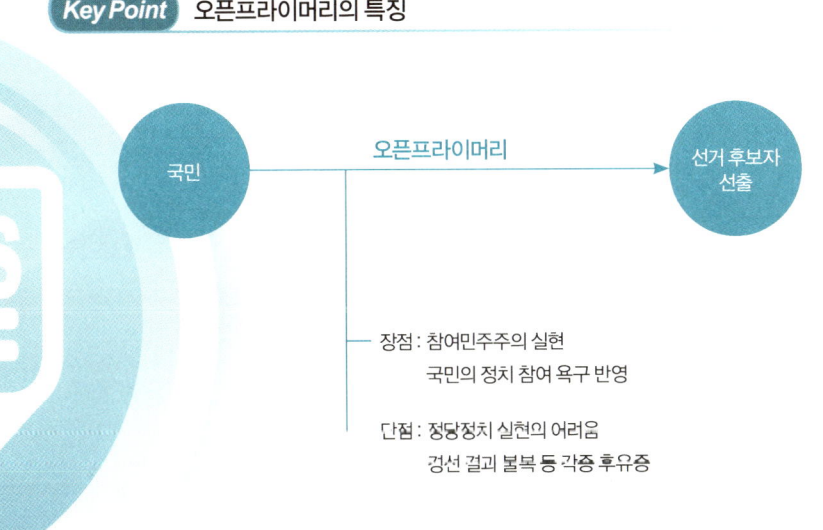

국민 ─── 오픈프라이머리 ──→ 선거 후보자 선출

장점 : 참여민주주의 실현
       국민의 정치 참여 욕구 반영

단점 : 정당정치 실현의 어려움
       경선 결과 불복 등 각종 후유증

148. 정수장학회

개념

정수장학회(正修奬學會)는 5·16쿠데타 이듬해인 1962년 '5·16장학회'로 설립됐으며, 1982년 전두환 대통령이 박정희 전 대통령의 '정'과 육영수 여사의 '수'를 따와 '정수장학회'로 명명함.

- 정수장학회의 전신은 1958년 부산 최대 갑부 김지태 씨(기업인·언론인)가 세운 '부일장학회'.
- 1961년 발발한 5·16쿠데타 이후 김지태 씨의 재산 일부가 국고로 환수되면서 5·16장학회(현 정수장학회)가 설립됨.

특징

장학 활동을 통해 단계별 '인적 네트워크'를 구성.

- 장학생들은 대학 재학 시절에는 '청오회', 졸업 후에는 '상청회'에 가입.

운영

박정희 전 대통령의 동서 조태호 씨가 5대 이사장을, 박근혜 의원이 8대 이사장을 역임하는 등 박 전(前) 대통령의 친인척과 측근을 중심으로 운영됨.

- 이 밖에 이후락 전 중앙정보부장, 박준규 전 《부산일보》 사장, 진혜숙 청와대 전 총무비서 등 측근들도 이사를 지냈으며, 현재는 최필립 전 대사가 이사장을 맡고 있음.

관련 동향

2012년 10월, 정수장학회가 MBC문화방송 지분 30%, 《부산일보》 지분 100%를 보유한 가운데, 정수장학회의 MBC 지분 매각 밀실 추진 논란이 야기되는 등 대선을 앞두고 정치권에서 뜨거운 이슈로 부상함.

◉ 19대 대선을 앞두고 현 최필립 이사장이 장학회가 보유하고 있는 문화방송 주식을 팔아 전국의 대학생들에게 반값 등록금을 지원하고 《부산일보》 주식도 매각해 지역 복지사업에 사용하는 계획을 추진 중인 것으로 알려지면서 논란이 야기됨.

149. 준법지원인제도

개념 준법지원인제도는 일정 요건의 상장회사에 변호사나 5년 이상의 경력을 가진 법학 교수 등을 준법지원인*으로 의무적으로 채용하게 하는 제도로, 상시 법률전문가를 두도록 하는 제도임.

⊙ 현재 은행법에 따라 은행, 금융투자회사, 보험회사 등이 의무적으로 운영하고 있는 준법감시인제도와 유사.

도입 취지 기업의 준법·윤리경영을 강화해 주주보호와 투명경영을 유도하고, 기업이 의사결정을 하는 데 있어서 법적 위험을 회피토록 하기 위한 취지에서 도입.

도입 시기 2012년 4월부터 주식시장 상장사에 도입.

외국 사례 미국, 영국 등이 준법감시인제도를 도입한 가운데, 벌금 감경 등의 혜택을 부여.

상장회사에 '준법지원인'을 의무적으로 두도록 하는 상법 개정안**은 변호사들의 일자리를 챙겨주기 위한 제도라는 비판이 제기됨.

⊙ 상법 개정안은 2011년 3월 국회 본회의를 통과했고, 4월 11일에 이명박 대통령 주재 국무회의에서 공포안이 의결됨.

---

* 준법지원인은 상장회사에서 임직원이 직무를 수행할 때 지켜야 할 내부 통제 기준을 마련하고 그 기준의 준수 여부를 점검해 이를 위반하는 경우 이사회에 보고하는 역할을 하는 사람.

** 일정 규모 이상의 모든 상장사가 대통령령으로 정한 준법지원인을 1명 이상 의무적으로 고용하도록 하는 상법 개정안은 공포 절차를 거쳐 2012년 4월부터 시행됨.

150. 특별검사제

개념 특별검사제(Independent Counsel)는 고위 공직자, 대통령 친인척 등의 비리혐의 조사 시 중립적 판단을 위해 독립 권한의 특별검사가 수사를 진행하는 제도임. 간단히 특검제라고도 함.

- ⊙ 특별검사제는 '한시적 특검제'와 '상시적 특검제'로 구분하는데, 우리나라는 그동안 국회의 입법 의결을 거쳐 특정 사건 처리 후 조직이 해산되는 한시적 특검제만 운영해왔으나 최근 상시적 특검제 도입 논의가 활발해지고 있음.
- ⊙ 특검제는 인권 침해 및 기존 형사법체계의 붕괴, 운영비용 등 시행 시 발생할 수 있는 논란에 대한 이슈가 존재함.

유래 1875년 미국의 그랜트 대통령이 개인비서의 탈세혐의 수사를 목적으로 특별검사를 임명한 것이 기원임. 이후 미국에서는 닉슨 대통령의 워터게이트 사건*을 계기로 1978년 10월 특검법이 제도적으로 안착함.

국내 도입 우리나라에서는 1999년 조폐공사 파업유도 및 옷 로비 사건으로 최초로 도입되었으며, 2012년 말 현재 열한 번의 특검팀이 출범.

- ⊙ 2001년 G&G그룹 회장의 배임횡령문제로 두 번째 출범한 특검은 당시

검찰총장과 김대중 대통령 친인척의 비리 연루를 밝힘.

◉ 2007년 김용철 변호사의 폭로로 삼성 비자금 의혹에 대한 특검을 진행.

◉ 이 밖에도 2007년 이명박·BBK 주가조작 의혹, 2010년 스폰서 검사 의혹, 2011년 재보궐 선거 디도스 공격 의혹 등에 대해 연이은 특검제가 진행됨.

◉ 2012년 9월 21일 이명박 대통령의 내곡동 사저 부지 매입 의혹에 대한 특검법이 통과돼 역대 열한 번째 특검팀이 출범.

　• 반면, 수사 결과 대부분이 성과 없이 종결돼 여전히 특검무용론이 제기되는 상황임.

＊ 닉슨의 재선을 꾀하던 비밀공작반이 민주당 전국위원회 본부에 도청장치를 설치하려고 침입했다가 발각된 사건.

151. 포퓰리즘

개념 포퓰리즘(Populism)은 정책의 현실성이나 가치판단, 옳고 그름 대신 비현실적인 선심성 정책을 내세워 일반 대중을 호도함으로써 지지도를 이끌어내고 대중을 동원해 권력을 유지하거나 쟁취하려는 정치행태를 말함.
◉ 대중주의, 인기영합주의, 대중영합주의와 같은 뜻으로 쓰임.

어원 1929년 《뢰브르(L'œuvre)》라는 문학잡지에 발표된 레옹 르모니에의 글「문학선언: 포퓰리스트 소설」에 처음 등장.
◉ 문학의 한 경향을 지칭하는 것이었다가 차츰 정치현상을 논하는 어휘로 전용되면서 주로 비판적 의미로 사용됨.

역사 포퓰리즘은 1870년대 러시아의 브나로드(Vnarod)운동에서 비롯된 급진주의 정치이데올로기였고, 1891년 미국에서 결성된 인민당(Populist Party)이 내세웠던 정치수단이었음.
◉ 정치에서 '포퓰리즘'은 1890년대 미국의 양대 정당인 공화당과 민주당에 대항하기 위해 탄생한 인민당이 농민과 노조의 지지를 얻기 위해 경제적 합리성을 도외시한 정책을 표방한 것이 연원임.

외국 사례

2차 세계대전 후 노동대중의 지지를 얻어 대통령에 당선된 아르헨티나의 페론 정권이 대중을 위한 선심정책으로 국가경제를 파탄시킨 사건 때문에 널리 알려짐.

Timeline **포퓰리즘의 역사**

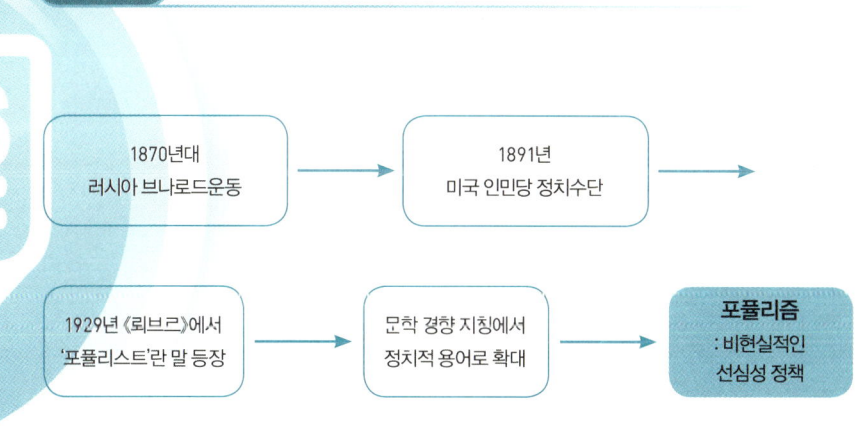

152. 폴리테이너

개념

폴리테이너(Politainer)는 정치인(Politician)과 연예인(Entertainer)의 합성어로 정치연예인이라고도 함.

◉ 정치적으로 소신껏 특정 정당을 지지하는 연예인, 또는 정치인이면서도 연예인 같은 엔터테인먼트 능력을 보여주면서 매스미디어를 적절히 활용하는 인물을 일컬음.

◉ 소셜테이너: 트위터나 페이스북 같은 소셜미디어를 활용하면서 **사회적** 이슈에 적극 개입하는 '사회참여 연예인'을 일컬음.

배경

미국의 정치학자 데이비드 슐츠가 1999년 논문 「벤투라와 새로운 세계의 용감한 폴리테이너 정치학」에서 처음 사용함.

◉ 미디어의 영향력이 커짐에 따라 정책보다는 후보자의 이미지가 유권자의 선택에 영향을 미치는 '이미지 정치 현상'을 대변하기 위해 사용함.

• 1998년 미국 미네소타 주 주지사 선거에서 예상을 뒤엎고 프로레슬러 출신인 벤투라가 당선된 것을 예로 들었음.

외국 사례

영화배우 출신으로 미국의 40대 대통령이 된 로널드 레이건과 캘리포니아 주 주지사로 당선된 아널드 슈워제네거 등이 있음.

TBC동양방송에서 활약했던 탤런트 홍성우는 1978년 연예인 최초로 10대 국회의원이 된 후 3선까지 지냄.

⊙ 1950~1970년대 초반까지 영화계에서 액션스타로 활약했던 이대엽은 11대 국회에 진출한 후 내리 세 차례나 당선됨. 이외에도 영화배우 최무룡, 문성근, 탤런트 이순재, 강부자, 코미디언 이주일, 영화감독 이창동 등이 포함됨.

153. 플리바게닝

개념

플리바게닝(Plea Bargaining)은 검찰이 피의자가 유죄를 인정하거나 더 큰 범죄에 대한 증거를 제시하는 등 수사에 협조하는 대신 형량을 감하거나 조정하는 협상제도로 '자백감형제도', '유죄협상제도'라 부르기도 함.

국내 현황

그간 법무부와 검찰은 플리바게닝제도 도입을 추진했지만 법원의 반대로 무산돼오다가 2008년 이후 법원의 권한을 보장하는 방향으로 제도 도입을 추진 중임.

◉ 법무부는 플리바게닝과 유사한 제도로 사법협조자형벌감면및소추면제제도 도입을 내용으로 한 형법·형사소송법 개정안을 2011년 7월 국회에 제출해 심의를 기다리는 상황임(2012년 12월 현재).

문제점

'플리바게닝 사후승인제도' 도입을 검토 중인 가운데, 2011년 들어 범죄 유형에 상관없이 모든 사안에 적용하는 방안을 추진하기로 해 2012년 12월 현재까지도 여전히 논란이 분분한 상황.

◉ '플리바게닝 사후승인제도'란 범죄자가 죄를 자백하고 수사에 협조하면 법원에 낮은 형량을 정해 구형하고 법원이 이를 승인하는 제도.

외국 사례	미국, 인도 등 영미법·보통법(Common Law) 계통에서 발달했으며 프랑스, 이탈리아, 폴란드, 에스토니아 등 대륙법(Civil Law) 계통의 사법체제를 지닌 국가에서도 일부 도입됨.

Key Point 플리바게닝의 실행 과정

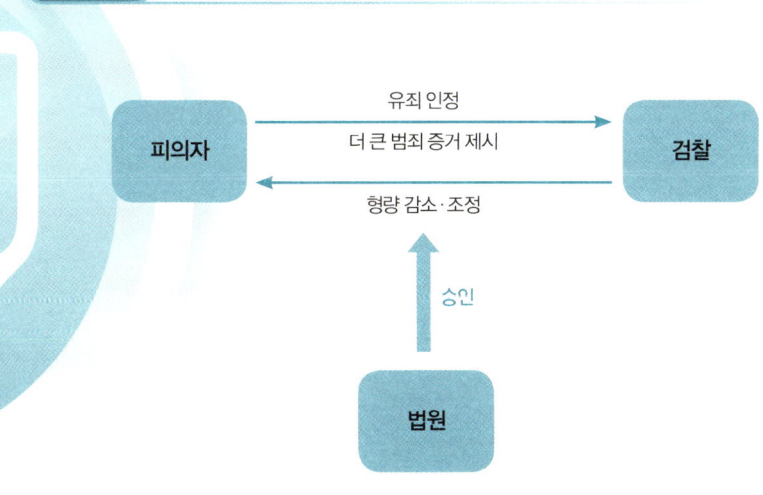

7

New Dictionary of
Current Issues

외교·안보

154. 6·15남북공동선언

개념

2000년 6월 15일 남북 정상회담을 가진 김대중 대통령과 김정일 국방위원장이 발표한 남북공동선언을 말함.

⊙ 김대중 대통령은 2000년 6월 13일부터 6월 15일까지 평양에서 김정일 국방위원장과 만남(분단 55년 만에 남북 최고위급회담 개최).

주요 내용

통일문제의 자주적 해결, 1국가 2체제의 통일방안 협의, 남북 간 교류의 활성화, 이산가족문제의 조속한 해결, 합의사항을 조속히 실천에 옮기기 위한 실무회담을 열 것 등 다섯 개 항을 합의.

⊙ 1항: 남과 북은 나라의 통일문제를 그 주인인 우리 민족끼리 서로 힘을 합쳐 자주적으로 해결한다.

⊙ 2항: 남과 북은 남측의 연합제안과 북측의 낮은 단계의 연방제안이 서로 공통성이 있다고 인정한다.

⊙ 3항: 남과 북은 2000년 8월 15일에 즈음하여 흩어진 가족, 친척 방문단을 교환하며 비전향 장기수 문제를 해결하는 등 인도적 문제를 조속히 풀어나가기로 합의한다.

⊙ 4항: 남과 북은 경제협력을 통하여 민족경제를 균형적으로 발전시키고 사회, 문화, 체육, 보건, 환경 등 제반 분야의 협력과 교류를 활성화하여 서로 신뢰를 도모한다.

⊙ 5항: 위의 네 개 항의 합의사항을 구체적으로 이행하기 위해 남과 북의

당국이 빠른 시일 안에 관련 부서들의 후속 대화를 규정하여 합의내용의

조속한 이행을 약속한다.

Key Point 6·15남북공동선언 합의사항

2000년 6월 15일
김대중 대통령 + 김정일 국방위원장

↓

6·15남북공동선언

- 자주적 통일문제 해결
- 1국가 2체제 통일방안
- 남북 교류 활성화
- 이산가족문제의 조속한 해결
- 실무회담 개최

155. GBU-28

개념

GBU-28(Guided Bomb Unit-28)은 일명 '벙커버스터(벙커 파괴자)'로 불리는 미국의 레이저유도폭탄을 의미함.

⊙ 길이 3.8m, 지름 36.8cm, 무게는 2,250㎏에 달함.

목적

GBU-28은 미국이 1991년 걸프전쟁 때 지하 30여 미터 깊이의 벙커에서 전쟁을 지휘하는 이라크군 사령부를 공격하기 위해 특별히 설계한 폭탄임.

⊙ 1966년부터 미국 공군이 개발하기 시작한 페이브웨이Ⅲ 시리즈 레이저 유도폭탄(LGB; Laser Guided Bomb)의 일종임.

특징

스텔스 폭격기나 F15A 전폭기를 이용해 공중에서 투하한 뒤 레이저로 유도해 목표물에 도달, 지하에서 폭발하도록 설계됨.

⊙ 폭탄에 장착된 2,000㎏의 탄두는 지상에서 바로 터지지 않고 지하 20~30m(콘크리트는 6m)까지 뚫고 들어가 폭발.

실전 사용

2001년 '테러와의 전쟁'에서 미국은 탈레반과 오사마 빈 라덴의 지하요새를 공격하기 위해 아프가니스탄의 수도 카불과 탈레반 거점 도시 칸다하르 등지에 투하한 것으로 알려짐.

⊙ 걸프전쟁에서 2기가 투하된 이후 여러 차례 개조를 거침.

Key Point GBU−28의 공격 과정

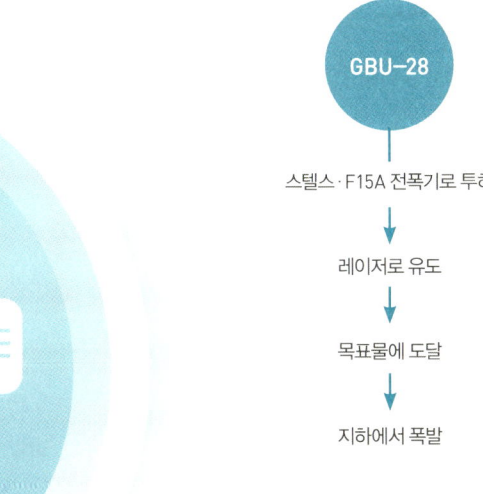

GBU−28

스텔스 · F15A 전폭기로 투하

↓

레이저로 유도

↓

목표물에 도달

↓

지하에서 폭발

156. IAEA

개념

IAEA(International Atomic Energy Agency)는 원자력의 평화적 이용을 위한 연구와 국제적 공동관리를 위해 1957년 창설된 국제기구를 가리킴.

설립 배경

2차 세계대전이 끝나갈 무렵, 미국이 일본 히로시마와 나가사키에 원자폭탄을 투하하면서 핵무기에 대한 공포가 세계 각국으로 확산.

⊙ 이 같은 현실을 인식, 원자력의 평화적 이용과 이를 위한 국제사회의 공동연구·감시활동을 위해 국제기구 설립의 필요성이 제기됨.

설립 시기

1953년 12월 열린 8차 유엔총회에서 미국의 드와이트 아이젠하워 대통령이 기구 창립을 제안했고, 3년 뒤인 1956년 80개국이 설립헌장에 조인했으며, 이듬해인 1957년 7월 29일에 헌장이 공식 발효되면서 IAEA가 유엔 산하기구로서 정식 활동을 시작.

⊙ 한국은 1957년 11월, 북한은 1974년 IAEA에 가입했으나, 북한은 1993년 2월 IAEA가 특별 핵사찰을 요구한 데 대해 NPT 및 IAEA 탈퇴를 선언하여 유엔안전보장이사회로부터 제재를 받을 위기에 몰렸다가 1994년 미국과 경수형원자로에 대한 합의가 이루어지면서 IAEA 탈퇴문

제가 해소된 적이 있음.

<table>
<tr><td>주요 활동</td><td>크게 핵검증과 핵사찰로 나눌 수 있음.</td></tr>
</table>

핵검증과 핵사찰

구분	주요 활동
핵검증	• 우선 핵 사용 국가의 핵시설 관리자가 IAEA에 제출하는 보고서를 검증 • 우라늄 등 핵물질을 사용할 때마다 어떤 물질을 사용했는지, 질량은 얼마나 변했는지 등을 보고하게 되며, 검증은 주로 봉인이나 카메라 감시 등의 방식으로 이루어짐
핵사찰	• 문제가 발생하면 IAEA 사찰단이 직접 현장사찰에 나서게 되는데, 사찰에는 임시사찰과 일반사찰, 특별사찰이 있음 • 사찰 결과 안전조치를 지키지 않은 것으로 판단되면 IAEA 사무총장이 이를 이사회에 보고하고, 이사회는 다시 이를 유엔안보리와 총회, 전체 회원국에 보고하게 됨 * 사안이 심각하면 안보리 의결을 통해 해당국에 대한 군사적·경제적 제재를 결의할 수 있음

157. PSI

개념

PSI(대량살상무기 확산방지구상)는 'Proliferation Security Initiative'의 약자로 대량살상무기와 제조기술의 국가 간 이전과 운반을 막기 위해 미국 주도로 발족한 국제협력체계를 가리킴.

⊙ 2003년 5월 미국의 주도로 스페인 마드리드에서 발족했으며 풀네임을 써서 'WMD확산방지구상(Weapons of Mass Destruction Proliferation Security Initiative)'이라고도 불림.

⊙ 북한, 이란 등 대량살상무기 확산의 의혹을 받는 국가들이 주 대상으로 되고 있음.

요지

대량살상무기를 실은 것으로 의심되는 항공기나 화물선을 공해상이나 우방의 영해와 영공에서 강제로 검문하거나 검색할 수 있도록 하는 것이 요지임.

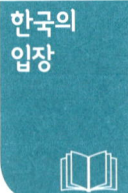

한국의 입장

정부는 2009년 5월 26일 자로 PSI 원칙을 승인하기로 했다고 공식 발표.

⊙ 한국은 그간 미국의 강한 압박에도 PSI 가입이 자칫 남북 간의 물리적 충돌을 일으킬 수 있다는 판단에 따라 PSI에 참관 자격으로만 소극적으로 참여해옴.

• 정부가 PSI 전면 참여를 선언한 것은 북한이 2차 핵실험(2009. 5. 25.)을 강행한 마당에, PSI 참여를 미룰 이유가 없다고 판단했기 때문으로 분석됨.

Key Point PSI의 개요

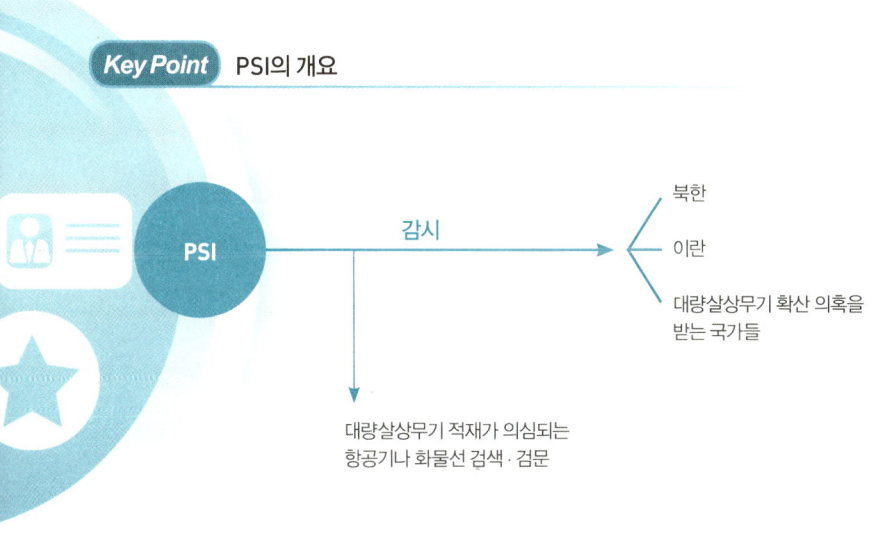

158. UNIFIL

개념

UNIFIL(United Nations Interim Force in Lebanon)은 레바논에 파견된 평화유지군으로, 1978년 3월 19일에 채택된 '안보리결의 제425호' 및 '제426호'에 의해 창설됨.

배경

레바논 내 PLO 무장단체들이 이스라엘을 공격하자 이에 대한 보복으로 이스라엘군이 레바논 남부를 점령함에 따라 레바논 정부가 유엔안보리에 부당성을 알리면서 창설.

주요 임무

레바논의 평화와 안전의 회복을 지원하며, 휴전 감시, 레바논 남부의 이스라엘군 철수 확인, 민간인에 대한 인도적 구호활동 지원 등의 임무를 수행.

권한

활동지역 내 각종 적대행위 방지, 유엔 요원과 시설·장비보호 등을 위해 주둔지역 내에서 무력 사용을 포함해 필요한 '모든 조치(all necessary action)'를 취할 수 있음.

한국의 파견 현황

2007년 7월 19일 남부의 티르시에 동명부대를 파견했으며, 그 이후 두 차례 파견 연장을 했는데 제3차 파견 연장에 대해서는 2010년 12월 8일 국회에서 동의.

유엔평화유지군 파병 현황

국가(지역)	임무	규모	파견 기간
소말리아 (UNOSOM II)	재건 및 건설, 각종 대민 지원 활동	장교 30명, 부사관 32명, 공병 190명	1993. 7.~1995. 2. (1년 8월)
서부 사하라 (MINURSO)	의료 지원	장교 27명(군의관 8명과 간호장교 6명 포함), 부사관과 의무병 22명	1994. 9.~2006. 5. (11년 9월)
앙골라 (UNIVEM III)	인도적 재건 지원, 정전 감시	장교 22명, 부사관 16명, 공병 160명	1995. 10.~1997. 2. (1년 5월)
동티모르 (UNTAET)	동티모르 독립정부 수립 지원, 선거 감시	장교 66명, 준사관 1명, 하사관 189명, 보병 163명	1999. 10.~2003. 10. (4년)
사이프러스 (UNFICYP)	유엔특사 보좌	사령관 1명	2002. 1.~2003. 12. (2년)
레바논 (UNIFIL)	작전지역에 대한 감시 정찰 및 민사작전	장교 68명, 준사관 1명, 부사관 104명, 보병 177명	2007. 7.~2010. 10. (3년 4월)
아이티 (MINUSTAH)	재해복구, 재건 및 인도적 활동 지원	파견 인원 240명(공병 120명)	2010. 2. 10.~2011. 12. (9월)

159. 간도협약

개념

간도협약(間島協約)은 대한제국의 외교권을 박탈한 일본이 청나라와 1909년 9월 4일 맺은 협약을 말함.

⊙ 협약은 전문 7조로 구성됨.[*]

⊙ 간도협약 이후 한국과 중국의 영토는 압록강과 두만강으로 고착됨.

협약 내용

일본이 만주철도 부설권과 탄광채굴권 등 이권을 얻는 조건으로 청나라의 간도영유권을 인정하는 내용을 담고 있음.

관련 동향

간도협약 체결 100년을 앞두고 일각에서는 한 국가가 영토를 점유한 지 100년이 지나면 영토점유 국가의 영유권이 인정된다며 100년 시효 이전에 간도문제를 국제사법재판소에 제소해야 한다는 주장이 제기돼 논란이 일어나기도 함.

⊙ 우리의 주권을 무시한 '청·일 간도밀약'이 무효라는 목소리가 높아지면서 2009년 8월 28일에는 이명수 의원을 비롯한 국회의원 50여 명이 '간도협약 무효확인 결의안'을 국회에 제출.

⊙ '간도협약 시효 100년설' 유포와 관련해 정부는 국제법상 근거가 없다는 뜻을 정리한 것으로 알려짐.

Key Point 간도협약의 주요 내용

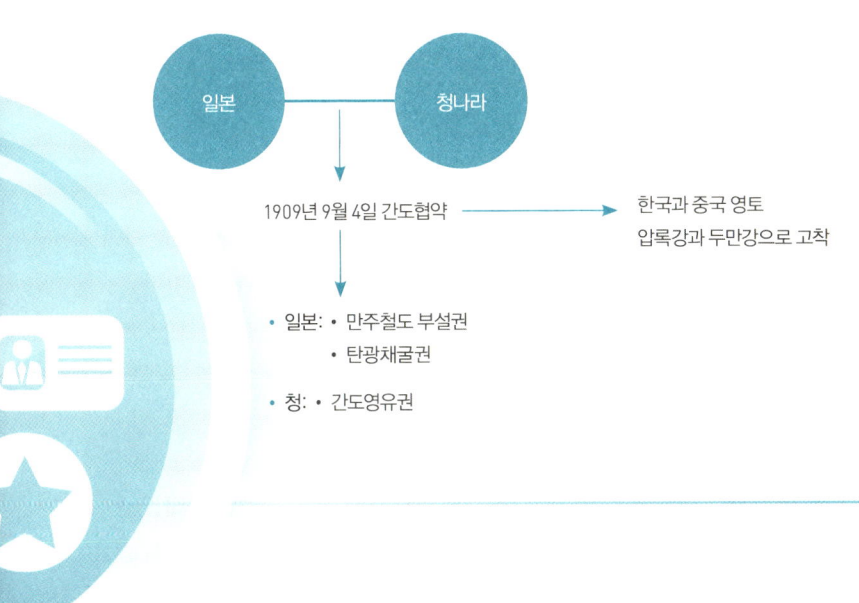

일본 ── 청나라

1909년 9월 4일 간도협약 ⟶ 한국과 중국 영토
압록강과 두만강으로 고착

• 일본: • 만주철도 부설권
  • 탄광채굴권

• 청: • 간도영유권

* △한·청 양국은 도문강(圖們江, 두만강)을 양국의 국경으로 하되 일본 정부는 간도를 청나라의 영토로 인정하는 동시에 청나라는 도문강 이북의 간지(墾地)를 한국민의 잡거(雜居)구역으로 인정 △잡거구역 내 거주 한국민은 청나라의 법률에 복종하고, 생명·재산의 보호와 납세, 기타 일체의 행정상 처우는 청국민과 같은 대우를 부여받음 △청국 정부는 간도 내 외국인의 거주 또는 무역지 4개 처를 개방 △장래 지린(吉林)·장춘(長春)철도를 옌지(延吉) 남쪽까지 연장, 한국의 회령(會寧)철도와 연결 등.

160. 교전규칙

개념

'교전규칙(교전수칙)'은 적의 도발에 우리 군이 대응하는 방식과 수준을 의미하며 '비례성의 원칙'과 '충분성의 원칙'에 따라 응전하는 내용을 담고 있음.

⊙ 대응 수준은 도발양상과 이에 대한 현장 지휘관 판단에 따라 결정되는데 보통 2~3배의 보복을 가하는 것이 적절한 것으로 받아들여지고 있음.

제정 취지

군사적 충돌 시 확전을 방지하기 위해 제정.

⊙ 우발적 무력충돌이 전쟁으로 확대되지 않도록 각 상황에 대처하는 것에 대해 단계별로 규칙을 마련(교전규칙에 상대의 도발의지를 무력화하는 확실한 대응원칙이 포함되는 경우 확전 방지 가능).

구분

정전교전규칙(유엔사 교전규칙)과 전시교전규칙으로 구분.

⊙ 전면전 시에는 한미연합사의 작전지휘*에 따른 '전시교전규칙'을, 그 이외 정전 시에는 유엔사 합의로 이루어진 '정전교전규칙'을 따름.

⊙ 정전교전규칙: 1953년 정전협정 시에 유엔사가 제정한 것으로 북한군과 충돌할 시 자위를 위한 무력 대응 절차를 규정.**

⊙ 전시교전규칙: '작계5027'로 전면전으로 확대 시 적용.

• 1994년 평시작전권을 미국으로부터 이양받게 되면서, 북한 도발 시 한국이 작전지휘권을 우선해 갖고 미국이 이를 지원하게 됨.

Key Point 교전규칙의 개요

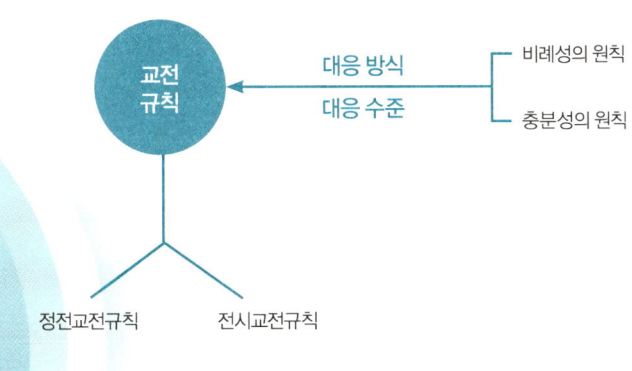

정전교전규칙   전시교전규칙

＊ 1978년 이후 한미가 연합방위체제하에서 이 땅의 안보를 공동으로 지켜옴.

＊＊ 국지적 충돌이 전면전으로 확전하지 않도록 작전 상황을 관리하는 큰 틀의 작전예규.

161. 국가안전보장회의

개념

국가안전보장회의(NSC; National Security Council)는 중대 외교현안이 발생했을 때 개최되는 외교·안보 분야 최고위급회의체이자 외교·안보 관련 대통령 직속 자문기관임.
- ⊙ 대통령 직속의 NSC는 원래 1947년 설립된 미국의 백악관 NSC*를 모델로 함.

역할

대한민국의 국가안전보장에 관한 전반적 정책을 수립·기획하고, 안보 관련 사항에 대해 협의·조정해 정부의 총체적 대응 기조를 결정.

법적 근거

헌법 제91조 제1항에 "국가안전보장에 관련되는 대외정책·군사정책과 국내정책의 수립에 관하여 국무회의의 심의에 앞서 대통령의 자문에 응하기 위하여 국가안전보장회의를 둔다"고 규정.
- ⊙ NSC설치법은 지난 1961년 처음으로 제정됨.

구성원

대통령을 의장으로 하여 총리와 외교통상부 장관, 통일부 장관, 국방부 장관, 국가정보원장 등이 당연직 위원으로 참석.

이명박 정부의 소집

이명박 대통령 취임 후에는 2008년 7월 18일 처음으로 소집.

⊙ 금강산 관광객 피격 사망 사건, 독도문제 등 국가 외교안보 관련 현안이

　총체적으로 논의됨.

＊ United States National Security Council(http://www.whitehouse.gov/nsc/)

162. 국제사법재판소

개념

국제사법재판소(International Court of Justice)는 1946년에 설립된 유엔 산하 상설 국제법원으로 국제법에 따라 국가 간의 분쟁을 재판하는 것이 주요 임무임.

⊙ 네덜란드의 헤이그에 있고 분쟁국 사이의 합의된 사안에 관할권을 행사.

구성

재판관은 총 15명으로 국적과 관계없이 권위 있는 법률가로 구성되며 최소 정족수 9인, 과반수 찬성으로 사건에 관해 판결함.

⊙ 재판관의 임기는 9년이며 3년마다 5명씩 재선하고, 각 국가에서 2인 이상 선출 불가.

⊙ 2012년 12월 현재 국제사법재판소의 재판관 중 유일한 아시아인은 일본의 오와다 히사시.

사용 언어

재판소에서 사용하는 언어는 프랑스어와 영어 중 하나로, 판결 진행 시 소송국가들의 합의에 따라 사용됨.

관련 사례

1950년 에크레호 섬과 망키에 섬에 대해 주권 대립을 벌여온 영국과 프랑스 간 재판에서 국제사법재판소는 지속해서 행정 조치를 취한 영국의 주권을 인정함.

◉ 한편 1998년에 말레이시아는 인도네시아와 벌인 시파단 섬 분쟁 소송에서 실효적 지배의 증거를 인정받아 승소했지만, 2008년에 있었던 페드라 브랑카 섬 영유권 판결에서는 물리적 점유율이 높은 싱가포르에 패소함으로써 주권을 이양함.

Key Point **국제사법재판소의 구성과 역할**

국제사법재판소
1946년 설립

국제법에 따라
국가 간 분쟁을 재판

구성

총 15명의 재판관
정족수 9인, 과반수 찬성으로 판결

163. 국제수로기구

개념

국제수로기구(IHO; International Hydrographic Organization) 는 유엔 산하 국제기구로 바다의 국제적 명칭을 결정하는《해양의 경계》를 발행하며 국제수로 업무의 협력 증진과 해역 명칭 표준화를 관장함.

⊙ 해도에 관한 부호와 약자의 국제적 통일·국제공동조사·측량 및 해양 관측기술 개발 등을 담당하며 총회는 5년에 한 번씩 모나코에서 개최함.

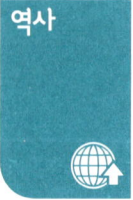

역사

18세기에 부정확한 해도 때문에 많은 선박이 좌초되고 1900년대에는 선박을 이용한 교역이 증가하자 항해의 안전을 위해 정확한 해도 제작의 필요성이 대두됨. 이에 1919년 국제수로회의의 결의로 1921년에 국제수로국을 신설하고 1970년 국제수로기구로 확대됨.

⊙ 1921년에 설립된 국제수로국(IHB; International Hydrographic Bureau) 이 국제수로기구의 전신.

회원

현재 미국, 영국, 중국을 비롯해 총 80개국이 참여.

⊙ 한국은 국립해양조사원이 1957년 현 기구의 전신인 국제수로국에 가입했으며, 현재 국토해양부 국립해양조사원이 대표기관으로 지정돼 있음.

⊙ 북한은 1989년 국제수로기구 회원국으로 가입.

《해양의 경계》

IHO가 1929년부터 발간한 지도책으로, 초판 발행 시 동해 (East Sea)를 '일본해(Japan Sea)'로 표기함으로써 '일본해'라는 명칭이 국제적으로 통용되는 계기가 되었음.

⊙ 동해를 '일본해'와 함께 표기하는 문제는 지난 2002년과 2007년, 2012년 총회 때 논의됐으나 한·일 양측의 의견이 첨예하게 대립하면서 결론을 내리지 못함.

164. 대륙간탄도미사일

개념

미·러전략무기감축협정인 'START-1'에 따르면, 대륙간탄도미사일(ICBM; Intercontinental Ballistic Missile)은 사정거리 5,500km 이상의 메가톤급 핵탄두가 장착된 미사일을 의미함.
- ◉ 미국보다 러시아가 먼저 1957년 8월에 개발했고 미국은 1959년에 실용화.

특징

탄도미사일은 표적에 도달하기까지 추진기관의 힘으로 어느 정도 높이까지 유도된 뒤 최종단계에서는 지구의 인력에 의해 표적으로 떨어짐.
- ◉ 모든 비행 과정이 유도장치로 이뤄지는 순항미사일과는 다르며, 액체와 고체연료를 함께 사용하는 다단식 로켓임.

분류 기준

사거리가 미국과 구(舊) 소련을 연결하는 최단 직선거리인 5,500km를 넘게 되면 ICBM으로 분류됨.
- ◉ 탄도미사일은 사거리에 따라 단거리탄도미사일(SRBM, 0~800km), 준중거리탄도미사일(MRBM, 800~2,400km), 전구탄도미사일(3,500km 이하), 중거리탄도미사일(IRBM, 2,500~5,499km)로 나뉨.

대표 사례

실전에 배치된 대표적 ICBM으로는 고정식인 미국의 타이탄 Ⅱ, 미니트맨Ⅱ·Ⅲ형, 피스키퍼와 중국의 둥펑(DF-31A), 러시아의 SS-18·19·25 등이 있음.

◉ 모두 사거리가 1만㎞를 넘으며, 현재 미국과 러시아, 프랑스, 중국 등이 대륙간탄도미사일을 지하 사일로(silo)에 배치하고 있음.

165. 데프콘

개념

데프콘(DEFCON)이란, 북한과의 전면전을 가상해 발령되는 대북방어준비태세(Defense Readiness Condition)를 뜻하며 I단계부터 V단계로 구분됨.

⊙ '데프콘 V'는 가장 낮은 정도의 경계태세이며, '데프콘 I'은 가장 긴박한 상태.

현 데프콘 수준

북한과의 국지적인 긴장이 존재하기 때문에 현재 데프콘 Ⅳ단계(군경계태세)를 유지하고 있으나, 북한에서 정변이 발생할 시 데프콘은 Ⅳ단계에서 Ⅲ단계(방어준비태세)로 격상됨.

⊙ 1999년 6월 15일 서해상에서 남북 간의 함정 교전 사태가 발생했을 때 데프콘 III에 준하는 전투준비태세 강화 지시가 내려진 바 있음.

데프콘의 단계별 내용

단계	주요 내용	전투준비태세
데프콘 I	전쟁이 임박한 최고준비태세 때 발령	동원령이 선포되고 전시체제로 돌입
데프콘 II	적이 공격준비태세를 강화하려는 움직임이 있을 때 발령	전 군에 탄약이 지급되고 부대 편제인원 100% 충원
데프콘 III	중대하고 불리한 영향을 초래할 수 있는 긴장 상태가 전개되거나 군사개입 가능성이 있는 경우 발령	한국군이 가지고 있는 작전권이 한미연합사령부로 넘어가고 전 군의 휴가·외출 금지
데프콘 IV	대립하고 있으나 군사개입 가능성이 없는 상태	–
데프콘 V	적의 위협이 없는 안전한 상태	–

166. 만주사변

개념

만주사변(滿洲事變)은 1931년 9월 18일, 일본이 만주철도 폭발사건을 조작함으로써 중국 침략을 본격화한 사건.

◉ 중국에서는 9·18사변 또는 류타오거우 사건이라고 통칭함.

세부 내용

일본이 만주에 대해 완전한 이권을 차지하려는 목적으로 류타오거우(柳條溝)의 남만주철도를 폭파함. 이후 일본은 이를 중국군의 소행으로 몰면서 철도 보호를 구실로 만주를 침략하는 발판을 마련함.

◉ 특히 일본은 이를 계기로 청나라 황제를 앞세워 만주국이란 괴뢰정권을 수립하고 대륙침략정책의 근거지로 활용하기 시작.

• 당시 만주국의 황제로 앞세워졌던 선통제(宣統帝)는 중국 역사의 마지막 왕으로 기록됨.

의의

1933년 중국 측의 제소를 빌미로 일본은 국제연맹을 탈퇴하고 일본 내 군국주의의 입지를 더욱 강화함.

◉ 일본의 만주침략 행위는 1937년에 발발한 중일전쟁과 1941년에 발발한 태평양전쟁의 발단이 됨.

관련 동향

중국은 만주사변 81주년이 되는 국치일을 즈음해 일본이 댜오위다오(釣魚島, 일본명 센카쿠 열도)를 국유화한 데 따른 반일감정이 최고조에 이르게 됐으며 대규모 반일집회가 진행됨(2012. 9. 18.).

⊙ 한층 격발될 중국 내 반일시위로 도요타, 라이온, 유니클로 등의 제조기업은 운영 일시중단을 결정함.

• 전국 50개 도시 8만여 명의 중국인이 반일시위에 참여해 일본 기업과 공장을 공격하는 등 과격한 행태가 진행됨.

⊙ 한편, 일본 도쿄 도심에서도 대규모 반중시위가 열리고, 센카쿠 근방에 자위대 함정이 배치되는 등 반중감정이 고조됨.

167. 바이아메리카

개념

바이아메리카(Buy America)는 도로·교량을 비롯한 각종 인프라에 대한 투자를 집행하는 경우에 여기 사용되는 철강 등 일부 품목에 대해 미국산 제품을 우선 구매·사용하도록 하는 내용을 담은 미국의 정책으로 보호무역의 성격을 가짐.

⊙ **미국** 민주당의 요구로 경기부양법안에 포함돼 하원을 통과함으로써 논란이 발생함.

논란의 배경

2009년 2월 미국 하원이 8,200억 달러 규모의 경기부양책을 통과시킬 때 사회간접자본 건설에 미국산 철강제품만 사용한다고 명시한 바이아메리카 조항을 포함하면서 논란이 불거짐.

각국의 반응

캐나다, 유럽연합, 일본, 중국을 비롯한 주요국은 바이아메리카 조항을 강력히 비판했는데, 금융위기 이후 세계 각국이 보호주의에 맞서 싸우고 있는 시점에서 이 조항이 보호무역의 성격을 가짐으로써 각국의 결속을 훼손시킨다는 비판이었음.

바이아메리카 추진에 대한 각국의 반응

국가명	내용
캐나다	철강 생산량의 40%를 미국에 수출하고 있어 강력 반발
유럽연합(EU)	바이아메리카 조항이 포함된 경기부양안이 상원을 통과하면 세계무역기구(WTO)에 제소할 것이라고 경고
일본	미국의 보호주의에 반대하는 항의서한을 미국 정부와 의회 지도자들에게 전달 * 후지사키 주미 일본대사가 항의서한을 발송
중국	원자바오 중국 총리는 세계경제포럼 개막식 기조연설에서 보호주의가 현재의 금융위기를 더 심화시키고 지속시킬 것이라며, 미국의 '바이아메리카' 추진에 대한 반대 입장을 표명

168. 배타적경제수역

개념

배타적경제수역(EEZ; Exclusive Economic Zone)은 영해 기선 (基線, 출발선)으로부터 200해리(약 370km) 범위에서 연안국의 모든 자원에 대해 독점적 권리를 포함한 경제주권이 인정되는 수역을 가리킴.

⊙ 한반도 주변 동해, 남해, 서해, 동중국해 대부분이 한국, 일본, 중국, 러시아의 200해리 배타적경제수역으로 분할된 상태.

근거 규정

배타적경제수역에 관한 내용은 1982년 채택되고, 1994년 발효된 '유엔해양협약'에 규정됨.

⊙ 협약에 따르면 영해가 기존의 3해리(약 5km)에서 12해리(약 22km)로 늘어났으며, 200해리 배타적경제수역까지 인정함으로써 한 국가가 관리할 수 있는 바다의 영역이 확대됨.

EEZ 연안국의 권리

어업자원 및 해저 광물자원, 해수·풍수를 이용한 에너지 생산권, 에너지 탐사권, 해양과학조사 및 관할권, 해양환경보호에 관한 관할권.

한국은 일본, 중국과 배타적경제수역을 둘러싸고 이해관계가 첨예하게 대립하고 있음.

⊙ 이어도가 한국과 중국의 EEZ가 겹치는 해역에 있는데다가 한중 양국 간 해양경계가 정해지지 않아 양국 간 마찰이 야기됨.

⊙ 2006년 노무현 정부는 한일 독도문제와 관련해 독도를 EEZ 기점으로 선포.

169. 북방한계선

개념

북방한계선(NLL; Northern Limit Line)은 정전협정(1953. 7. 27.) 직후인 1953년 8월 30일 유엔군사령관이 남북 간의 우발충돌을 막기 위해 우방의 함정과 항공기 초계 활동에 대한 북방한계를 규정한 선을 가리킴.

⊙ 북한과의 협의 없이 일방적으로 설정해 북한 측에 통보.

⊙ 1992년 9월 제8차 남북 고위급회담에서 최종적으로 세 개 부속합의서를 채택함으로써 효력이 발생하기 시작함.

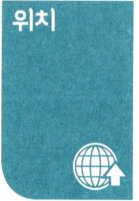

위치

우리 군의 작전권이 미치는 지점인 서해 NLL은 백령도 서쪽 40마일, 동해 NLL은 강원도 저진으로부터 218마일이며, 이 중 서해 NLL을 놓고 남북 간에 입장 차가 존재함.

⊙ 서해상의 NLL은 백령도, 대청도, 소청도, 연평도, 우도 등 다섯 개 도서와 북한지역 사이의 중간선을 기준으로 한강 하구로부터 서북쪽으로 열두 개의 좌표를 연결해 설정됐는데, 현재 북한은 유엔사령부가 서해 NLL을 일방적으로 선언했다며 공식 인정하지 않는 상황임.

⊙ 동해상의 NLL은 지상군사분계선(MDL)의 연장선을 기준으로 설정돼 별다른 문제가 되지 않음.

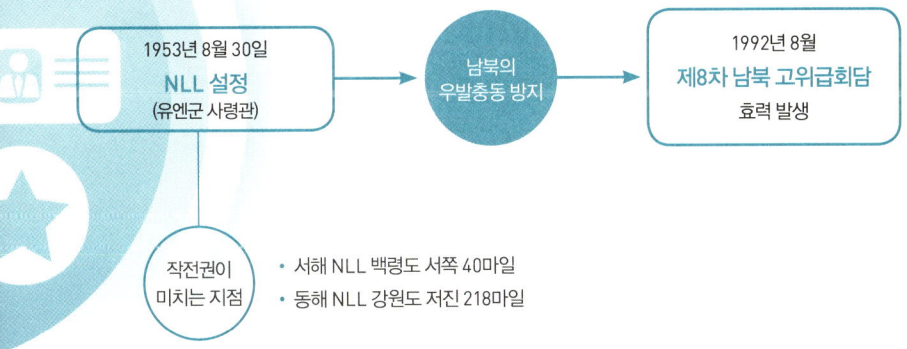

핵심 쟁점

NLL을 둘러싼 논쟁은 크게 NLL이 영토선인가에 대한 문제, 평화지대 설정과 같이 NLL 인근 해역의 실제 활용 가능성에 대한 문제로 구분됨.

Key Point 북방한계선의 개요

1953년 8월 30일
NLL 설정
(유엔군 사령관)

→ 남북의 우발충동 방지 →

1992년 8월
제8차 남북 고위급회담
효력 발생

작전권이 미치는 지점

• 서해 NLL 백령도 서쪽 40마일
• 동해 NLL 강원도 저진 218마일

170. 비대칭전력

개념

비대칭전력(非對稱戰力)은 재래식무기가 아니라 대량살상, 기습공격, 게릴라전이 가능한 핵무기·특수전 전력 등을 뜻함.

◉ 한편 '비대칭전략'은 상대(적)가 예상하지 못한 수단과 방법으로 상대의 강점을 무력화하고 약점을 이용해 전략적 우세를 달성하기 위한 전략임.

특징

상대국의 막강한 자본력과 기술력을 극복하기 위해 막대한 군사비를 지출하지 않으면서도 상대국가의 침략을 억제할 수 있는 수단으로 핵무기, 생화학무기 등 비대칭전력을 사용.

◉ 주로 막강한 자본과 기술을 투입하기 어려운 약소국가가 비대칭전력에 주력함.

전쟁에 사용되는 무기 구분

구분	대칭전력	비대칭전력
개념	탱크, 전차, 군함, 전투기, 포, 미사일, 총 등 실제 전투에서 사용할 수 있는 무기 ＊ 재래식전력, 재래식무기로도 불림	대량살상과 기습공격, 게릴라전이 가능한 무기 ＊ 비대칭무기로도 불림
특징	전력구축을 위해 비용과 시간 소요가 많음	대칭전력에 비해 비용과 시간 소요가 적음(비교적 싼 비용으로 효과 극대화 가능)
종류 예시	탱크, 전차, 군함, 전투기, 포, 미사일, 총 등	핵무기, 탄도미사일, 화학무기, 장사정포, 잠수함(잠수정) 등

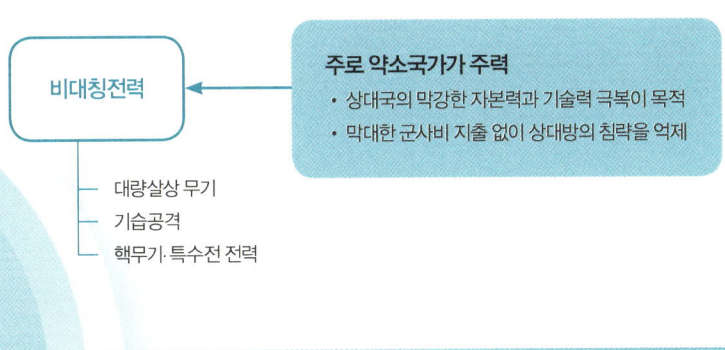

비대칭전력

주로 약소국가가 주력
- 상대국의 막강한 자본력과 기술력 극복이 목적
- 막대한 군사비 지출 없이 상대방의 침략을 억제

- 대량살상 무기
- 기습공격
- 핵무기·특수전 전력

171. 비동맹운동정상회의

개념

비동맹운동정상회의(Non-Ligned Movement)는 개발도상국을 중심으로 주요 세력권과 정치적 동맹이 없는 상태에서 외교를 추진하는 회의를 말함.

⊙ 반미(反美) 지향적이며 개도국의 권익과 단합을 추구하는 압력단체로 평가받음.

설립

1961년 유고 베오그라드에서 이집트와 인도, 유고슬라비아 등 개발도상국들이 주도해 25개국 대표들에 의해 설립됨.

⊙ 2차 세계대전 이후 미국과 소련으로 양분된 국제 정치질서에서 탈피하려는 움직임에서 비롯됨.

개최 시기

정상회의 개최 주기는 3년이며 외무장관 회의, 조정사무관 회의, 유엔상주 회의 등이 수시로 개최됨.

가입국

유엔 회원국의 3분의 2에 달하는 120개 회원국과 21개의 옵서버 국가로 구성됨.

⊙ 1975년에 가입한 북한은 정회원 국가로, 우리나라는 1997년부터 게스트 자격으로 참여.

　• 회원국의 절대다수는 아시아와 아프리카, 라틴아메리카의 국가

로 2차 세계대전 이후 독립한 신생 국가들이 상당수 가입함.

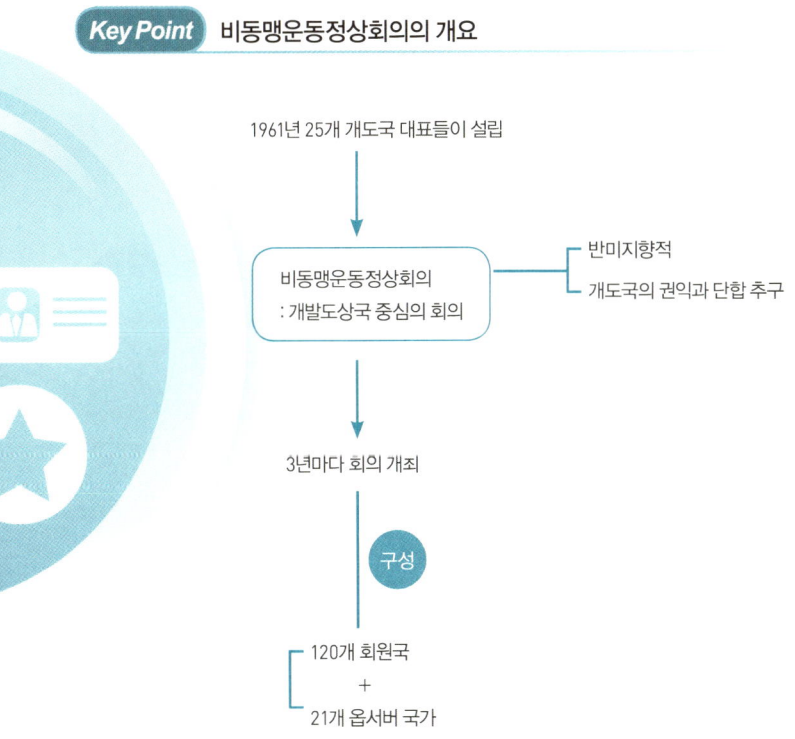

1961년 25개 개도국 대표들이 설립

비동맹운동정상회의
: 개발도상국 중심의 회의

— 반미지향적
— 개도국의 권익과 단합 추구

3년마다 회의 개최

구성

120개 회원국
+
21개 옵서버 국가

172. 서해5도

개념

서해5도는 북방한계선(NLL)*에 인접한 서해의 백령도, 대청도, 소청도, 연평도, 우도를 가리킴.

⊙ 여섯 개의 섬**으로 이뤄져 있어 서해6도로 보는 시각도 존재함.

용어 사용

1973년에 북한이 서해 다섯 개의 섬 주변 수역이 북한의 연해라고 주장하면서 '서해5도'라는 용어가 사용되기 시작함.

전략적 중요성

다섯 개의 섬 모두 북한으로부터 가까워 국가안보상 중요한 군사적 요충지임.

거주민 현황

백령도, 연평도, 대청도, 소청도에는 주민이 거주하고 있으며, 연평도 북쪽 4~5㎞ 지점에 있는 우도는 무인도로 주민은 없고 경계병만 있음.

⊙ 주민 거주 규모: 백령도 〉 연평도 〉 대청도 〉 소청도

Key Point 서해5도의 구성

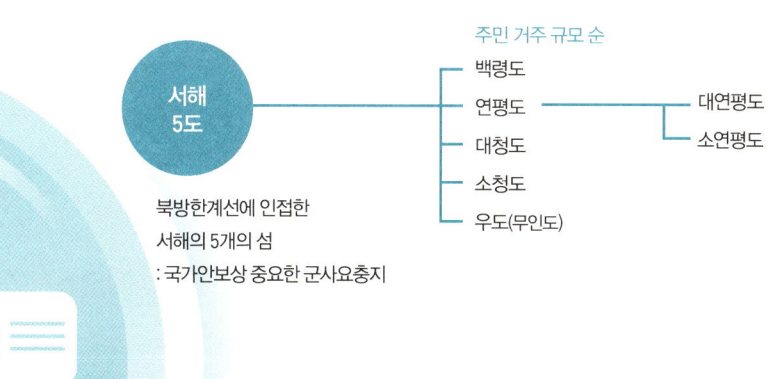

주민 거주 규모 순

서해
5도
→ 백령도
→ 연평도 ── 대연평도
└ 소연평도
→ 대청도
→ 소청도
→ 우도(무인도)

북방한계선에 인접한
서해의 5개의 섬
: 국가안보상 중요한 군사요충지

＊ 정전협정 직후인 1953년 8월 30일 유엔군사령관이 남북 간의 우발충돌을 막기 위해 우방
의 함정과 항공기 초계 활동에 대한 북방한계를 규정한 선을 가리킴. NLL이 영토선인가에 대
한 문제 등을 두고 남·북한의 입장차가 크며 북한은 NLL을 공식 인정하지 않는 상황임. (→
366쪽)

＊＊ 연평도가 대연평도와 소연평도로 구성됨.

173. 세이프가드

개념

세이프가드(Safeguard, 긴급수입제한조치)는 특정 품목의 수입이 급증해 국내 경쟁업체들과 국내 산업이 심각한 피해를 보거나 피해를 볼 우려가 있을 때 수입국이 관세 인상이나 수입량 제한 등을 통해 수입을 규제할 수 있는 조치를 말함.

⊙ 세계무역기구(WTO)는 국내 산업 보호를 위해 '심각한 피해' 등 일정한 조건이 확인되는 경우에 한해 세이프가드 발동을 인정.

• WTO는 수입국이 세이프가드를 발동할 시 수출국에 충분한 보상을 해주도록 권고하는 한편, 수출국에 대해서는 협의 결과가 만족스럽지 못할 시 수입국에 대해 보복조치를 취할 수 있도록 허용함.

발동 조건

특정 물품의 수입 급증 사실, 수입 물품과 동종 물품 또는 직접적 경쟁 물품을 생산하는 국내 산업의 심각한 피해 또는 피해 우려, 특정 물품의 수입 증가와 국내 산업의 심각한 피해 사이에 존재하는 인과관계 등이 입증되어야 함.

관련 기관

우리나라는 국내 업계가 특정 품목의 수입이 급증해 피해가 발생했다고 제소하면 지식경제부 산하 무역위원회가 이에 대한 피해 여부를 판정.

◉ 무역위원회의 주요 조사 절차: 조사 신청 → 조사 개시 여부 결정 → 산업

피해 조사 → 산업 피해 유무 판정 → 구제조치 건의 → 구제조치 시행.

예시

조정관세 부과 등 관세율 인상, 수입 수량 제한 등의 비관세

장벽 등.

174. 셔틀외교

개념

셔틀외교(Shuttle Diplomacy)는 외교와 국제관계에서 첨예하게 맞서는 양국이나 양쪽 정파를 중재하기 위해 제3자를 활용하는 것을 의미함.

⦿ 사전적으로는 '왕복 운행'을 의미함.

⦿ '제3자 중재방식'으로 통용되는 '셔틀외교'라는 용어가 국내에서는 외교 현안들을 수시로 협의하기 위해 양국 정상이 양국 또는 제3국을 오가며 벌이는 외교(양국 간 정례 실무회담)에도 사용되고 있음.

유래

지난 1970년대 초 아랍과 이스라엘이 대립하던 중동위기 당시 미국의 키신저(Henry A. Kissinger) 국무장관이 양측을 오가며 중재자 역할을 했던 것이 시초.

⦿ 헨리 키신저 미국 국무장관이 셔틀외교라는 신조어를 만들어냄.

관련 동향

2008년 4월 열린 한일 정상회담에서 양국 정상은 2005년 이래 중단됐던 셔틀외교 복원에 합의.

⦿ 2004년 노무현 대통령은 고이즈미 일본 총리와 셔틀외교에 합의했지만, 고이즈미 총리의 야스쿠니 신사참배 사건으로 2005년 이후 중단됨.

• 1년에 한 번씩 양국 또는 제3국을 오가며 정례 정상회담이 열릴 예정이었음.

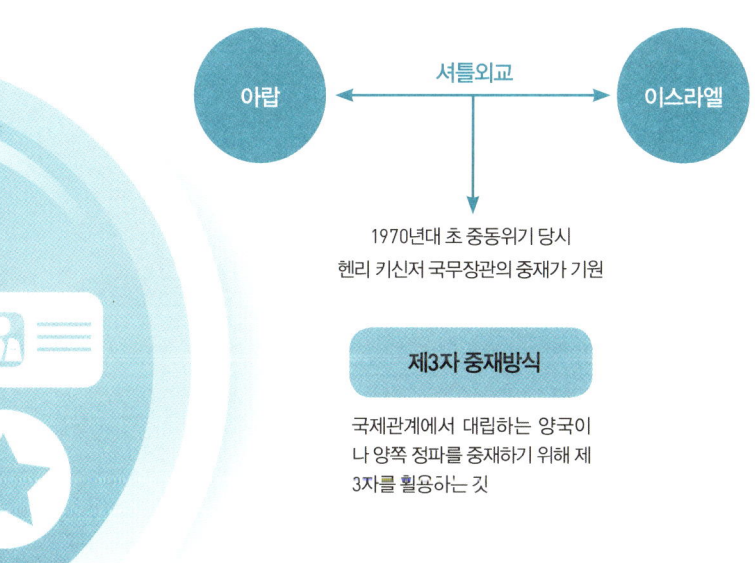

아랍

셔틀외교

이스라엘

1970년대 초 중동위기 당시
헨리 키신저 국무장관의 중재가 기원

제3자 중재방식

국제관계에서 대립하는 양국이
나 양쪽 정파를 중재하기 위해 제
3자를 활용하는 깃

175. 스킨헤드

개념

스킨헤드(Skin Head)는 1960년대 후반 영국 노동자계급의 하부문화(Subculture)를 가리키는 말로 쓰이기 시작함.

⊙ 짧게 깎은 머리를 하거나 대머리가 많아 '머리가 짧은', '대머리의'라는 뜻의 스킨헤드가 이들을 지칭하는 단어가 됨.

최초의 스킨헤드

최초의 스킨헤드는 서인도제도, 특히 루드보이(Rude Boy)문화와 영국의 모드(Mod)문화로부터 패션, 음악, 라이프스타일 면에서 영향을 받았으며 노동자들로 구성됨.

⊙ 스킨헤드는 '백인들만의 세상을 건설하겠다'며 독일을 비롯해 유럽 국가들과 러시아, 북미, 오스트레일리아, 뉴질랜드 등에서도 생겨나고 있음.

  • 초기의 스킨헤드 하부문화는 정치, 인종문제와는 관련이 없었으나 이후 정치 성향과 인종에 대한 태도가 스킨헤드 일부를 구별하는 요소가 됨.

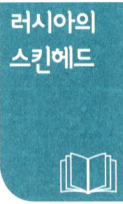

러시아의 스킨헤드

러시아의 스킨헤드는 지난 1991년 소비에트연방 붕괴와 함께 발생했으며 극단적 인종차별 성향을 보임.

⊙ 2010년 3월 현재 러시아 젊은이들의 15%를 차지하며 20여 개 단체가 활동하고 있는 것으로 알려짐.

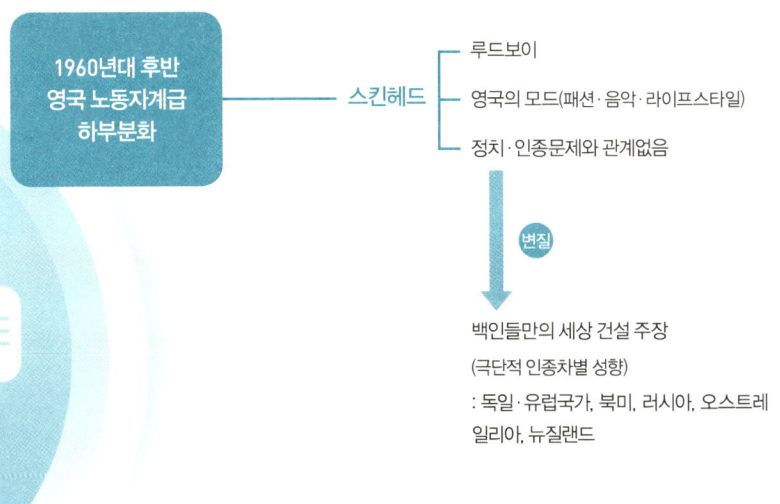

Key Point 스킨헤드의 기원과 특징

1960년대 후반
영국 노동자계급
하부분화

— 스킨헤드 —

┌ 루드보이

├ 영국의 모드(패션·음악·라이프스타일)

└ 정치·인종문제와 관계없음

변질

백인들만의 세상 건설 주장

(극단적 인종차별 성향)

: 독일·유럽국가, 북미, 러시아, 오스트레
일리아, 뉴질랜드

176. 아세안지역안보포럼

개념

아세안지역안보포럼(ARF; ASEAN Regional Forum)은 아시아·태평양지역의 유일한 정부 다자간 안전보장협의체로, 아세안(ASEAN)의 확대외무장관회의(PMC)를 모태로 1994년 창설됨.

◉ 포럼 사무국을 별도로 운영하지 않으며, 매년 지역 안보에 관한 신뢰구축, 재난구호, 군비축소와 같은 각종 실무현안을 논의하기 위해 각국 외무장관 회의나 세미나 등을 연속해서 개최함.

◉ 의사결정은 표결이 아니라 회원국 합의로 결정함.

목표

아·태지역의 포괄적 안보 현안에 대해 정부 간의 솔직하고 건설적인 대화와 협의를 해나가면서 이 지역의 안보와 안정성을 추구하는 것이 목표임.

주요 주제

한반도문제, 중국·대만의 양안(兩岸) 관계, 지역안보, 회원국 간의 친선 도모, 역내 평화안정 기여, 역내 정치·안보문제 등을 논의.

회원국

아세안 10개국을 포함해 아세안 대화 상대국, 기타국 등을 포함한 총 27개국이 참가(2009년 7월 당시).

◉ 오스트레일리아, 방글라데시, 브루나이, 캄보디아, 캐나다, 중국, 유럽연

합, 인도, 인도네시아, 일본, 북한, 한국, 라오스, 말레이시아, 미얀마, 몽골, 뉴질랜드, 파키스탄, 파푸아뉴기니, 필리핀, 러시아, 싱가포르, 스리랑카, 타이, 동티모르, 미국, 베트남.

- 북한은 2000년 7월 27일 태국 방콕에서 열린 ARF외무장관회의에서 23번째 회원국으로 가입.

- 우리나라는 국가 안위와 직결된 안보문제는 미국과 맺은 상호방위조약을 근거로 해결하고 다자간 안보협의로 이를 보완하기 위해 출범 단계부터 적극 참여해옴.

177. 아우토반

개념

아우토반(Autobahn)은 독일의 자동차 전용 고속도로로 정식 명칭은 라이히스 아우토반(Reichs Autobahn)임.

- 최고속도에 제한을 두지 않는 것으로 유명하며, '고속 운전자들의 최후의 피난처'로 불리기도 함.

도로 구성

도로의 너비는 18.5~20m이고, 중앙에는 3.5~5m 너비의 녹지대(중앙분리대)가 있으며 총연장은 1만 2,000㎞에 이름.

- 아우토반 건설의 직접적 계기가 된 것은 1913년부터 1921년까지 베를린에 실험적으로 건설된 아부스 고속도로(Avus Experimental Highway), 밀라노에서 이탈리아 북부의 호수들까지 연결하는 130㎞ 길이의 아우토스트라다 유료도로(Autostrada Tollway: 1923년 완공)임.
  - 1932년 쾰른과 본 사이를 왕래하는 최초의 아우토반이 완공된 지 6년 만에 모두 3,000㎞에 이르는 고속도로망이 확충됨.
  - 아돌프 히틀러가 도로 건설에 지대한 공헌을 했다고 알려짐.

다른 나라의 사례

오스트리아의 경우, 시속 130km로 속도제한이 있는 아우토반이 있으며, 일부 산악지역은 공기업에 의해 유료화됨.

Timeline 아우토반 건설까지의 역사

1913~1921년
베를린 아부스 고속도로

→

1923년
아우토스트라다
유료도로

→

1932년 아우토반
(라이히스 아우토반)
: 속도 제한이 없는
고속도로

178. 알카에다

개념

알카에다(al-Qaeda)는 '기지(基地)'라는 뜻으로, 1979년 소련 (현 러시아)군이 아프가니스탄을 침공했을 때 아랍 의용군으로 참전한 오사마 빈 라덴(Osama bin Laden)이 조직한 국제 테러 단체를 가리킴.

- 1988년에 창설되었으며, 1991년 걸프전쟁이 일어나면서 반미세력으로 전환.
- 미국은 오사마 빈 라덴 사살 작전인 '제로니모' 작전을 통해 2011년 5월 1일(미국 현지시간) 미군이 파키스탄에서 그를 사살했다고 공식 발표.

주요 목적

비이슬람 국가의 제거 또는 이슬람 국가들에 대한 영향력 확대.

- 다양한 국적의 테러조직과 연결해 빈 라덴의 막대한 자금력을 이용해 각 종 테러에 자금을 지원.

조직

철저한 점조직으로 비이슬람 국가들까지 세력을 확장했으며, 1998년에는 이집트의 이슬람원리주의 조직인 지하드와 이슬람교 과격단체를 묶어 '알 카에다 알 지하드'로 통합.

- 미국 정보기관은 현재 세계 60여 개국에 알카에다 조직 또는 인적 네트 워크가 가동되고 있는 것으로 파악하고 있으며, 유럽에서만 300여 개의 조직을 운영하는 것으로 알려짐.

**주요
테러 사건**

2001년 9월 11일 미국 맨해튼에 있는 110층짜리 쌍둥이 건물 세계무역센터에 항공기를 납치해 자행한 자살테러 사건이 유명하며, 그 밖에 스페인에서 발생한 열차 테러, 터키·모로코 등지에서 자행한 테러 등이 있음.

179. 야스쿠니신사

개념

야스쿠니신사는 나라를 편안하게 한다는 뜻을 가진 신사로, 도쿄 지요다 구(千代田區)에 위치한 일본 최대의 신사임. 약 246만여 명의 전몰자가 안치돼 있음.

◉ 신사란 일본 왕실의 조상이나 나라에 큰 공을 세운 사람을 기리는 종교 시설.

유래

1869년 명치유신기의 막부타도전쟁 중에 죽은 국가의 원수를 추모하기 위해 동경초혼사(東京招魂社)라는 이름으로 건립됐으며, 1879년 야스쿠니신사로 개칭함.

쟁점

일본의 침략전쟁을 옹호하는 전시품들이 있다는 점과 생전의 잘잘못과 관계없이 전몰자들을 신격화한다는 점에서 군국주의의 상징으로 인식됨.

◉ 야스쿠니신사 내에는 전쟁 관련 유품 5만여 점, 인간 어뢰와 가미카제 비행기 등의 자살병기가 전시돼 있으며 전범자들의 '순국'에 대한 설명이 담긴 비석이 있음.

◉ 이후, 1978년 2차 세계대전의 주범으로 불리는 도조 히데키 등 A급 전범 14명의 위패가 신사에 합사됨으로써 일본의 우경화 현상을 가속하는 데 절대적 구실로 작용.

- 1985년 일본의 총리로서 나카소네 야스히로가 최초로 야스쿠니신사를 공식 참배한 이후 도쿄도 지사와 정계 인사들의 방문이 이어지며 국제적 비난을 초래.

관련 동향

최근 일본 제1야당인 자민당 총재이자 차기 수상으로 유력시되는 아베 신조를 중심으로 67명의 정치인이 야스쿠니신사 참배를 강행함(2012. 10. 18.).

- 2009년에 출범한 민주당 정권이 국제정서를 고려해 각료들의 야스쿠니신사 참배를 금지했지만, 2012년 8월에 민주당 의원 2명이 원칙을 깨면서 진보세력의 야스쿠니신사 참배가 본격화함.

- 아베 신조는 2012년 12월 16일에 있었던 일본 중의원 선거에서 자민당이 압승을 하면서 12월 26일 총리에 취임했다.

180. 여성지원병제

개념

여성이 일반 사병으로 군에 복무하는 것으로, 현재 남성을 대상으로 시행하는 징집제가 아니라 지원입대할 수 있는 제도임.

⊙ 여성은 장교와 부사관 등 간부로만 군에 진출해왔으며, 2009년 11월 현재 여군은 5,000여 명으로 전체 병력 가운데 3%를 차지하고 있음.

도입 배경

군과 병무청은 2009년 11월 현재 68만여 명인 병력이 51만여 명으로 감축되는 2020년 이후에는 현역자원이 부족할 것으로 예상하면서 여성지원병제 도입방안을 검토.

⊙ 국방현대화로 첨단기술 분야에 남성만을 고집할 이유가 대폭 줄어든 데다가 세계적으로도 군대 성별제한이 폐지되는 추세를 반영.

• 국방부는 이런 내용을 골자로 하는 여성지원병제 도입 검토방안을 비공개 책자인 『국방부 인사정책서』[*]에 반영한 것으로 알려짐.

시행 시기

여성지원병제 도입 후 시행 시기는 복무기간이 18개월(육군 기준)로 단축되는 2014년 7월을 넘겨 2015년~2016년 또는 2020년 이후가 될 것이라는 관측이 나오고 있음.

⊙ 국방부는 여성지원병제가 2011년 이후 검토할 장기 병역자원 확보방안 중 하나의 사례로 언급돼 있을 뿐, 공식적 검토는 2011년까지는 없다고 밝힘(국방부 홈페이지, 2009. 11. 12.).

Key Point 여성지원병제의 개요

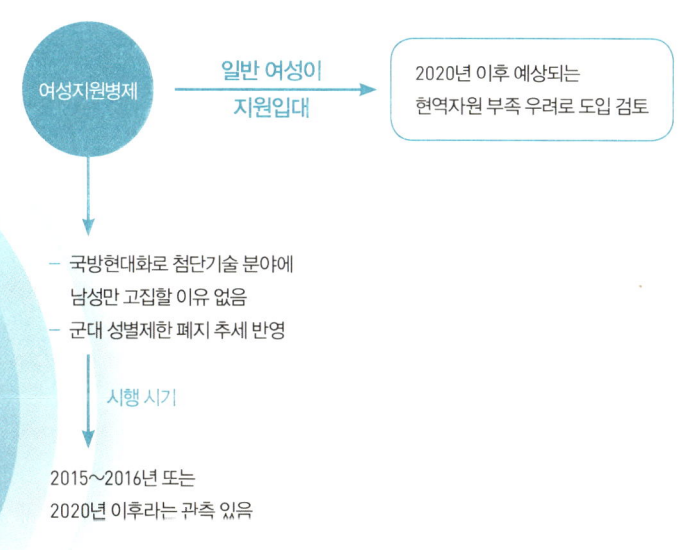

여성지원병제 ──**일반 여성이 지원입대**──▶ 2020년 이후 예상되는 현역자원 부족 우려로 도입 검토

─ 국방현대화로 첨단기술 분야에 남성만 고집할 이유 없음
─ 군대 성별제한 폐지 추세 반영

시행 시기

2015~2016년 또는 2020년 이후라는 관측 있음

* 「국방부 인사정책서」는 인력획득과 인사관리, 인적자원개발 등 국방 인사업무를 어떻게 할 것인지에 대한 내부 검토문으로 비공개 문서임.

181. 연평해전

개념

1999년 6월 15일과 2002년 6월 29일, 두 차례에 걸쳐 북방한계선(NLL)* 남쪽의 연평도 인근에서 대한민국 해군 함정과 북한 경비정 간에 발생한 해상 전투를 말함.

⊙ 해군은 '무력시위 → 경고방송 → 경고사격 → 격파사격'이던 교전규칙을 제2차 연평해전 이후 개정, '무력시위 → 경고사격 → 격파사격' 3단계로 단순화하고, 신속한 대응을 위해 현장지휘관의 재량권을 강화함.

제 1~2차 연평해전 비교

구분	제1차 연평해전	제2차 연평해전
발발 개요	북한 경비정들이 1999년 6월 초부터 옹진반도 남단에서 조업하는 꽃게잡이 어선들을 보호한다는 명목으로 북방한계선(NLL)을 지속해 침범하면서 1999년 6월 15일 발발	한일월드컵 경기로 모든 국민이 들떠 있던 2002년 6월 29일, 북한 경비정 2척이 연평도 서쪽 7마일 지점에서 NLL을 침범한 뒤, 방송으로 퇴각을 요구하는 남측 고속정 편대를 향해 갑자기 85㎜와 35㎜ 함포 사격을 가함
교전 상황	우리 해군이 '밀어내기식' 작전을 구사하면서 긴장이 고조됐고 결국 북한 어뢰정과 경비정은 6월 15일 소총과 함포로 선제공격함	남측 고속정은 40㎜ 함포와 20㎜ 벌컨포로 대응했지만 역부족이었음
피해 규모	14분간의 치열한 교전 끝에 북한 어뢰정 1척이 침몰하고 중형 경비정 3척과 소형 경비정 2척이 파손되고 사상자도 20명이 넘는 것으로 알려짐 * 우리 해군은 함정 2척이 약간 손상되고 장병 9명이 경상을 입음	20분간 이어진 교전에서 6명이 사망하고 18명이 부상했으며 피격된 고속정은 예인 중 침몰

Key Point 교전규칙 개정의 개요

제1차
연평해전
1999년 6월 15일

제2차
연평해전
2002년 6월 29일

기존 교전규칙

1단계: 무력시위
2단계: 경고방송
3단계: 경고사격
4난계: 격파사격

교전규칙 개정

1단계: 무력시위
2단계: 경고사격
3단계: 격파사격

현장지휘관 재량권 깅화

* 정전협정 직후인 1953년 8월 30일 유엔군사령관이 남북 간의 우발충돌을 막기 위해 우방의 함정과 항공기 초계 활동에 대한 북방한계를 규정한 선을 가리킴. NLL이 영토선인가에 대한 문제 등을 두고 남·북한의 입장차가 크며 북한은 NLL을 공식 인정하지 않는 상황임. (→ 366쪽)

182. 워치콘

개념 워치콘(Watch Condition)은 북한의 군사활동을 추적하는 정보감시태세로, 5단계로 구성되며 단계가 높아질수록 정찰기 등 정보수집 수단과 감시 횟수, 정보분석 요원이 보강됨.

단계 '5'는 징후경보가 없는 일상적인 상황, '4'는 잠재적 위협이 존재할 때 지속적인 적정 감시가 필요한 상황, '3'은 위협이 점증하고 있어 주의 깊은 적정 감시가 필요한 상황.

◉ '워치콘 3'은 위협이 점증하는 상황에서 발령되지만, 한미연합사는 언제라도 북한의 도발이 가능한 한반도의 분단 상황을 고려해 평상시 이를 발령해놓고 있음.

◉ 지금까지 '워치콘 2'는 총 여섯 번 발령됐는데, 연평도 포격 이전 워치콘 2단계로 격상된 것은 2009년 5월 북한의 핵실험과 미사일 발사에 이어 실제로 남한지역으로 군사도발을 할 가능성이 있다는 판단에 따른 조치임.*

• '워치콘 2'는 국익에 현저한 위험이 초래될 징후가 보일 때 발령되며 이때 첩보위성의 사진정찰, 정찰기 가동, 전자신호정보 수집 등 다양한 감시 및 정보분석 활동이 강화됨. '워치콘 1'은 적의 도발이 명백할 때 내려지며 1953년 정전 이후 발령된 적이 없음.

워치콘 1~5단계

구분	주요 내용
워치콘 1	적의 도발이 명백할 때
워치콘 2	국익에 현저한 위험이 초래될 징후가 보일 때
워치콘 3	위협이 점증하고 있어 주의 깊은 적정 감시가 필요한 때
워치콘 4	잠재적인 위협이 존재할 때 지속적인 적정 감시가 필요한 상황
워치콘 5	징후경보가 없는 일상적인 상황

＊ 그 이전에도 워치콘을 2단계로 상향 조정한 바 있는데, 북한이 1982년 2월부터 1개월여간 IL-28 폭격기를 전진배치하고 훈련했을 때, 1996년 4월 판문점에 무장병력을 투입하는 등 정전협정체제 무력화를 기도했을 때, 1999년 6월 제1차 연평해전 시, 그리고 2006년 북한의 1차 핵실험 시 그렇게 했음.

183. 유엔안보리결의 1718호

개념

유엔안보리결의 1718호는 유엔안전보장이사회가 2006년 10월 9일 북한의 핵실험에 대해 국제사회의 일치된 우려가 표명되자, 이를 반영해 2006년 10월 14일 채택한 대북한제재결의(1718호)를 말함.

◉ 유엔안보리결의 1718호는 북한의 핵실험에 대한 비난과 함께 추가 핵실험 및 탄도미사일 발사 중지를 요구하는 포괄적 제재방안을 담고 있음.

주요 내용

평화에 대한 위협, 파괴, 침략 행위 및 이에 대한 대응조치를 규정한 유엔헌장 7장을 명기하고 "유엔헌장 7장에 따라 행동하고 산하 41조 규정에 따라 조치들을 취한다"고 밝히면서 17개 조항에 이르는 대북 요구사항과 제재방안을 명시함.

◉ 1~7항은 북한에 대해 추가 핵실험과 탄도미사일 발사를 하지 말라는 요구 내용을 명시함.

◉ 8~11항은 유엔 회원국이 북한을 제재하기 위해 할 일을, 12항은 결의에 따라 설치되는 제재위원회가 할 일 등을 포함함.

◉ 그 밖에 대량살상무기(WMD) 프로그램 관련 품목과 재래식 무기, 사치품 거래 금지, 북한의 WMD 프로그램 관련 자금과 금융자산의 동결 및 관련 인사의 여행 제한, 화물 검색조치 같은 대북제재방안을 명시하고 있음.

Key Point 유엔안보리결의 1718호 주요 내용

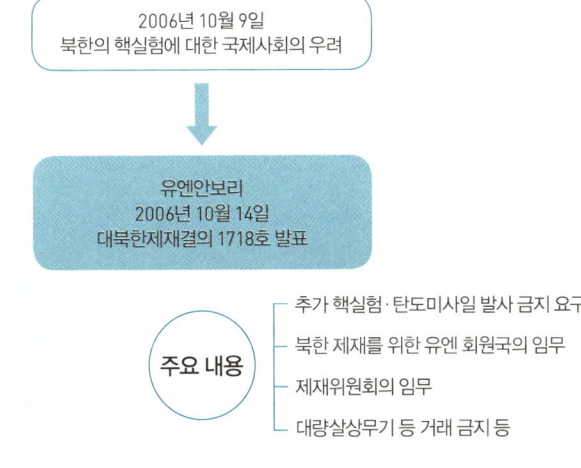

2006년 10월 9일
북한의 핵실험에 대한 국제사회의 우려

유엔안보리
2006년 10월 14일
대북한제재결의 1718호 발표

주요 내용

— 추가 핵실험·탄도미사일 발사 금지 요구
— 북한 제재를 위한 유엔 회원국의 임무
— 제재위원회의 임무
— 대량살상무기 등 거래 금지 등

184. 유엔안보리결의 1874호

개념

유엔안전보장이사회가 2009년 6월 12일(현지시간), 북한의 2차 핵실험에 대한 대응으로 대북제재를 위해 채택한 대북결의안을 말함.

◉ 2006년 10월에 채택된 기존의 대북제재결의안(1718호)보다 제재 범위와 수위에 있어서 훨씬 강력함.

주요 내용

화물검색, 무기 금수 및 수출 통제, 금융·경제제재 등을 골자로 하며 전문(前文)과 34개 조항으로 세분화해 기존 결의안보다 구체화함.

◉ 1718호의 경우 전문(前文)과 17개 조항으로 구성.

유엔안보리결의 1874호 주요 내용과 1718호의 비교

구분	주요 내용	비교(1718호)
화물검색	• 무기 금수 대상 확대 　* 북한의 모든 무기 관련 물자의 대외수출 금지(단, 소형무기 제외) 　* 회원국들의 대북한 무기 수출 및 이전 금지	• 북한행·북한발 화물 검색에 대한 협조 조치를 요구하는 수준
무기 금수 및 수출 통제	• 재래식 무기까지 검색 대상에 포함하는 등 무기 금수품목 증가 　* 무기 금수대상이 핵과 미사일 등 대량살상무기(WMD)와 중화기에서 사실상 모든 무기로 확대 • 북한에 대한 수출입 품목을 싣고 있는 선박의 소속 국가 동의 시 공해에서도 검색 가능	• 재래식 무기는 검색 대상에 미포함 • 선박에 대한 검색 관련 조항 부재 　* 무기 금수대상이 핵과 미사일 등 대량살상무기(WMD)와 중화기에 국한
금융·경제제재	• 무기 활동에 흘러들어갈 수 있는 금융 거래 선년 자난 • 기존의 경제제재 범위에 대북 금융지원, 무상원조, 차관 신규계약 금지, 기존계약 감축 노력 등을 포함	• 북한의 핵, 대량살상무기, 탄도미사일 관련 프로그램을 시원하는 사국 내 사금과 기타 금융자산, 경제직 자원 징도만 동결

185. 유엔안전보장이사회

개념

유엔안전보장이사회(United Nations Security Council)는 1945년 설립된 유엔(국제연합)의 주요 기관 중 하나로서 국제평화와 안전 유지에 1차적 책임을 지는 실질적 최고 의사결정 기구로, 간단히 '유엔안보리'라고 함.

◉ 유엔의 다른 결정들은 회원국 정부에 대한 조언이나 권장에 그치는 경우가 많으나, 안보리의 결정은 유엔헌장에 의해 반드시 이행해야 하는 것으로서 권한을 지님.

구성

유엔안전보장이사회는 유엔의 기구 중에서 유일하게 상임이사국과 비상임이사국 모두를 가진 기구로, 총 15개국으로 구성됨.

◉ 상임이사국(5개국)은 2차 세계대전 승전국을 중심으로 구성됐으며 미국, 영국, 프랑스, 중국, 러시아가 여기에 해당함.

◉ 총회에서 투표로 선정되는 비상임이사국(10개국)은 2012년 10월 현재 독일, 아제르바이잔, 인도, 과테말라, 콜롬비아, 모로코, 포르투갈, 파키스탄, 남아프리카공화국, 토고로 구성됨.

◉ 한국, 룩셈부르크, 르완다, 아르헨티나, 오스트레일리아(총 5개국)가 새롭게 이사국 지위를 얻음(임기 2013~2014년).

선출 절차

비상임이사국 선출은 유엔 회원국들이 진행하는 무기명투표를 통해 3분의 2 이상의 지지로 최종 선출 여부가 결정됨.

- 1차 투표에서 결정 판명이 나지 않는 경우, 득표수가 많은 두 나라를 대상으로 2차 투표 또는 최대 4차 투표까지도 진행함.
- 선출 기준으로는 크게 유엔의 목적에 대한 공헌도와 형평성 있는 지리적 배분을 고려하며, 2년의 임기 이후 연임 불가능을 원칙으로 함.

관련 동향

2012년 10월 19일, 미국 뉴욕에서 열린 총회에서 우리나라는 인도를 대신해 캄보디아, 부탄과 경쟁을 벌인 끝에 비상임이사국으로 선출됨.

- 우리나라의 비상임이사국 진입은 1996년에 이어 두 번째로 16년 만에 재진출한 것임.
- 비상임이사국 진출로 국가의 위상이 높아질 뿐만 아니라, 북한문제를 포함한 국제분쟁 사건의 해결 과정에서 일정한 권한을 확보할 것으로 전망됨.

186. 유훈통치

개념

유훈(遺訓)통치란 세상을 떠난 사람이 생전에 남긴 훈계나 교훈으로 국토 및 국민을 다스리는 것을 뜻함.

- ◉ 왕이 임종할 때 세자나 신임하는 신하에게 뒷일을 부탁하며 남기는 말을 유훈이라고 함.

북한의 사례

1994년 7월 김일성 주석 사망 뒤 1998년 9월 헌법 개정 시까지 구체적 제도나 체제 정비 없이 김정일 위원장이 북한을 통치하던 시기를 일컬음.

김정일 유훈통치

김정일 국방위원장은 1998년 취임과 함께 노동계급이 아닌 군대가 국가의 근간이라는, 북한 특유의 정치사상인 '선군(先軍)정치'를 내세워 북한을 통치함.

관련 동향

북한은 《노동신문》의 사설 「위대한 김정일 동지는 우리 군대와 인민의 심장 속에 영생하실 것이다」를 통해 김정은 체제의 김정일 유훈(遺訓)통치를 공식적으로 밝힘(2011. 12. 22.).

- ◉ 김정은 유훈통치의 핵심: 선군정치에 기반을 둔 유훈통치를 공식 선언하면서 당분간 김정일의 통치 틀 내에서 국정을 총괄해나가게 됨.
  - • 유훈 계승을 위해서는 '백두혈통'을 굳건히 고수해나가야 한다

고 주장함. 이것은 김일성 주석―김정일 위원장―김정은 부위원장

으로 이어지는 사상과 영도의 유일성을 지켜나가야 한다는 것으로

해석됨.

Timeline 북한의 유훈통치

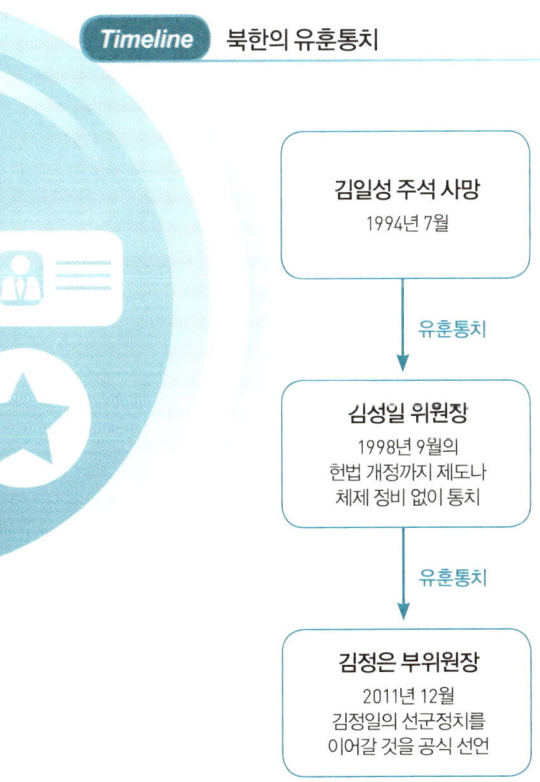

김일성 주석 사망
1994년 7월

유훈통치

심성일 위원장
1998년 9월의
헌법 개정까지 제도나
체제 정비 없이 통치

유훈통치

김정은 부위원장
2011년 12월
김정일의 선군정치를
이어갈 것을 공식 선언

187. 자위권

개념 자위권(自衛權, Right of Self-Defense)은 외국으로부터 불법적 침해를 받으면 자국 또는 자국민 보호를 위해 국제법상 인정되는 범위 내에서 조처할 수 있는 권리*를 말함.

- 프랑스 파리에서 영국, 미국, 프랑스 등 15개 나라가 전쟁을 포기하겠다는 파리조약(또는 켈로그-브리앙 조약)을 맺을 때 예외적인 경우로 양해되면서 개념이 구체화됐으며, 유엔헌장 51조도 자위권을 '국가 고유의 권리'로 인정, 이를 허용함.

발동 요건 "급박하고 압도적이며 다른 대체수단이 없고 숙고할 시간이 촉박(instant, overwhelming and no choice of means, and no moment for deliberation)"할 때에 한해 발동 가능함.

- 1837년 캐나다의 캐롤라인호 사건**과 관련해 당시 미국 국무장관인 웹스터(D. Webster)는 자위권에 관한 국제법적 원칙을 확립.

형태 유엔헌장 2조에서는 이제까지 인정된 자위권을 '개별적 자위권'으로, 그 밖의 자위권을 '집단적 자위권'으로 구분함.

적법한 경우

자위권 발동 시 다른 나라의 권리를 침해해도 국제법상 적법한 것으로 인정됨.

⊙ 단, 침해 위협만으로는 자위권이 발동되지 않으며, 외국으로부터의 침해가 현실적으로 급박할 때만 발동할 수 있는데, 필요 이상의 방위는 '과잉방위'로 위법임.

  • 자위권은 자국 영역 침해 시뿐만 아니라, 공해(公海)나 그 상공에서 자국의 선박이나 항공기가 공격받았을 경우에도 발동 가능함.

남용 방지 방안

유엔헌장 51조를 통해 자위권 발동을 '무력공격이 발생'했을 경우로 한정하고 있음. 가맹국은 자위권 행사조치를 즉각 유엔안보리에 보고해야 하고, 안보리의 판단하에서 자위행동 정지가 가능하게끔 함.

* 개인의 자위권은 '정당방위권'이라고 함.

** 캐나다에서 발생한 반란에 영국군이 출동한 가운데 캐나다 반군이 미국 선박인 캐롤라인(Caroline)호를 이용해 무기를 운송하자 영국군은 이 선박을 방화, 격침했고 이 과정에서 소수의 미국인 사상자가 발생함. 이에 영국은 자위권 발동이라고 주장함.

188. 전자여권

개념

전자여권(ePassport, Electronic Passport)은 국제민간항공기구(ICAO)와 국제표준화기구(ISO)에서 정한 국제표준에 따라 성명, 여권번호와 같은 개인신원정보와 얼굴, 지문 같은 바이오 인식정보를 전자적으로 수록한 비접촉식 전자칩(Contactless IC Chip)이 내장된 기계판독식 여권을 말함.

- ⊙ 비접촉식 전자칩: 교통카드, 비접촉식 신용카드 등에 사용되고 있는 전자칩.
- ⊙ 기계판독식 여권: 육안 확인과 더불어 기계(판독기)에 의해서도 여권을 확인할 수 있음.

특징

여권 뒤표지에 개인신원정보, 바이오 인식정보와 이들 정보를 보호하기 위한 보안요소가 수록된 전자칩과 안테나가 내장됨.

- ⊙ 외양은 기존의 여권과 유사하며, 기존 여권의 신원정보(여권 유형, 발행국, 성명, 여권번호, 국적, 생년월일, 발행일, 만료일, 성별, 주민등록번호 뒷자리) 면이 전자적으로 수록됨.
- ⊙ 바이오 인식정보로는 얼굴 사진이 수록되며, 여권을 신청할 때 요구되는 지문은 본인 대조를 위해 사용된 뒤 폐기됨.
- ⊙ 전자여권의 앞표지 하단에 국제민간항공기구(ICAO)의 표준에 부합하는

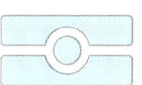

전자여권임을 나타내는 로고가 인쇄돼 있음.

- 로고는 두 면 사이에 칩이 내장된 모습을 형상화.

신청

여행사를 통한 대리 신청을 폐지하고 여권 신청 시 본인이 직접 지방자치단체의 접수창구를 방문하도록 하는 '본인직접신청제'를 도입함.

⊙ 여권 발급을 원하는 사람은 신분증, 사진을 가지고 구·시청 등 여권업무 수행기관을 찾아가 직접 신청.

189. 주둔군지위협정

개념

약어로 '소파(SOFA)'라고 하는 주둔군지위협정(Status of Forces Agreement)은 미군의 주둔에 필요한 세부 절차 등을 골자로 함.

⊙ 외국 군대는 주둔하는 국가 내에서 특수한 임무의 효율적 수행을 위해 양국 법률의 범위 내에서 일정한 특권과 면제를 제공받음.

체결과 개정

한미 SOFA는 1966년 7월 한국의 외무장관과 미국의 국무장관 사이에 조인돼 1967년 2월 발효됨.

⊙ 1991년 2월 1일에 1차 개정, 2001년 4월 2일에 2차 개정을 함.

• 2002년 미군 장갑차에 의한 여중생 압사 사건을 계기로 한미 당국은 초동수사 강화방안 등 몇 가지 SOFA 개선안을 내놓았으나 개정으로 이어지지는 않음.

구성

전문 31조로 된 본문과 후속 문서인 합의의사록, 양해사항, 교환서한 등 3개의 문서로 구성됨.*

⊙ 주요 내용은 미군의 정의, 시설과 구역, 공익사업과 용역, 접수국 법령의 존중, 출입국, 통관과 관세, 선박과 항공기의 기착 등 주한 미군 관련 사항임.

체결 국가

미국은 한국을 비롯해 일본, 오스트레일리아, 그리스 등 전 세계 40여 국가와 주둔군지위협정을 체결함.

* 기타 양해각서와 합동위원회 합의사항 등이 이를 보완.

190. 천안문사태

개념

천안문사태(天安門事件, 톈안먼사태)는 1989년 6월 4일 톈안먼 광장에서 발생한 사건으로, 후야오방의 사망을 계기로 학생과 시민이 민주화 시위를 벌이자 중국 정부가 무력으로 진압해 많은 사상자를 낸 사건임.

◉ 중국 정부는 계엄군을 동원해 탱크와 장갑차로 시위대를 해산시키면서 발포.

◉ 이 사건은 6·4톈안먼사건, 6·4사건, 북경대학살사건 등으로도 불림.

경과

1989년 4월 15일 당 총서기 후야오방(胡耀邦)이 사망 → 팡리즈(方勵之) 등 지식인을 중심으로 후야오방의 명예회복과 민주화를 요구하는 대규모 시위 발생 → 5월 15일 소련의 고르바초프 베이징 도착 → 5월 17일 100만 명이 넘는 대규모 시위로 고르바초프 일정 변경 → 5월 20일 학생들의 시위를 난동으로 규정, 베이징 시 일원에 계엄 선포 → 6월 3일 밤 인민해방군 27군을 동원, 무차별 발포로 톈안먼광장의 시위 군중을 해산.

◉ 당시 미국을 비롯한 유럽 여러 나라는 비인도적 처사에 항의, 강력한 비난성명을 냄.

관련 논란

천안문사태에 대한 진상과 책임 규명 요구에 중국 정부는 유혈 진압이 정당했다는 입장을 내세워 논란이 제기됨.

⊙ 중국 공산당 기관지 《런민르바오(人民日報)》의 자매지인 《환추스바오(環球時報)》 영문판은 "불확실한 개혁과 불안감이 톈안먼사태를 유발했다"는 내용의 논평을 발표함(2009. 6.).

191. 키리졸브

개념

키리졸브(KR; Key Resolve)는 한국과 미국의 연례 합동군사훈련을 뜻함.

◉ 과거 RSOI(연합전시증원)연습을 대체하고 있으며, 한국군 주도의 연습을 나타내기 위해 '키리졸브'라는 새로운 명칭을 사용.

목적

한반도 유사시 방어를 위한 것으로 한반도에 전개되는 미국의 증원군을 수용·대기시키는 한편, 전방으로 이동하고 한국군과 통합하는 절차를 숙달하는 훈련.

◉ 전작권 환수에 대비한 것이며, 공격이 아닌 방어에 중점을 둔 훈련.

실시 현황

2012년에는 2월 27일부터 3월 9일까지 11일간 남한 전역에서 실시함.

◉ 키리졸브 훈련은 2008년 처음 실시돼 6일간 진행했고, 2009년에는 3월 9일부터 12일간으로 늘려서 실시했으며, 2010년에는 3월 8일부터 11일간 진행했음. 2011년에는 2월 28일부터 11일간 진행했음.

Key Point 키리졸브의 개요

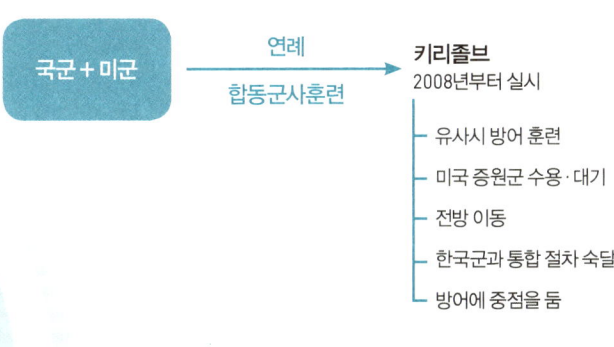

국군 + 미군 ──연례──▶ **키리졸브**
         합동군사훈련   2008년부터 실시

- 유사시 방어 훈련
- 미국 증원군 수용·대기
- 전방 이동
- 한국군과 통합 절차 숙달
- 방어에 중점을 둠

192. 투자자국가소송제도

개념

투자자국가소송제도(ISD)는 외국에 투자한 기업이 손해를 봤을 때 투자 유치국의 국내 법원이 아닌 제3의 중재기구에서 분쟁을 해결하도록 하는 제도임.

◉ 국제 중재기관에 투자 유치국을 상대로 한 직접손해배상 청구를 가능하게 하는 조항으로 일방의 손해나 양보를 강요하지 않는 호혜적 투자협정을 위한 절차임.

◉ 정식 명칭은 '투자자 – 국가 간 분쟁 해결 절차(ISD; Investor-State Dispute Settlement)'임.

현황

2010년 기준 전 세계적으로 2,676개의 투자협정 가운데 2,100여 개의 국제협정이 ISD를 채택하고 있음.

◉ 1959년 독일과 파키스탄이 투자협정(BIT)을 체결하면서 처음 도입함.

◉ 한국은 투자협정 85개 중에서 81개에 ISD가 적용됨.

• 우리나라는 1976년 영국과 체결한 투자보장협정부터 도입함.

장단점

부당한 차별대우에 따른 외국인 투자자의 피해를 막을 수 있다는 장점도 있으나, 국가의 주권과 공공정책을 무력화할 수 있는 단점도 있음.

분쟁 발생 시 🌐

국내 법원이 아니라 세계은행 산하의 국제상사분쟁재판소 (ICSID)에서 소송을 해야 함.

Key Point **투자자국가소송의 절차**

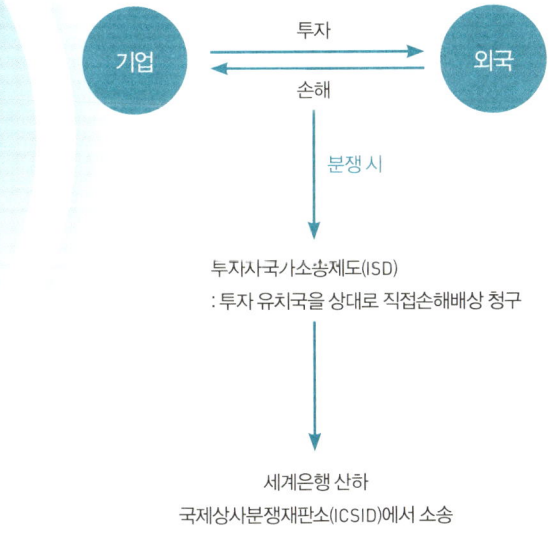

기업 —투자→ 외국

외국 —손해→ 기업

분쟁 시

투자자국가소송제도(ISD)
: 투자 유치국을 상대로 직접손해배상 청구

세계은행 산하
국제상사분쟁재판소(ICSID)에서 소송

---

193. 포괄적경제동반자협정

개념 포괄적경제동반자협정(CEPA; Comprehensive(또는 Closer) Economic Partnership Agreement)은 FTA를 포괄하면서 더 넓은 개념을 갖는 국가 간 경제협정을 뜻함.

내용 상품과 서비스의 교역, 투자, 경제협력 등 경제관계 전반을 포괄하는 내용을 담는 것으로, 실질적으로는 FTA와 동일한 성격을 가짐.

최초의 협정 2003년 6월 중국 본토와 홍콩특별행정지구 간에 체결된 협정으로, 중국 정부가 중국-홍콩 간의 관계가 국가 대 국가가 아니라 특수한 관계임을 들어 애초 홍콩 측이 제의한 FTA 대신 CEPA로 명칭을 변경한 데에서 기인함.

⊙ 홍콩에 등록한 기업일 경우 중국으로 상품이나 서비스를 무관세로 수출할 수 있다는 협정이며 크게 세 분야로 나뉨: ①270개의 중국제품 코드에 해당하는 상품교역의 무관세 ②18개 서비스 분야(경영컨설팅, 광고, 의학, 교통, 관광, 법률 등)의 중국시장 개방 ③무역투자의 촉진·원활화 및 제조업과 상호교류의 편의성 확보를 위한 관세철폐·통관간소화·규제 관련 법률의 간소화.

외교통상부 김종훈 통상교섭본부장과 아난드 샤르마(Anand Sharma) 인도 상공장관은 2009년 8월 7일 서울에서 '한·인도 포괄적경제동반자협정'에 서명함.

⊙ 한·인도 CEPA는 2006년 3월에 협상을 개시해 2008년 9월의 제12차 협상에서 타결됐고, 2009년 2월 9일에 뉴델리에서 가서명됨.

• 인도에서 FTA라는 용어에 대해 여론이 좋지 않으므로 CEPA라는 용어가 자유무역협정의 우회적 표현으로 쓰이며, 이번 협정은 신흥 거대경제권과 맺은 첫 번째 FTA로서 의의가 있음.

194. 하나원

개념

하나원은 북한 이탈주민의 사회정착 지원을 위해 설치한 통일부 소속 기관으로, 정식 명칭은 '북한이탈주민정착지원사무소'임.

⊙ 국내로 입국한 북한 이탈주민의 수는 2001년 1,000명을 넘어섰으며, 2009년은 6월까지 1,297명에 달해 총 1만 6,354명에 이름.

개원

북한이탈주민정착지원법(1997년 7월 발효)에 근거해 1999년 7월 8일에 개원함.

* 1999년 개원 이후 하나원을 수료한 인원은 남성 4,299명, 여성 9,998명으로 총 1만 4,297명에 이름(2009년 6월 기준).

교육 내용

민주주의, 자본주의, 시장경제 등을 교육하고 진로 지도 및 기초직업훈련을 실시함.

* 국내로 입국한 북한 이탈주민의 정서 안정, 문화적 이질감 해소, 사회경제적 자립 동기부여를 목표로 12주에 걸쳐 총 420시간의 교육을 받음.

시간에 따른 교육 내용

시간	교육 내용
약 50시간	장기간의 외국 체류로 발생할 수 있는 치아 손상과 정신적 충격에 대한 치료와 심리상담
약 135시간	한국 사회 이해를 위한 기본적 경제시스템 교육 * 시장에서 돈 주고 물건 사오기, 혼자 자장면 사 먹기와 같이 사회생활을 위해 필요한 '훈련'
약 177시간	제과·제빵, 컴퓨터 자격증, 운전면허 취득 등의 직업훈련
약 58시간	정착지도제도에 대한 안내 교육

195. 하마스

개념 하마스(Hamas)는 '용기'라는 뜻으로, 아흐메드 야신(Ahmad Yasin)이 1987년 말에 창설한 반(反)이스라엘 팔레스타인 무장저항단체의 명칭임.

- 이스라엘이 요르단 강 서안(西岸)과 가자지구를 계속 통치하는 데 저항한 '인티파다(Intifada, 팔레스타인 민중봉기)' 시기에 PLO(Palestine Liberation Organization, 팔레스타인해방기구)를 대신할 만한 이슬람 단체로 두각을 나타내기 시작함.

설립 목적 이슬람 수니파(派)의 원리주의를 내세우는 조직으로 팔레스타인의 해방, 이슬람 교리를 원리원칙대로 받드는 국가 건설을 목표로 함.

- 기본적으로 이스라엘과 팔레스타인 자치정부 간의 평화협상을 반대하고 이를 위한 테러 활동을 벌임.

조직 정치·군사로 조직이 이원화돼 있는데, 정치조직은 3개의 위원회로 된 중앙지도부 아래 활동 분야별 4개의 하위조직으로 구성되며, 군사조직으로는 '에즈 에딘 알 카삼(Ezz Eddin al-Qassam)'을 구심점으로 모든 테러 활동을 계획하고 자행함.

◉ 하마스의 활동자금은 외국으로 망명한 팔레스타인인이나 이란을 비롯한 여러 아랍국가의 후원자 등으로부터 지원받고 있으며, 영국·독일·벨기에·네덜란드 등 외국에도 자금조달망을 갖추고 있음.

Key Point 하마스의 조직과 활동 목적

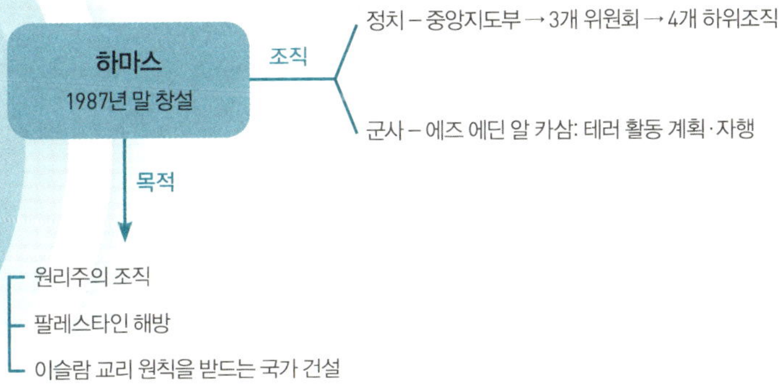

하마스
1987년 말 창설

조직
정치 – 중앙지도부 → 3개 위원회 → 4개 하위조직

군사 – 에즈 에딘 알 카삼: 테러 활동 계획·자행

목적
- 원리주의 조직
- 팔레스타인 해방
- 이슬람 교리 원칙을 받드는 국가 건설

196. 한미미사일협정

개념

한미미사일협정은 미사일 개발 통제를 내용으로 해 한국과 미국 간에 체결된 협정을 말함.

⊙ 1979년 북한에 대응하기 위한 미사일 개발 지원을 미국으로부터 제공받는 대신 사정거리를 180㎞로 제한하는 각서를 체결.

⊙ 2001년에 북한의 위협이 증가함에 따라 미국은 한국이 MTCR(Missile Technology Control Regime, 미사일 기술수출 통제협정)에 가입하는 조건으로 미사일 사정거리 연장 요구를 수용.

　• 첫 번째 지침 개정으로 미사일의 사거리는 300㎞, 탄두 중량은 500㎏으로 확대 변경됨.

개정

2012년 10월 8일, 한미미사일협정의 두 번째 개정이 타결됐으며, 최대 사거리 800㎞로 기존보다 약 3배의 거리를 타격할 수 있는 미사일 개발이 허용됨.

⊙ 지난 2011년 미사일 지침이 개정된 이후 11년 만에 이뤄진 것임.

⊙ 북한 전역은 물론 중국 일부(중국 동북부지역 포함)까지 사정거리로 규정하며, 탄두 중량은 500㎏으로 제한하되 트레이드오프(Trade-Off) 원칙에 따라 사거리를 300㎞로 줄이면 최대 2톤까지 장착 가능.

⊙ 무인항공기는 항속거리 300㎞ 이상에서 탑재 중량을 2.5톤으로 5배 확대, 방어와 공격용 무장을 동시 탑재할 수 있도록 허용됨.

⊙ 이에 미래전의 핵심인 한국형 글로벌 호크(고고도 무인정찰기) 개발도 가능하게 됨.

반응

국내에서는 대북 방어능력을 강화했다는 점에서 긍정적 시각도 존재하는 한편, 군사주권에 대한 논의로 협정폐기론도 대두함.

⊙ 미사일협정 직후인 2012년 10월 9일, 북한은 한미 공조에 대해 전쟁을 불사하겠다는 위협 메시지를 언론을 통해 보도함.

197. 한중어업협정

개념

한중어업협정은 우리나라가 중국과 맺은 최초의 어업협정으로 2001년 6월 30일에 발효됨.

⊙ 1993년 12월부터 이뤄진 19차례의 공식회담 끝에 1998년 11월에 협정 문안에 가서명하고 2000년 8월 3일에는 협정에 정식 서명함.

의의

한중 해양생물자원의 보존과 합리적 이용, 해상에서의 정상적 조업질서 유지, 어업 분야에서의 분쟁해결 및 상호협력 강화·증진이 기대됨.

⊙ 1992년 8월 수교 이전까지 한중 양국 간 어업을 규율할 법적 틀이 없어 어족자원 고갈, 환경오염, 해상 사고 등 여러 가지 문제가 발생함.

구성

16개 조항의 본문과 3개의 부속서 및 양해각서로 구성됨.

⊙ 협정수역, 입어허가절차, 긴급피난, 어업공동위원회 개최, 협정 유효기간 및 종료 등을 규정함.

협정수역

배타적경제수역, 잠정조치수역, 과도수역, 현행조업유지수역 등 크게 네 가지로 구분됨.

⊙ 배타적경제수역: 어업에 관한 배타적 관할권을 행사.

⊙ 잠정조치수역: 공동어로와 공동규제.

- 과도수역: 공동어로 및 공동규제를 하되 협정 발효 4년 후 연안국의 EEZ 로 편입.
- 현행조업유지수역: 현행의 조업질서 유지.

Key Point **한중어업협정의 구성 항목과 의의**

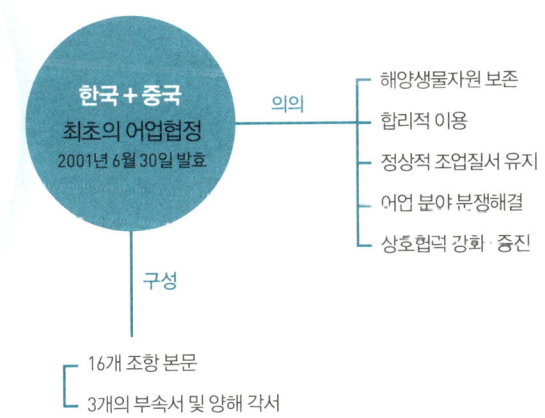

한국 + 중국
최초의 어업협정
2001년 6월 30일 발효

의의
- 해양생물자원 보존
- 합리적 이용
- 정상적 조업질서 유지
- 어업 분야 분쟁해결
- 상호협력 강화 · 증진

구성
- 16개 조항 본문
- 3개의 부속서 및 양해 각서

198. 해적

개념 해적은 영어로 'Pirate'라고 하는데, 해적에 관한 문제는 일반
적으로 해적행위를 하는 사람인 'Pirate'보다는 사람에 의해
저질러지는 행위, 즉 '해적행위(Piracy)'를 뜻하는 경우가 많으
며, 이는 바다에서 강도행위나 약탈행위를 하는 것을 의미함.

⊙ 국제법 또는 국제정치 영역에서 일반적으로 통용되는 해적에 대한 정
의는 유엔 산하기구인 국제해사기구(IMO; International Maritime
Organization)와 국제상공회의소(ICC) 산하단체인 국제해사국(IMB;
International Maritime Bureau)에서 제공하는 것임.

유래 해적을 뜻하는 영어 'Pirate'는 그리스어 'Periates'로부터 유래
했으며, 이는 '선박을 공격하는 모험가'라는 의미를 담고 있음.

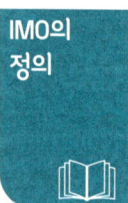

**IMO의
정의** 유엔해양법조약에서는 해적(Piracy)을 "사적인 목적을 위해 민
간선박의 승무원 또는 승객이 공해상이나 어떤 국가의 관할권
밖에 있는 지역에서 다른 선박, 승선원 또는 재산에 대해 자행
하는 모든 불법폭력, 구금 또는 약탈행위"라고 정의.

⊙ 어떤 국가의 영해 내에서 일어나는 불법폭력, 구금, 약탈행위는 해상무장
강도(Armed Robbery against Ships)로 구분하여 정의.

IMB의 정의

"절도 혹은 여타 범죄를 범할 의도를 가지고 선박에 침입해 폭력을 행사하거나 협박하는 모든 행위"로 광범위하게 정의하고 있음.

⊙ IMB는 해적행위를 공식적으로 'Piracy and Armed Robbery against Ships'로 부르고 있음.

199. 핵확산방지조약

개념

핵확산방지조약(NPT; Nuclear Non-Proliferation Treaty)은 비핵보유국이 새로 핵무기를 보유하는 것과 보유국이 비보유국에 대해 핵무기를 양여하는 것을 동시에 금지하는 조약으로, 정식 명칭은 '핵무기 불확산에 관한 조약'임.

주요 내용

조약에 규정된 다섯 개 '핵무기국'이 '비핵무기국'에 대해 핵무기와 그 관리 또는 핵무기 제조에 대한 원조를 제공하는 것이 금지되고, '비핵무기국'의 핵무기 제조·개발·실험·취득 등을 모두 금지하는 것을 골자로 하고 있음.

배경

미국과 소련만이 핵무기를 가지고 있던 상황에서 1960년부터 프랑스, 중국 등이 핵실험을 하고 이러한 추세가 확산될 조짐을 보이면서 핵무기의 확산과 이에 따른 인류 멸망의 위기감이 나타남.

발효

미국과 소련이 협상을 통해 초안을 만들고 핵무기 비보유국들과 교섭을 거쳐 1968년 6월 12일에 유엔총회에서 이 조약에 대한 권고결의가 채택된 데 이어 1970년 3월에 발효됨.

가입

전 세계의 국가 대부분이 가입돼 있으나, 프랑스와 중국은 미·소 위주의 성격에 반발해 처음부터 가입하지 않았고 인도, 파키스탄, 이스라엘, 쿠바 등이 미가입국으로 남아 있음.

⊙ 한국: 1975년 4월 23일에 정식 비준국이 됨.

⊙ 북한: 1985년 12월에 가입했으나 특별 핵사찰 요구에 반발해 1993년에 탈퇴를 선언했다가 보류했고, 다시 불거진 북한 핵개발 문제로 2003년 1월에 또다시 탈퇴를 선언함.

200. 환태평양경제동반자협정

개념

환태평양경제동반자협정(TPP)은 아시아·태평양지역 경제의 통합을 목표로 2005년에 체결된 다자간 자유무역협정임. 영어로는 'Trans-Pacific Partnership' 또는 'Trans-Pacific Strategic Economic Partnership'.

⦿ 2005년 6월, 아태경제협력체(APEC)의 회원국인 뉴질랜드, 칠레, 브루나이, 싱가포르 간에 체결된 아태지역 무역협정을 말함.

특징

FTA보다 개방 수위가 높으며 2015년까지 회원국 간에 농업을 포함한 전 분야에서 관세와 비관세장벽 철폐를 목표로 하고 있음.

참여국

뉴질랜드, 칠레, 브루나이, 싱가포르 외에 미국을 중심으로 오스트레일리아, 말레이시아, 페루, 베트남 등 9개국이 참여 (2012년 12월 현재).

⦿ 일본, 캐나다, 멕시코도 참여를 선언해 2012년 현재 협상을 진행 중임.

관련 동향

2011년 11월 12일, 일본 정부는 대지진 이후 침체한 경제를 복구하기 위한 정책으로 TPP 협상에 참가하겠다고 전격 선언했음.

⊙ 그러나 미국은 TPP 교섭에서 모든 상품과 서비스를 협상 대상으로 다루

겠다고 밝혔고, 일본에서는 민간품목인 농산물 등이 관세철폐 대상으로

올라가면서 내부적 반발이 예상됨.

• 일본은 13개 국가와의 경제동반자협정(EPA)을 체결했으나 이때

까지 쌀을 비롯한 940여 개 품목의 관세를 지켜옴.

• 하지만 '미일 FTA'로 부상한 TPP가 실현되면 세계 최대 자유무

역권이 출현할 것으로 전망됨.

KI신서 4598

2013 최신 시사상식 사전

1판 1쇄 인쇄 2013년 2월 1일
1판 1쇄 발행 2013년 2월 4일

지은이 ㈜아젠다리서치그룹
펴낸이 김영곤 **펴낸곳** (주)북이십일 21세기북스
무사징 임병주

MC기획3실장 장치혁 **MC기획3실** 하순영 윤세미
디자인 표지 씨디자인 **본문** 네오북
마케팅영업본부장 최창규 **마케팅** 김현섭 최혜령 김다영 강서영 이은혜 **영업** 이경희 정병철 정경원

출판등록 2000년 5월 6일 제10-1965호
주소 (우 413-120) 경기도 파주시 회동길 201(문발동)
대표전화 031-955-2100 **팩스** 031-955-2122
이메일 book21@book21.co.kr **홈페이지** www.book21.com
21세기북스 트위터 @21cbook **블로그** b.book21.com

ISBN 978-89-509-4555-8 13030
책값은 뒤표지에 있습니다.